MARIJKE SCHNYDER

Stollengeflüster

MATRJOSCHKA-FINALE Das Simmental im November 2010. Der Hoteldirektor des Grandhotel Belvedere an der Lenk wird tot aufgefunden. Er war ganz allein in den Bergen unterwegs gewesen. Elsi Klopfenstein, die Kioskbetreiberin vom Lenkersee, informiert Kommissarin Nore Brand persönlich darüber, denn diese kennt den Direktor bereits aus einem vergangenen Fall. Daraufhin reist die Kommissarin mit ihrem Assistenten Nino Zoppa ins Simmental, um inkognito zu ermitteln. Elsi Klopfenstein weiß von mysteriösen Vorfällen. Ihr Neffe, der auf dem ehemaligen Militärflugplatz arbeitet, erzählt von nächtlichen Flügen, von Kisten, die aus den Flugzeugen geholt und in der nahen Felskaverne versteckt wurden. Die Spuren führen Nore Brand und ihren Assistenten bis nach Amsterdam in die internationale Kunsthändlerszene. Dort wird sie mit ihrer eigenen Vergangenheit konfrontiert und gerät in Lebensgefahr.

Marijke Schnyder ist 1956 in Morges am Genfersee geboren, als drittes Kind einer Holländerin und eines Schweizers. Ihr Studium hat sie mit einer Dissertation in Linguistik abgeschlossen. Derzeit lebt sie in Bern und arbeitet als Dozentin an der Pädagogischen Hochschule.

Bisherige Veröffentlichungen im Gmeiner-Verlag:
Matrjoschka-Jagd (2010)

MARIJKE SCHNYDER

Stollengeflüster

Nore Brands zweiter Fall

GMEINER *Original*

Personen und Handlung sind frei erfunden.
Ähnlichkeiten mit lebenden oder toten Personen
sind rein zufällig und nicht beabsichtigt.

Besuchen Sie uns im Internet:
www.gmeiner-verlag.de

Im Ehnried 5, 88605 Meßkirch
Telefon 07575/2095-0
info@gmeiner-verlag.de

1. Auflage 2012

Lektorat: Claudia Senghaas, Kirchardt
Herstellung: Julia Franze
Umschlaggestaltung: U.O.R.G. Lutz Eberle, Stuttgart
unter Verwendung eines Fotos von: © zettberlin / photocase.com
Druck: Bercker Graphischer Betrieb GmbH & Co. KG, Kevelaer
Printed in Germany
ISBN 978-3-8392-1238-7

für Corinna

1961–2010

KAPITEL

EINE SCHLECHTE NACHRICHT

»Von euch geht keiner dorthin! Am allerwenigsten Nore Brand!«

Kaum hatte Bastian Bärfuss an diesem Morgen sein Büro betreten, klingelte das Telefon.

So früh am Tag konnte es nur einer sein. Der Chef.

»Am allerwenigsten Nore Brand!«, hallte es in seinen Ohren nach.

Bastian Bärfuss wollte es gar nicht so genau wissen, aber schon donnerte es durch die Leitung:

»Das ist eine Anweisung von ganz oben!«

Bastian Bärfuss blies seine Backen auf.

Von ganz oben also. Vom Berner Münster oder direkt aus der kalten Eigernordwand? Egal. Hauptsache, ›von ganz oben‹.

Bärfuss schnaubte wütend.

Sollte ihn das vielleicht beeindrucken?

Sobald sich die Hierarchie meldete, sagte die Vernunft Adieu. Vor lauter oben und unten blieb manchen der Verstand unterwegs in diesem Lift eingeklemmt stecken und dann wussten sie nicht mehr, was zu tun war. Dann schickten sie Verbote und Drohungen in die Welt hinaus, das hatte Adrenalinschübe zur Folge, aber Hauptsache, alle Etagen waren lahmgelegt. Dann konnten wenigstens keine Fehler passieren. So dachten sie.

Bastian Bärfuss stellte fest, dass ihm das Verständnis für Hierarchien langsam aber sicher abhandenkam. Dies gab ihm zwar eine Art innere Freiheit; doch mit dieser Freiheit kam eine neue Unsicherheit einher, und die war doch eher unangenehm.

War es gut, sich nicht mehr zu fürchten?

›Anweisung von ganz oben!‹, hallte es wieder und wieder in ihm nach.

Bärfuss hatte eine Ahnung, von wem die Rede war. Aber auch der Herr Kollege ›Ganzoben‹ musste sich am Morgen duschen, Zähne putzen, vermutlich auch rasieren, aber ganz sicher frische Socken anziehen. Auch Kollege ›Ganzoben‹ hatte Kopfschmerzen, wenn der Föhn ging oder wenn er am Vorabend einen über den Durst getrunken hatte. Auch der fiel auf die Schnauze, wenn er auf Eis ausrutschte. Auch der starrte nicht weniger blöde als alle anderen auf den Bildschirm, wenn der Computer sich aufgehängt hatte.

Bärfuss warf einen Blick auf den Dienstplan.

Er erinnerte sich.

Nore Brand hatte ein paar Tage Ferien eingetragen.

Und er ärgerte sich gewaltig, als er merkte, dass ihn diese Tatsache erleichterte. Er wusste nur zu gut: Ein Verbot war für Nore immer eine Herausforderung.

Nur hatte der Chef in seinem Anfall vergessen mitzuteilen, was der Grund dieser Anweisung von so weit oben war, von diesem polizeihierarchischen Achttausender.

Im Simmental war offenbar etwas vorgefallen und der Lenker Dorfpolizist Bucher würde nächstens pensioniert. Gut möglich, dass man Unterstützung brauchte dort oben. Er rechnete kurz nach. Es musste ziemlich genau ein Jahr her sein, dass Nore Brand die oberen Etagen der Kantonspolizei und des Nachrichtendienstes in große Aufregung versetzt hatte, weil sie sich, wie es ihre Gewohnheit war, vorübergehend taub stellte, um sich in aller Ruhe ihren Nachforschungen hinzugeben.

»Deine Nore geht auf sehr dünnem Eis.«

Das waren die Worte des Chefs, als sie – wie üblich während der letzten Phase der Ermittlung – nicht mehr erreichbar war.

Bastian Bärfuss lächelte. Nore Brand bewegte sich nie besser als auf dünnem Eis, doch er befürchtete, dass sie eines Tages zu weit gehen würde. Schlimmer noch, er vermutete, dass es in diesem unseligen Fall bereits dazu gekommen war. Er schob diesen äußerst ungemütlichen Gedanken beiseite.

Nicht so früh schon, bitte, nicht so früh am Morgen, denn sein Morgen begann an jedem Arbeitstag mit der Pflege seiner Zimmerpflanzen, Büropflanzen, genaugenommen. Dann holte er sich im Korridor einen Becher Kaffee ohne Zucker. Nicht, weil er ihn am liebsten so trank, ganz im Gegenteil, erst, sobald er mit dem Becher wieder an seinem Schreibtisch saß, kippte er drei Löffelchen Zucker hinein.

Diese Umständlichkeit hatte ihren Grund: Die Gesundheit des großen Chefs wurde genauestens überwacht: Seine Assistentin, eine drahtige Sportlerin, hatte alle Süßigkeiten, inklusive Zuckerwürfel, aus seiner Reichweite entfernt. Man vermutete ein Komplott zwischen ihr und der Gemahlin des großen Chefs. Gegen diese ausgetüftelten weiblichen Überwachungsstrategien war kein Kraut gewachsen. In dieser Sache konnte der Mann einem leidtun. Nur in dieser einen Sache natürlich. Bastian Bärfuss verzog sein Gesicht. Nie im Leben würde er seinen Kaffee mit künstlichem Zucker versüßen; er brachte dieser Chemikalie tiefstes Misstrauen entgegen, was in erster Linie am seltsamen Geschmack dieses zweifelhaften Weißpulvers lag.

Er setzte sich, schaufelte dreimal Zucker in den Becher und trank seinen Kaffee mit genüsslichen, kleinen Schlucken. Sein Blick verweilte dabei liebevoll auf dem Sucrier von Tante Sophie. Er versuchte sich vorzustellen, wie der Silberschmied an diesem Gefäß gearbeitet hatte. Wie er die Pflanzenmotive hineinklopfte, die menschlichen Figuren mit ihren seltsamen Bewegungen. Sie schienen zu musizieren. Doch ihre Instrumente waren kaum mehr zu erkennen. Die Zeit hatte sie weggerieben.

Er fuhr mit dem Zeigefinger darüber. Die Oberfläche war nicht glatt, steril und glänzend, hatte keine klare Form, sie war abgenützt, aber sie war lebendig.

Immerhin schienen sich diese Figürchen eines langen Lebens zu erfreuen. Sie tranken zusammen, lachten zusammen, tanzten. Dass sie so abgenützt waren, schien sie nicht zu kümmern.

Tante Sophie hatte vor Jahren angefangen, Erbstücke unter ihren Nichten und Neffen zu verteilen. Nicht, dass sie damit rechnete, in absehbarer Zeit das Zeitliche zu segnen, wie sie zu sagen pflegte, absolut nicht: Sie erfreute sich bester Gesundheit. »Wenn ich dann einmal plemplem bin, dann soll alles geregelt sein«, hatte sie erklärt.

Bastian Bärfuss hatte sich an die fragenden Blicke derjenigen, die ihn in seinem Büro besuchten, gewöhnt. Offenbar fiel es manchem schwer, einen Zusammenhang zwischen ihm und dem verspielten Sucrier herzustellen. Er genoss diese Augenblicke der Verwirrung.

An diesem Morgen jedoch heiterte ihn der Gedanke an

seine Tante nicht auf. Der Chef war daran schuld. Bastian Bärfuss schob wütend den Sessel zurück und erhob sich mit einem Ruck.

Im Simmental oben war also wieder etwas los. Im Grund hatte er die ganze Zeit nur darauf gewartet. Seit zehn Monaten hatte er auf diesen Moment gewartet.

Als Nore Brand von ihrer Weihnachtsreise nach St. Petersburg zurückkam, hatte er sie zur Rede gestellt, sie verheimliche etwas vor ihm.

Dieses abrupte Ende der Ermittlungen im Mordfall Ehrsam war ihm auf einmal höchst suspekt. Ehrsam, ja, Ehrsam war der Name gewesen. Er schlug sich vor die Stirn. Donnerwetter, er hatte nicht einmal ihren Namen vergessen!

Nore Brand konnte keiner zur Rede stellen. Wie er es auch anstellte, er blieb erfolglos. Sie hatte ihn nur angeschaut und geschwiegen. Sie würde dann reden, wenn es ihr passte. Das musste er hinnehmen. Er hatte auch keine Wahl.

Aber eines Tages würde sie zu hoch pokern.

Das Telefon läutete wieder. Er stieß einen Fluch aus und warf einen Blick auf die Wanduhr. Schon wieder einer so früh. Was war denn heute los?

Er ließ sich in den Sessel fallen und griff nach dem Hörer.

»Bärfuss«, meldete er sich.

Es war nochmals der Chef. Es war ihm noch nie gelungen, eine Sache in einem Gespräch auf den Punkt zu bringen. Er brauchte immer mehrere Anläufe. Das war mit den Jahren immer schlimmer geworden.

Ein paar Minuten später legte Bastian Bärfuss den Hörer wieder auf. Er packte die kalte Pfeife und stellte sich ans Fenster. Also doch. Es ging wieder um diese alte Sache. Hochgeheim offenbar, und es stank zum Himmel.

Man hatte den Direktor vom Grandhotel Belvedere tot aufgefunden. Abgestürzt. Er sei unterwegs gewesen, in den Bergen. Ganz allein.

Ganz allein? Wer, zum Teufel, sollte das glauben?

Eine traurige Sache; immerhin habe man zusammen die Schulbank gedrückt. Der Chef hatte sich um Schadensbegrenzung bemüht, versucht, die Sache kleiner zu machen, als sie war. Genau das hatte ihn verraten. Da steckte mehr dahinter, als ihnen allen lieb sein konnte.

Bärfuss stopfte seine Pfeife. Nahm die Tageszeitung auf und legte sie wieder hin. Man konnte nie wissen. Vielleicht war es doch nur eine simple Sache, ein falscher Tritt an einer dummen Stelle.

Wie oft las man von Touristen, die auf einem Bergpfad das Gleichgewicht verloren und in die Tiefe stürzten. Dabei hatten sie den Tag genießen wollen, weil sie die Natur liebten, die Berge. So stand es dann in den Todesanzeigen.

Zum Glück hatten sie die Berge geliebt! Als ob das etwas an der Tatsache änderte, dass sie nun tot waren.

Bärfuss verzog sein Gesicht. Wie viel sentimentaler Unsinn stand doch in diesen Anzeigen. Er schob die Zeitung zur Seite.

Die Berge waren ihm unheimlich. Zu Felsen erstarrte Monster, die sich plötzlich bewegten, schüttelten und diejenigen, die an ihnen herumkletterten, abwarfen, wenn die Laune dazu sie überkam.

Überall lauerten Gefahren. Steinschlag, überhängende Felsen, Steilwände. Und man bewunderte diese muskulösen Kerle, die ihr Leben riskierten und es nicht selten auch verloren.

Ja, aus der Ferne und vor allem bei Föhn, da konnte man die Alpenkette sogar schön finden, erhaben und sich in heimatlichen Gefühlen suhlen.

Als Bub musste er im Sommer und im Herbst jeden Sonntag in die Berge. Mit seinem Vater. Und seinem Onkel. Dabei hätte er lieber gespielt. Dieser Onkel hatte ihm zwar an Weihnachten große Schachteln voll Legosteine geschenkt, aber im Sommer war er der Ansicht, der Bub müsse an die frische Luft. Einmal unterwegs, würde es ihm sicher gefallen.

Das hatte es nicht.

Aus der pädagogischen Mission des Onkels war Bastians Abneigung gegen die Alpen entstanden. Er hatte nie die geringste Lust verspürt, im Simmental oder sonst wo im Oberland zu ermitteln. Nur im einen oder anderen kleinen Fall, wenn Dorfpolizist Bucher alleine nicht zurechtkam. Im letzten Herbst hatte er Nore Brand hinaufgeschickt, weil er sich eine saumäßige Erkältung zugezogen hatte. Zum richtigen Zeitpunkt.

Bastian Bärfuss dachte an den Hoteldirektor und schüttelte bedauernd den Kopf. Er hatte ihn nie gesehen, nur von ihm gehört.

Der Direktor sei regelmäßig draußen gewesen, um seinen Kopf zu lüften. Das sei doch verständlich. Nicht einmal die Hoteldirektoren in den Bergen führten heutzutage ein beschauliches Dasein. Bedauernswerte Kerle. Bärfuss hörte den Chef sinnieren.

Aber welcher Idiot geht denn im November noch in den Bergen wandern?

Bärfuss kam in den Sinn, dass er vergessen hatte, dem Chef einen schönen Tag zu wünschen.

Er schaute das Telefon an, zögerte einen Augenblick und drückte dann die Nummer von Nore Brand. Sie sollte diese Sache von ihm erfahren; schließlich hatte sie vor genau einem Jahr mit dem Direktor des Grandhotels Belvedere an der Lenk zu tun gehabt. Seltsame Geräusche und Töne machten ihm klar, dass sein Anruf mit Hilfe von mysteriösen technischen Tricks weitergeleitet wurde. Nach einigen weiteren Versuchen erklärte ihm eine junge Frauenstimme, dass Nore Brand außer Haus sei.

Er ärgerte sich über sich selbst. Was war er doch manchmal für ein vergesslicher Trottel. Er hatte es doch gewusst.

Immerhin, so eine frische, freundliche Frauenstimme am Morgen früh war sehr nett. Da fiel ihm ein, dass er keine Ahnung hatte, wie das Gesicht aussah, zu dem diese Stimme gehörte. Eigentlich schade. Sobald er sich einen Namen und ein Gesicht des weiblichen Nachwuchses im Haus gemerkt hatte, war wieder eine andere junge Dame da. Dass sich diese jungen Dinger immer so ähnlich sein mussten. Man konnte sie kaum auseinanderhalten.

Bis dann endlich mal die Jahre über die hübschen Gesichter gezogen waren. Dann hatte man Individuen vor sich. Menschen, die man sich merken konnte. Nur zogen die meisten lange vorher weiter, in ein anderes Haus, an eine neue Stelle.

Er bedankte sich für die Auskunft und wünschte der schönen, jungen Stimme einen angenehmen Tag.

Seufzend legte er den Hörer auf und zündete sich die Pfeife an. Er packte die Tageszeitung. Auf die jungen Bären im Bärenpark wartete die Spritze. Sie sollten eingeschläfert werden. Junge Bärenkräfte einschläfern!

Eine Bärenfrau müsse Mutter werden können, erklärte der Experte im Interview, das bedeute Lebensqualität für die Bärenmutter. Bärfuss betrachtete das Bild der jungen Bären. Sie waren eben dabei, ein Bäumchen umzulegen.

Vor nicht allzu langer Zeit hatte man die jungen Bären geschlachtet und genüsslich verzehrt, in der Hoffnung, dass dieses Fleisch Bärenkräfte verleihen würde. Bärenwurst und Bärenfilet wurden aufgetischt in ausgewählten Berner Gaststuben. Und jetzt das.

»Die sind doch alle plemplem!«, hörte er seine Tante. Kurz und bündig, aber laut und wütend, wie es ihre Art war. Er lachte tonlos und blätterte weiter.

Doch seine Gedanken kamen nicht zur Ruhe.

Mit einem Seufzer faltete er die Zeitung zusammen und stopfte sie in seine Jackentasche.

Da war nichts zu machen; er dachte an die Bergfestung im oberen Simmental. Nore Brand war da in einen gewaltigen politischen Fettnapf getreten. Der Chef hatte sie mit Talverbot bestraft. Der Chef hatte auch ihn zitiert und Redeverbot erteilt. So etwas hatte er nie zuvor erlebt. Bärfuss hatte aber begriffen, dass sich da irgendwelche Geheimdienste zusammengetan hatten. Das Wenige, das er wusste, hatte ihm Nore erklärt. Aber ihm war klar, dass sie das Wichtigste davon verschwieg. Dazu passte, dass Nore seither vom Chef mit einem seltsamen Respekt behandelt wurde. Wenn es nicht allzu absurd klingen würde, müsste man sagen, dass der Chef Angst hatte vor ihr.

Absurd? Vielleicht. Aber wenn er seinen Bedenken nur den kleinsten Ruck gab, dann musste er sagen, dass es genau so war. Der große Chef hatte Angst vor Nore. Oder vor dem, was sie allen verheimlichte.

Das gefiel Bärfuss nicht. Es war noch nie etwas Gutes dabei herausgekommen, wenn ein Chef Angst hatte vor seinen Untergebenen.

Es war nun fast ein Jahr her, dass der Geheimdienst in den alten militärischen Bergfestungen im Simmental zu tun hatte. Es gab Dinge, die man dort unterbringen musste. Aus kunsthistorischen Gründen. Und wegen drohender Klimakatastrophen. Das leuchtete jedem zivilisierten Menschen ein. Ein Geheimdienst arbeite dem andern in die Hände, hatte der Chef erklärt, man müsse die großen Schätze der Menschheit für die Nachwelt erhalten und so weiter.

Vielleicht war so etwas in der heutigen Welt nicht einmal etwas Besonderes. Man war vernetzt und man war global. Und Kunst verband die ganze Menschheit.

Vielleicht war das ungefähr so wie mit seinem Sucrier. Wer ihn besuchte, lächelte, sobald er das alte Silbergefäß entdeckte. Und kurzum war man in einem lockeren Gespräch über Kunst und familiäre Begebenheiten, über Traditionen und nette Tanten. Wenn so etwas die Menschheit retten konnte, dann hatte Bärfuss ganz und gar nichts dagegen einzuwenden.

Man hütete also in diesen Oberländer Bergen wunderbare Schätze, weil die Liebe zur Kunst keine Grenzen kannte. Aber warum gerade einbunkern? Das machte doch überhaupt keinen Sinn! Kunst musste man anschauen und genießen oder sich darüber aufregen können.

Aber weshalb wegsperren?

Die Tatsache, dass er etwas nicht wusste, weil diese verflixte Nore schwieg, wühlte ihn auf an diesem Morgen. Mehr als je zuvor. Und genauso ärgerlich war, dass der Chef ihm nie erklärt hatte, warum Nore Brand im Simmental nie wieder ermitteln durfte.

Man schätzte ihn, das wusste Bärfuss. Der große Chef zog ihn oft zurate, doch die Aufnahme in seinen Dunstkreis war ihm verwehrt geblieben. Es kam vor, dass Bärfuss dies bedauerte, denn es hätte sein berufliches Leben sicher um die eine oder andere Annehmlichkeit bereichert.

Seine Gedanken gingen zurück zu Nore Brand. Sie hatte ihm gegenüber in einer schwachen Minute das Trojanische Pferd erwähnt. Das hatte ihn irritiert. Zu Hause hatte er im Kleinen Brockhaus nachgeschlagen, was es damit auf sich hatte. Der Griechisch-Unterricht im Gymnasium lag weit zurück und der alte Lehrer hatte es eher mit der griechischen Grammatik gehabt und mit der Poesie der großen Dichterin Sappho. Die Heldenlegenden und Kriegsgeschichten hatte er zur Enttäuschung der pubertierenden Buben ausgelassen. Vielleicht, um sich auf diese Art heimlich an ihrer Disziplinlosigkeit zu rächen. Diese armen Lehrer. Was er im Brockhaus fand, war dann alles andere als beruhigend.

Was hatte man da wirklich in den Berg hineinbugsiert?

So oft hatte er versucht, Nore Brand zum Reden zu bringen.

Doch sie stellte schon auf stur, wenn er in ihrer Gegenwart bloß nach geeigneten Worten suchte, mit der Frage rang. Sie gab ihm jeweils sogleich zu verstehen, wortlos natürlich, dass es nichts bringen würde. Es war ihm mit keiner List gelungen, ihr nur das Geringste zu dieser Sache zu entlocken. Es war zum Verzweifeln.

Je länger sich Bastian Bärfuss an diesem unseligen Freitagmorgen Gedanken über diese Obersimmentaler Angelegenheit machte, umso klarer wurde ihm, dass mit dem Tod des Hoteldirektors der zweite Akt dieses unsäglichen Theaters um die Zarenkunst angefangen hatte.

Warum ging einer im November in den Bergen wandern? In dem Alter! Der Kerl musste ziemlich weit über sechzig sein. War er etwa ein Gesundheitsfanatiker?

Verflucht! Bärfuss brauchte viel zu viele Streichhölzer, bis der Tabak Feuer fing.

An gewisse Dinge in seinem Beruf hatte er sich nie gewöhnt.

Merkwürdig, dass er mit den Jahren immer schneller nervös wurde. Dabei hatte er mit dem Gegenteil gerechnet. Er hatte auf die große Gelassenheit gewartet, die sich mit den Jahren einfach so ergeben würde, sozusagen als Altersbonus, ein Geschenk der Natur. Aber dabei musste es sich um ein Ammenmärchen handeln. Er merkte nichts davon. Ganz im Gegenteil.

Er registrierte zu seiner Überraschung ein feines Gefühl für die wirklich unangenehmen Dinge. Seine Sensibilität nahm zu, und die Haut der Seele wurde dünner und verletzlicher.

Er stellte sich ans Fenster. Die Aare war wieder träge geworden, kalt und langsam. Sie bereitete sich auf die Kälte vor, indem sie erstarrte. Er kannte das. Auch er erstarrte, wenn kalte Zeiten bevorstanden.

Er zupfte das Kuhfell auf seinem Sessel zurecht und setzte sich wieder hin.

Nore Brand hatte Ferien vor sich. Eine Woche.

Und keiner durfte ins Simmental hinauf, um nach dem Rechten zu sehen.

Vor allem *sie* nicht.

Also halt. In dem Fall verdrängte man das Unangenehme mit einer Sache, die ebenfalls unangenehm war.

Er öffnete ein Dossier. In einer Ermittlung war geschlampt worden. Schwarzmarkt. Waffen. Unbekannte Fabrikate, die von Zuhältern und Drogenhändlern gebraucht wurden. Einiges deutete darauf hin, dass sie in einem osteuropäischen Land produziert wurden und auf irgendwelchen dunklen oder nur halbdunklen Wegen in den Westen kamen, was auch längst kein Problem mehr bedeutete. Man konnte auf dieser Welt ganz legal die größten Sauereien veranstalten.

Der Eiserne Vorhang war längst vergessen, und wo Waffen sind, sind auch Drogen nicht weit.

Bärfuss seufzte auf und lehnte sich im Stuhl zurück.

»Warum bist du eigentlich Polizist geworden, Bärfuss?«

Er sah die kleinen Augen seines Hausarztes vor sich, durch dicke Brillengläser hindurch starrte er ihn forschend an.

Bastian Bärfuss erinnerte sich an seinen Onkel, der Landjäger gewesen war, in Bösingen, im Sensebezirk.

›Landjäger‹, so nannte man die Polizisten in seiner Kindheit. Die Uniform hatte ihm imponiert damals und man hatte Respekt gehabt vor seinem Onkel. Sogar, wenn er an einem heißen Sommertag im Unterhemd an seinem

Schreibtisch saß, während er Ladendiebe befragte oder Schulkindern die roten Velonummern verkaufte. Das war, aus der jetzigen Perspektive betrachtet, noch die reine Idylle gewesen. Die gab es damals auch für Polizisten, als sie noch Landjäger hießen. Es irritierte ihn doch ein wenig, dass er mittlerweile fast auf ein ganzes Jahrhundert zurückblicken konnte, wenn er die Erinnerungen seines Onkels in die seinigen mit einschloss.

»Landjäger«, murmelte Bastian Bärfuss, ›Jäger‹, das war noch eine Berufsbezeichnung gewesen, die Bubensehnsüchte wecken konnte.

Heute würde er nicht mehr zur Polizei gehen.

Der Arzt hatte gelacht. »Was glaubst du? Auch ich habe mich getäuscht. Großer Kindskopf, der ich war! Ich dachte, als Doktor bist du dein eigener Herr und Meister und kannst den Menschen helfen und alle sind froh drum. Ein trauriger Irrtum. Ich kämpfe gegen Kassen, Politiker und Bundesräte, weil ich ganze Tage mit dem Ausfüllen von Dokumenten verschwende. Damit gespart werden kann, muss man mich und meine Arbeit im Griff haben, von A bis Z kontrollieren! Es ist zum Totlachen! Früher habe ich einfach meine Arbeit gemacht und dabei versucht, sie gut zu machen, und heute reden plötzlich alle von Qualitätsarbeit. Als ob das eine neue Erfindung wäre! Lächerlich ist das! Qualitätsmanager meinen, sparen sei möglich, wenn man uns Ärzte zu Schreiberlingen degradiert. Diese Qualitätsdiktatoren sind eine Plage, du hast ja keine Ahnung, wie das ist, mein Lieber. Bald will keiner mehr arbeiten, weil alle am liebsten kontrollieren! Und die wenigen, die gute Arbeit machen wollen, werden von übereifrigen Qualitätskontrolleuren erfolgreich daran gehindert. Am Ende des Tages rauft man sich die Haare, weil wieder so viel liegen geblieben ist. Weil diese Prachtkerle von Qualitätsmanagern von dir verlangen, dass du für jeden Furz, den du bei einem Patienten registrierst, fünf Dokumente ausfüllen musst. So ist das, mein Lieber!«

Keiner war vor Bubenträumen verschont geblieben.

Und auch nicht vor dem bösen Aufwachen. Viele Jahre später.

Bärfuss wünschte ihm einen schönen Tag und ging, dankbar für die Schlafpillen. Seine Arbeitskollegen wussten nichts von seinen bösen Nächten und Träumen. Er fürchtete ihren Spott, und vielleicht ging es jedem von ihnen gleich, was auch kein Wunder wäre.

Bärfuss spürte wieder dieses altbekannte Gramseln im Blut; es kam direkt aus dem Bauch. Diese Geschichte im Simmental war nicht ausgestanden.

Verdammt noch mal, was war es, was Nore Brand ihm seither verschwieg?

Sie ist ein sturer Esel, dachte Bastian Bärfuss. Aber das beste Pferd im Stall der Berner Polizei war nach wie vor ein Esel namens Nore Brand.

Bastian Bärfuss lachte leise.

Er sah die leere Kaffeetasse vor sich stehen.

An diesem Morgen würde eine Portion nicht bis zur Pause reichen.

Als er sich die zweite Tasse geholt hatte, war er seiner Sache zu hundert Prozent sicher: Es ging wieder los und es war hoffentlich der letzte Akt in dieser Sache. Er war zwar mittlerweile ein alter Trottel geworden, aber er konnte zwei und zwei immer noch ganz locker im Schlaf zusammenzählen. Dieser Gedanke heiterte ihn ein wenig auf. Dass ihn das Nachdenken über diese Heiterkeit belustigte, war noch viel besser.

Also: Der Direktor vom Hotel Belvedere war tot.

Der Chef wirkte sehr beunruhigt.

Wer wollte, konnte es ganz dramatisch haben, dachte Bärfuss grimmig: Die Wunde im Berg blutete wieder.

Er beugte sich über seinen Schreibtisch, hob den Hörer auf und wählte eine Nummer.

Die private Nummer von Nore Brand. Sie musste wissen, was los war.

Er musste sie, als ihr direkter Vorgesetzter, nochmals daran erinnern, dass sie Talverbot hatte.

Dann hätte er seine Schuldigkeit getan. Sie würde eh das machen, was sie für richtig hielt. Das Theater um oben und unten schien Nore Brand nicht zu kümmern; es war noch schlimmer, ihre Welt kannte keine Hierarchien. Der Herr Kollege ›Ganzoben‹ machte ihr keinen Eindruck, dieser wusste das natürlich, weshalb er ihr aus dem Weg ging. Mehr noch, es machte ihn fuchsteufelswild, dass Nore Brand keine wackligen Knie bekam oder blass wurde, wenn er tobte. Die Natur schien völlig vergessen zu haben, Nore Brand mit dieser Oben-unten-Sensibilität auszurüsten.

Und ihm selber schien diese Sensibilität langsam, aber sicher abhandenzukommen. Er schmunzelte. Womöglich gab es auch für ihn noch Hoffnung.

NORE BRAND SOLL'S RICHTEN

Es war der 22. November, der vierte Montag des Monats, kurz vor sechs Uhr morgens. Nore Brand eilte durch die Stadt, auf der Suche nach den Marktständen.

Der Wetterbericht hatte Schnee angekündigt. Schnee! Dies eine Woche, nachdem man auf den Terrassen Kaffee getrunken und die warme Sonne genossen hatte.

Noch hatte die Nacht die Stadt in ihren Fängen. Es war kalt, nur wenig über dem Gefrierpunkt, und eine schwere, graue Wolkendecke hing tief über der Stadt.

»Du hast mich heut' noch nicht …«, ölte ein Tenor aus einem billigen Lautsprecher. Das letzte Wort des Refrains drang nicht mehr an ihr Ohr. Ein dumpfer Schlag an ihren Kopf war schuld. Zu verblüfft, um wütend zu werden, schaute sie sich um, dann sah sie den kleinen Buben. Er stand vor ihren Füßen und schaute hinter seiner Plastik-Keule erschrocken zu ihr auf, die Mütze schief auf dem Kopf, die Wangen glühten vor Kälte und Aufregung. Bevor sie reagieren konnte, wurde sie von der marktfreudigen Menge weitergeschoben. Piepsende Plastik-Hämmerchen zeugten unablässig von kindlichen Rachefeldzügen.

Schaumberge türmten sich im Schützenbrunnen; irgendein Spaßvogel hatte Waschpulver in das Brunnenwasser geworfen.

Nore Brand schaute sich um: Wo war ein bekanntes Gesicht? Die Kollegen von der Gewerbepolizei waren die ganze Nacht unterwegs. Kontrollierten Zwiebelstände, die Bewilligungen der Marktfahrer und ihre Zwiebeln. 50 Tonnen Zwiebeln aus dem Seeland.

Vermummte Gestalten schoben sich hastig durch die Menge, um vor der Arbeit Marktluft zu schnuppern. Sie gingen an Zwiebelzöpfen vorbei und bunten Strickwaren. Eine tibetische Klangschale ließ die kalte Morgenluft vibrieren. Hinter einem Berg von Schafpelzen rieb sich eine Marktfahrerin die Hände, der glühende Heizstrahler über ihr hing viel zu hoch.

Nore Brand blieb vor einem bunt geschmückten Stand stehen. Lebkuchen lagen da, Magenbrot und Zuckermandeln. Sie rang mit süßen Gelüsten, als das herausfordernde Lachen eines Mädchens in ihr Bewusstsein drang. Sie drehte sich um. Im gleichen Augenblick sah sie, wie die Kleine ihre Hand aus ihrer Konfetti-Tüte zog und mit einem gemeinen Gesichtsausdruck einer bepelzten Frau nachsetzte. Bevor Nore Brand wusste, was sie tat, hatte sie dem Mädchen die Tüte aus der Hand gerissen und ihr den Rest des grellgrünen Inhalts über dem Kopf ausgeleert. Die Papierschnitzel legten sich wie ein Schleier über ihr krauses Haar.

»Jetzt siehst du richtig gut aus!«, lachte sie und steckte der Kleinen ein Geldstück zu.

»Hier. Für den Ersatz!«

Rasch drehte sie sich um und ließ sich von der Menge weiterdrängen.

Sie spürte die Kälte. Höchste Zeit für Kaffee. Zwischen zwei Ständen fand sie eine Lücke, durch die sie dem Gedränge entfliehen konnte. Aufatmend blieb sie unter den Lauben stehen und schaute der Menschenschlange nach, die sich durch die dunklen Gassen schob.

Ganz zuhinterst im Tea-Room Eichenberger wurde ein Tisch frei. Die Sitzflächen waren noch warm. Die Luft war stickig und heiß. Es roch nach Kaffee, frischen Brötchen, Parfum und Schweiß.

Hier hatten sich ihre Mutter und der Prophet mit den Mädchen im Schlepptau getroffen. Dieses Café war zu einem Familienlokal geworden und über die Ausstattung hatte sie sich nie Gedanken gemacht. Es war vertraut und aus diesem Grund jeder Kritik entzogen. Ganz im Gegenteil, dass jemand den Nerv hatte, ein Café über so viele Jahre dem Zahn der Zeit auszusetzen, verdiente Bewunderung. Holzstühle und Holztische mit der Linoleum-Einlage waren im Verlauf der Jahre in ihrer Wahrnehmung geschrumpft. Auch die Garderobe, die Telefonkabine. Am meisten hatten sich die Bilder verändert. Das Bild mit dem Einspänner, in dem eine Dame unter einem rosaroten Hut durch einen Park kutschierte. Und das Dschungelbild. Es hatte Jahre gedauert, bis Nore eines Tages mit kindlichem Schrecken feststellte, dass eine dunkle Frauengestalt mit einem Fruchtkorb auf dem Kopf quer durch das grüne Bild ging. Unzählige Male hatte sie dieses Bild angeschaut, ohne die Frau mitten im grünen Dschungel zu sehen.

Hier hatte sie zu ihrem grossen Glück entdeckt, dass sie in Bilder schlüpfen konnte. Sie nutzte diese Möglichkeit beim Zahnarzt, wenn sie mit weit aufgesperrtem Mund und völlig verängstigt verharren musste, damit der Zahnarzt zu Werke gehen konnte. Um ihr die Spange anzupassen, diesen Zaun für den Mund. Wenn es nicht mehr auszuhalten war, rettete sie sich mit einem Gedankensprung in das himmelblaue Gemälde hinter seinem massigen Rücken an der Wand.

Nore Brand schaute sich um und setzte sich in dieses Wohnzimmer einer Tante, der man die veralteten Möbel nicht übel nahm. Das Wohnzimmer einer alten Dame durfte dem Wandel der Zeiten enthoben sein. Basta.

»Sie wünschen?«

»Einen doppelten Espresso und zwei Gipfeli.«

Die junge Frau stapelte hastig die leeren Tassen aufeinander.

»Heute sind viel mehr Menschen da als letztes Jahr. Das spürt man. Viel mehr. Eigentlich erstaunlich, wo doch alle von Krise sprechen, oder?«

Sie erwartete keine Antwort. Missbilligend ließ sie ihren Blick über den Boden gleiten. Überall schmutziges Konfetti. »Soeben haben wir die Hämmerchen weggeschickt. Wenigstens den Morgenkaffee sollte man doch in aller Ruhe genießen können.«

Die junge Frau erwartete keinen Dank.

›In aller Ruhe‹, wiederholte Nore Brand für sich. Sie hatte ganz andere Vorstellungen von Ruhe. Hitze, heftige Deodorants, lautes Stimmengewirr, Geschirrklappern und Zigarettenqualm gehörten nicht dazu.

Sie griff nach der Tageszeitung, die jemand vergessen hatte. Ein Artikel warnte vor Taschendieben. Wie immer vor Weihnachten. Ein anderer erinnerte an ein Abkommen von Washington. Rückerstattungen von Raubkunst, die nie stattgefunden haben: Mehr als hunderttausend Kunstwerke suchen ihre Besitzer. Die kleine Meerjungfrau ist wieder in Kopenhagen. Ihre erste Reise hatte sie nach Shanghai zur Weltausstellung geführt. ›Zum Glück gehört die Sehnsucht‹, stand in fetten Buchstaben über einem Interview mit einem TV-Journalisten. Eine ganze Seite war den Weihnachtsmärkten im norddeutschen Küstenland gewidmet. Ein farbiges Bild von Hamburg in weihnächtlicher Stimmung.

Und dann das: In St. Petersburg fand ein Tiger-Gipfeltreffen statt. Unter der Führung von Regierungschef Putin sollten die letzten noch lebenden Tiger gerettet werden. Putin als Tierschützer? Nein, Tiger-Schützer. Das passte gut. Für die letzten lebenden Salzwasserfrettchen würde sich dieser Mann vermutlich nie in die Bresche werfen. Falls sich diese Tierchen nicht unerwarteterweise als Geheimwaffe im Kampf um die unermesslichen Bodenschätze in der Arktis entpuppten. Sie wünschte den letzten lebenden Salzwasserfrettchen, dass irgendein Biologe sie entdecken und ihre erstaunlichen Fähigkeiten erkennen würde.

Sie blätterte weiter.

Die Wetterseite meldete Schnee und Regen für die nächsten Tage. Egal. Wer die vier kommenden Tage im Oktogon, im türkischen Bad, verbringen wollte, brauchte sich nicht darum zu kümmern.

Ihr Blick glitt über das Zitat auf Seite 32 hinweg. Noch wusste sie nicht, dass es beängstigend gut zu diesem Tag passte. ›Der Mensch lebt in der Illusion, ständig Weichen zu stellen, bis er erkennt, dass sie längst gestellt sind.‹

Who cares.

Über dem geschäftigen Lärm drang plötzlich Ninos Stimme an ihr Ohr.

»Nore! Endlich!«

Seine Wangen waren hochrot. Er rieb sich die kalten Hände.

»Schau mal, wer dich besuchen kommt!«

Hinter Nino Zoppa tauchten zwei Altbekannte auf.

Elsi Klopfenstein und ihr Freund! Sie suchte nach seinem Namen. Künzi, Fritz oder Fred.

Musste das sein?

Elsi trug eine dicke, unförmige Pelzjacke. Ein turbanartiges Gebilde aus dunkelgrüner Wolle bedeckte ihren Kopf.

Sie schien sich sehr unbehaglich zu fühlen.

Bastian Bärfuss hatte Nore Brand angerufen. Der Direktor des Grandhotels Belvedere sei tödlich verunglückt. Kurz bevor er das Gespräch beendete, erinnerte er sie an ihr Talverbot.

Natürlich erinnerte sie sich an das Talverbot des großen Chefs. Was für ein lächerlicher Blaubart!

Sie bedauerte den Unfall des Direktors, wollte jedoch keinen Zusammenhang zwischen diesem Unglück und ihrem Talverbot herstellen. Sie hatte gelacht und Bastian Bärfuss darauf aufmerksam gemacht, dass sie ein paar Tage Ferien hatte. Nichts würde sie daran hindern, wieder einmal richtig auszuschlafen, sich im warmen Wasser zu entspannen und in der Ruhezone unter dem Dach des Oktogons stundenlang zu dösen. Ende der Woche wäre Jacques wieder zurück von seiner kulinarischen Forschungsexpedition.

Sie schaute die beiden an. Der Markt hatte sie nach Bern gelockt, was denn sonst. Wie so viele Tausende an diesem Montagmorgen im November. Sie brauchte nicht gleich das Allerschlimmste zu befürchten.

Fritz oder Fred Künzi nickte freundlich und lächelte Nore Brand entschuldigend zu, bis die Bedienung ihn mit ein paar unwirschen Bemerkungen aus dem Weg schob.

Nino Zoppa zerrte ein paar Stühle zum Tisch.

»Setzt euch doch hin! Nore, du hast sicher nichts dagegen!«

Die kurze Begrüßung war im Lärm untergegangen.

Elsi Klopfenstein holte ein Taschentuch hervor und trocknete sich das schweißnasse Gesicht.

»Eine Sauhitze ist das hier drin«, klagte sie. »Das bin ich nicht gewohnt! Bei mir, draußen am See, ist es immer frisch. Am Morgen jedenfalls! Gell, Fritz!«

Also, doch Fritz und nicht Fred.

Fritz Künzi verzog sein Gesicht schon wieder zu einem entschuldigenden Lächeln.

Die Bedienung hatte sich wieder herangeschoben. »Was darf es denn sein?«

»Milchkaffee und Gipfeli«, sagten die zwei wie aus einem Mund.

Nino Zoppa grinste und zwinkerte Nore Brand zu.

»Für mich auch, bitte«, sagte er und wandte sich wieder an Nore Brand.

»Bärfuss hat mir gesagt, wo ich dich heute Morgen finde.«

»Schon gut.«

Sie brauchte sich nichts vorzumachen. Die beiden waren nicht zu ihrem Vergnügen hier. Das war alles andere als ein Freundschaftsbesuch.

Nore Brand erinnerte sich an die Empörung von Elsi Klopfenstein. Bern! Nie mehr in ihrem Leben würde sie einen Fuß in diese Stadt setzen. Man war sich des Lebens nicht mehr sicher, sobald man den Zug aus dem Oberland verließ. Ihre Freundinnen konnten ein Liedlein davon singen und Schauermärchen erzählen. Das Geld sei nirgends mehr sicher, auch nicht in ihrem soliden Büstenhalter, der über die Jahre hinweg das beste Versteck gewesen war. Nichts war mehr wie früher.

Dass Elsi Klopfenstein vom Lenkerseekiosk ihre Vorsätze über den Haufen geworfen hatte, bedeutete etwas.

Ein Jahr war vergangen. Es war Elsi Klopfenstein gewesen, die, ohne dies zu ahnen, erzählenderweise nicht wenige Teilchen im Fall Klara Ehrsam zusammengetragen hatte. Sie hatte in ihrem Kioskhäuschen am See vieles mitbekommen. Nore Brand fürchtete, dass sich daran nichts geändert hatte.

Nun saß sie also da, diese Kioskfrau aus der Lenk, die hoch und heilig geschworen hatte, nie in ihrem Leben wieder nach Bern zu fahren, in diese gefährliche Stadt, wo ältere Frauen am helllichten Tag überfallen und ausgeraubt werden konnten, weil kein Mensch hinsah und sich für sie zur Wehr setzte.

Nore Brand war es, als ob es gestern gewesen wäre, als sie am Lenkersee saß, mit dem dampfend heißen Kaffee von Elsi Klopfenstein in der Hand.

Es würde einige Elefanten brauchen, um sie aus ihrem Tal heraus nach Bern zu zerren, hatte Elsi damals steif und fest beteuert.

Nore Brand beugte sich über den Tisch.

»Wie viele Elefanten mussten es sein?«

Elsi Klopfenstein war verblüfft.

»Das haben Sie also nicht vergessen!«

Nore Brand lächelte. »Wie denn?«

Elsi Klopfenstein lächelte zurück.

»Das mit den Elefanten war natürlich ein dummer

Spruch. Ich weiß genau, was Sie jetzt denken, Frau Brand. Aber wenn es um Leben und Tod geht, muss man über seinen Schatten springen.«

Bei diesen Worten hielt sie ihre Augen fest auf Nore Brand gerichtet.

Nore Brand atmete langsam aus.

Also doch. Leben und Tod.

Es ging in die zweite Runde. Der Kelch würde nicht an ihr vorübergehen.

Blaubart konnte ruhig anfangen, seine Messerchen zu wetzen.

Als Nore Brand im Katharinenpalast im nachgebauten Bernsteinzimmer stand, wurde ihr auf einen Schlag bewusst, dass sie einen großen Fehler gemacht hatte. Aus diesem Grund war die Geschichte um Klara Ehrsam nicht ausgestanden.

Dabei hätte sie damals die Möglichkeit gehabt, bei Merian nachzubohren. Er hätte ihr mehr erzählt. Sie hätte ihn nur darum bitten müssen. Doch sie hatte es unterlassen.

Aus Angst? Oder war Erleichterung der Grund gewesen? Die Freude über die verrückte Wende, die diese Geschichte genommen hatte? Der Spaß an der pfiffigen Millionärin, die zwei Geheimdienste an der Nase herumgeführt hatte?

Nore hatte, verdammt noch mal, geglaubt, das Vermächtnis der Millionärin zu retten, indem sie schwieg.

Die Kommissarin Nore Brand hatte sich amüsiert und keine weiteren Fragen gestellt. Zugegeben, sie hatte sich sogar geschmeichelt gefühlt. Sie gehörte zum Kreis der Eingeweihten. Vor allem war es ein tolles Gefühl, mehr zu wissen als der große Chef.

Doch: Was genau war im Berg? Welcherart waren diese Kunstgegenstände?

Sie, die immer nachhakte, hatte es in diesem Fall unterlassen. Sie musste für einen Augenblick jede Vernunft verloren haben. Vergessen, was eine Kriminalbeamtin in einem solchen Fall zu tun hatte: Weiterfragen, weitersuchen, weiterermitteln, bis alles klar auf dem Tisch lag. Aber nein, das hatte sie nicht getan. Weiß der Kuckuck, warum! Vielleicht hatte sie einfach genug gehabt von diesem Theater. Oder war es ganz anders gewesen? Auf jeden Fall hatte sie den Nerv gehabt, ein Bier aus dem Kühlschrank zu holen, mit sich und der Welt auf die rote Klara anzustoßen und sich großartig in Schweigen zu hüllen.

Das hatte sie jetzt davon.

Nur wenige Tage nach diesem Toast auf die Idee von Klara Ehrsam stand sie in diesem glänzenden Bernsteinzimmer und begriff, dass eine Überdosis Schönheit einem Menschen den Verstand rauben konnte, weil so viel Schönheit nicht auszuhalten war.

Dieser blendende Prunk war von keiner menschlichen Vernunft auszuhalten.

Doch warum, um Gottes willen, sollte alles in einen Berg hineingesteckt werden?

Um diese Wunderdinge zu retten, ja, natürlich. Sie hörte den Anwalt begeistert durch das Telefon schreien. »Diese geheime Sammlung von alten Kunstgegenständen muss bombensicher, im wahrsten Sinne des Wortes, bombensicher versteckt werden, und zwar für alle Ewigkeit. In den Schweizer Alpen!«

Er erzählte die alte Geschichte von der Klimaerwärmung, dass die Kostbarkeiten in St. Petersburg nicht mehr lange im Trockenen bleiben würden, der Finnische Meerbusen hebe sich, hähäää, dass Klara schon immer zwei und zwei zusammenzählen konnte und so weiter.

Zugegeben, sie hatte geschwiegen, doch vorher hatte sie immerhin drei Mordfälle aufgeklärt. Klara Ehrsam, Jelena Petkovic und dieser Künstler oder Kunstfälscher Jeremias Matthäus Simmer waren einer falschen Ballerina in die Quere gekommen, dafür hatte sie allen die Show gestohlen. Jetzt saß sie im Frauengefängnis und hatte Zeit, über ihre Schauspielkarriere nachzudenken. Sie sei eine vorbildliche Gefangene, hatte Nore Brand gehört. Sie leite einen Theater-Workshop, mit großem Erfolg.

Als Bastian Bärfuss ihr das mitteilte, wurde sie zornig. Doch Bärfuss lächelte. »Wir dürfen nie vergessen, dass auch Mörder Menschen sind. Mit Qualitäten. Ja, sogar mit wunderbaren Qualitäten. Wir beschäftigen uns so sehr mit ihren unappetitlichen Seiten und deren Konsequenzen, dass wir das immer wieder vergessen.«

Elsi Klopfenstein hielt ihren Blick auf Nore Brand gerichtet. Sie schien auf eine Entgegnung zu warten. Nore Brand hatte den Faden verloren. Wo waren sie stehen geblieben?

Leben und Tod, echote es in ihr.

Nore Brand erinnerte sich daran, mit welcher Intensität diese Frau vor ihr, die für einen Augenblick verstummt war, schweigen konnte. Es war eine fürchterliche Intensität, es war ein geradezu donnerndes Schweigen, das von Elsi ausging.

Wenn sie mal schwieg.

Doch Elsi war nicht gekommen, um zu schweigen. Sie schob ihren Stuhl ganz nahe zu Nore Brand hin.

Es war wieder laut geworden im Café. Eine Reisegruppe aus dem Waadtland suchte verzweifelt und vergeblich freie Stühle. »Im Dorf wissen alle, dass ich nie wieder nach Bern fahren wollte. Es wäre allen verdächtig vorgekommen, wenn ich nun plötzlich meine Meinung geändert hätte. Aber zum Glück ist heute Zibelemärit, und für den Zibelemärit kann jeder eine Ausnahme machen, das leuchtet allen ein, und zwar seit 500 Jahren.«

Sie lachte laut, zog ihren Stuhl noch näher zu Nore Brand hin und warf zuerst einen prüfenden Blick in die Runde, bevor sie weitersprach.

»Damit es überhaupt keinem auffällt, habe ich beschlossen, ein Riesentheater darum zu machen.« Sie kicherte. »Ein letztes Mal an den Zibelemärit, ein allerletztes Mal! Weil der Zibelemärit halt etwas Besonderes sei. Das habe ich allen erzählt und meinen Freundinnen habe ich versprochen, Zwiebeln mitzubringen. Keine soll etwas vom wahren Grund meiner Reise nach Bern ahnen. Nur Doris weiß es. Das ist meine Cousine.«

Sie zupfte ihren Begleiter am Arm. »Und Fritz natürlich. So gut wie der schweigt keiner.«

Fritz Künzi lächelte erfreut.

»Zum Glück hat Herr Zoppa mir geholfen, Sie zu finden!«

Dann atmete Elsi Klopfenstein tief durch.

»Also, Frau Brand, der Direktor vom Grandhotel ist tot. Deshalb sind wir hier. Er ist abgestürzt! Und das im November! Ich hatte immer gedacht, dass dieser schöne und elegante Mann doch etwas gescheiter ist. Von einigen Hotelgästen habe ich gehört, dass er doch ziemlich in die Jahre gekommen war. Nicht mehr ganz auf der Höhe.«

Sie tippte sich an die Stirn. »So ein Hotel braucht doch einen Direktor, der voll im Saft ist. Vor allem in der heutigen Zeit. Unser Land ist teuer geworden für die Gäste aus dem Ausland. Und jetzt ist dieser arme Kerl tot!«

Sie verstummte und gab Acht, wie diese Botschaft auf Nore Brand wirkte.

»Der war doch nie ganz auf der Höhe, zu keinem Zeitpunkt in seinem Leben«, warf Nino Zoppa großspurig ein und zog seine Designermütze tiefer ins Gesicht.

Elsi Klopfenstein drehte sich zu ihm. »Immer noch ziemlich frech, dieser kleine Polizeilehrling!«

Die Bedienung schob sich energisch heran und stellte die Kaffeetassen und das Körbchen mit den Gipfeli vor ihre Gäste.

»Kann ich bitte einkassieren? Ich habe Feierabend«, erklärte sie geschäftig.

»Feierabend?«, wiederholte Fritz Künzi verständnislos und schaute auf seine Uhr. »Jetzt? Der Tag hat doch eben erst begonnen!«

»Trotzdem, ich arbeite seit vier Stunden und jetzt ist Schluss!«

»Feierabend, also«, wiederholte er fassungslos.

»Bezahl einfach und grüble nicht«, forderte Elsi Klopfenstein ihn auf.

Fritz Künzi kramte sein Portemonnaie hervor, bezahlte und wünschte der Bedienung einen schönen Feierabend.

Nino Zoppa zwinkerte Nore Brand zu. Sie sah nichts. Sie saß tief in Gedanken versunken da.

Elsi Klopfenstein ließ nicht locker.

»Passen Sie auf, Frau Brand! Da ist nämlich noch etwas.

Sie wissen ja vom alten Militärflugplatz. Ich habe eine Cousine, die wohnt in Matten, beim Flugplatz. Der wird für Feste gebraucht. Im Sommer. Da kommen die wilden Horden und machen Musik. ›Rock and Roll‹! Das tönt dann ein Wochenende lang, als ob permanent zwei Dutzend Düsenjäger gleichzeitig starten würden. Ein absoluter Höllenspektakel. Furchtbar! Zum Glück ist der Krach nach zwei Tagen vorbei. Aber was ich Ihnen sagen wollte, Doris, das ist meine Cousine, hat mir berichtet, dass im Frühling und im Sommer immer wieder Flugzeuge gelandet seien, immer abends, nach der Dämmerung. Sie hat gesehen, wie dunkle Gestalten große Kisten aus dem Rumpf der Maschine geholt haben.«

Elsi Klopfenstein verstummte einen Augenblick und schaute in die Runde.

»Nein, es ist nicht so, wie ihr jetzt denkt! Sie ist keine Schnüfflerin. Sie hat einen alten Hund und der muss häufig hinaus, auch in der Nacht. Er ist etwas schwach auf der Blase. Es stört sie nicht. Sie weiß ja, wie das ist.«

Fritz Künzi legte seine Hand auf Elsis Arm. »Das interessiert Frau Brand vielleicht nicht so sehr.«

»Lass mich«, sagte Elsi Klopfenstein unwirsch und schüttelte seine Hand ab, »das gehört auch zur Geschichte.«

»Ja, erzählen Sie weiter«, sagte Nore Brand.

»Siehst du?« Elsi Klopfenstein schaute ihren Freund triumphierend an. »Ich habe dir immer gesagt, so eine wie Frau Brand will alles wissen!«

»Ich meinte ja nur«, sagte Fritz Künzi kleinlaut. »Aber das mit der Blase des Hundes hilft jetzt nicht weiter, finde ich zumindest.«

»Denkst du? Du begreifst ja nichts. Gerade dank der

Blasenschwäche des alten Hundes hat Doris erst gemerkt, dass da etwas los ist!«

Nino Zoppa presste die Hand auf den Mund, sein Gesicht war hochrot, er erstickte fast vor Lachen.

»Da gibt's gar nichts zu lachen, du«, wurde er von Elsi zurechtgewiesen. »Also, meine Cousine Doris hat einen Hund und sie geht mit ihm immer mehrmals hinaus. Mitten in der Nacht sogar, wie gesagt. Diese Flugzeuge seien ihr von Anfang an sehr spanisch vorgekommen. Die landeten immer erst, wenn es finster war. Sehr verdächtig!«

Nore Brand lehnte sich zurück. Sie sagte vorerst nichts. Geheimdienste an der Arbeit, im Auftrag der Kunst. Im Auftrag von Klara Ehrsam, der roten Klara. Das war's, aber davon wusste nur sie allein. Und Merian, der Basler Anwalt. Wie es ihm wohl erging? Sie hatte nichts mehr von ihm gehört. Der Alltag hatte sich über diesen wunderlichen Fall gelegt, und jetzt tauchte auf einen Schlag alles wieder vor ihren Augen auf, als ob es sich gestern erst abgespielt hätte. Klara Ehrsam mit ihrem letzten Projekt: Kunstwerke sollten in einer Bergfestung versteckt werden. Für alle Ewigkeit gerettet, vor dem Ansteigen des Meeresspiegels und vor politischen Querelen. Im Gegenzug hatte die Schweiz klammheimlich einen großen Bruder im politischen Weltgeschehen gewonnen.

Ärgerlich, dass diese Kunstagenten nicht diskreter vorgehen konnten. Geheimnisvolle Anflüge in der Dämmerung! Das klang nach Bubenstreichen.

»Ich sage Ihnen, Frau Brand, da ist wieder etwas los. Bei den Festungsanlagen wird gearbeitet, aber keiner traut sich hin, um nachzuschauen, was es ist!«

»Woher wissen Sie das?«

Elsi Klopfenstein stieß ihren Freund an. »Red' du jetzt! Du warst ja oben!«

Fritz Künzi räusperte sich. »Ich habe mich mal etwas umgeschaut dort oben. Es ist wieder alles abgesperrt, aber ich glaube, die vergrößern die Bergfestung. Ich glaube, dort oben soll Käse gelagert werden.«

»Was, Käse!?«, fuhr Elsi dazwischen.

»Doch, das stand doch in der Zeitung«, verteidigte er sich. »Käse, der in Höhlen reift oder in Bunkern eben.«

»Käse!«, wiederholte Elsi fassungslos, schüttelte den Kopf und tippte mit dem Finger an die Stirn. Aber sie ließ ihn weiterreden.

»Einmal, als ich ganz friedlich dasaß, habe ich Detonationen gehört und gespürt. Der ganze Berg zitterte. Das war furchtbar.«

»Und wo ist der Direktor abgestürzt?«

Elsi Klopfenstein beugte sich vor.

»Das weiß keiner. Außer vielleicht Bucher. Aber Sie kennen ihn ja.«

Nore Brand saß schweigend da.

»Nur, dass ihr wisst, ich habe ein paar Tage Ferien«, sagte sie plötzlich.

Nino Zoppa schaute Nore Brand erschrocken an. »Oh, entschuldige, das habe ich glatt vergessen«, murmelte er entschuldigend.

»Das trifft sich ja wunderbar«, rief Elsi Klopfenstein erleichtert, »dann können Sie heute noch kommen! Sie müssen dieser Sache auf den Grund gehen!«

Nore Brand schwieg.

Sollte sie ein paar Ferientage sausen lassen, nur weil der Hoteldirektor vom Belvedere dummerweise im November in den Bergen wandern ging und dabei umkam? Weil die Besitzerin eines blasenschwachen Hundes seltsame Beobachtungen gemacht hatte? Weil man Festungsanlagen reparierte, damit man den Bergkäse besser und länger lagern konnte?

»Ich hab's dir ja gesagt«, warf Fritz Künzi ein, »man kann doch die gute Frau Brand nicht einfach so überfallen!«

Die ›gute Frau Brand‹!

Nore Brand hielt sich innerlich die Ohren zu.

»Red' nicht so dumm daher!«, wurde er von Elsi Klopfenstein zurechtgewiesen.

»Und überhaupt, Bucher wäre heute am liebsten mitgekommen. Er hat darauf bestanden, dass wir Sie holen. Man könne keinem mehr über den Weg trauen, hat er gesagt. Frau Brand sei zwar etwas speziell, genauso hat er es gesagt, aber bei ihr wisse man wenigstens noch, woran man sei. Warten Sie mal, er hat mir etwas mitgegeben für Sie.«

Sie begann, ihre Tasche zu durchsuchen, fuhr mit der Hand durch Massen von Zwiebeln, wurde nach einer Weile fündig und reichte Nore Brand mit einem Seufzer der Erleichterung einen Briefumschlag.

›Für Kommissarin Brand‹ stand drauf.

Nore Brand zog ein gefaltetes Papier heraus und las.

Als sie wieder aufschaute, sah sie drei Augenpaare auf sich gerichtet.

Sie steckte den Brief in ihre Jackentasche. Ihr Erzfeind – sie hatte angenommen, dass Bucher ihr Erzfeind war, nach allem, was passiert war – rief sie.

Es war ein Hilferuf. Es war mehr als alle Bitten von Bastian Bärfuss, die gesammelten Befehle ihres Chefs miteingerechnet.

Einer wie Bucher würde Nore Brand nie ins Tal hinaufbitten, wenn es nicht um sehr viel gehen würde. Bucher rief nur, wenn er einen wahren Grund dazu hatte.

Sie nahm den Brief wieder heraus und überflog die Zeilen nochmals. Für Bucher war das allerhand. Seine Worte waren das reinste, das inständigste Flehen, auf Knien, für seine Begriffe.

Wünsche doch sehr, dass Sie baldmöglichst an die Lenk kommen würden! Hochachtungsvoll, Ihr Kollege Bucher.

Sie steckte den Zettel in den Briefumschlag zurück.

»Und wie stellt ihr euch das vor?«

Fritz Künzi räusperte sich. »Also, wir hätten da eine Idee. Elsi und ich haben die Sache etwas vorbereitet. Das Problem ist, dass jeder Sie kennt. Aber Sie dürfen nicht auffallen, wenn Sie wieder ermitteln. Der Mörder soll sich in Sicherheit wiegen, oder? Das ist sehr wichtig. Sie könnten ein paar Tage auf dem Campingplatz Seegarten verbringen. Oder, wenn Sie lieber möchten, auf der Hasenweid. Vom Seegarten aus haben Sie zwar den besseren Überblick und dort kennt Sie ja keiner.«

»Wie bitte? Ich soll campieren? In einem Zelt?«

Mit 45 Jahren und einem Rücken, der sich wie mindestens dreimal so alt anfühlte? Nein, das kam gar nicht infrage!

»Nein, nein«, beeilte sich Fritz Künzi zu sagen. »Im November geht das natürlich nicht mehr. Wir haben auch daran gedacht. Ich habe einen Bus für Sie.«

»Einen Bus?«, wiederholte Nino Zoppa interessiert. »Was denn für einen Bus?«

»Oh, es ist ein älteres Modell. Ein neues liegt nicht drin

bei meiner Rente. Aber es ist ein VW und funktioniert immer noch wunderbar, so wie das eben nur bei einem VW möglich ist. Der Motor wird mich um viele Jahre überleben, das ist so sicher wie der Donner nach dem Blitz. Ich würde ihn gerne für ein paar Tage zur Verfügung stellen. Elsi war der Meinung …«

Nun lag Nino Zoppa quer über dem Tisch.

»Welcher Jahrgang?«

Fritz Künzi wurde etwas verlegen. »1934«, sagte er.

»Damals hat VW aber noch längst keine Busse produziert!«, warf Nino Zoppa ein.

»Oh, entschuldigen Sie. Ich meinte, Sie wollten meinen Jahrgang wissen«, lachte Fritz Künzi verlegen. »Nein, mein VW-Bus ist Jahrgang 1972. Es ist ein T2-Transporter. Ich habe ihn etwas umgebaut …«

Nino Zoppa packte Nore Brand um die Schultern. »Nore, ich will auch mit!«

»Wer sagt denn, dass ich gehen will?«

Drei Augenpaare waren flehend auf Nore Brand gerichtet.

Der Kelch ging nicht vorüber. Was hatte sie sich nur gedacht.

Aber warum wusste niemand, wo der Direktor abgestürzt war? Warum musste das verheimlicht werden? War er etwa zu neugierig geworden? Vor allem: Wenn mit dem Absturz etwas nicht ganz koscher war, warum hatte sein Jugendfreund, ihr Chef, ihn nicht beschützen können? Das war ihm bisher doch ganz gut gelungen.

Sie sah, wie Ninos Augen zu leuchten begannen.

Er deutete ihr Zögern richtig. Nore Brand war dabei, Lunte zu riechen.

Er hatte eine Mission und dafür stand ein VW-Bus zur Verfügung.

Ein T2!

Nore Brand begann, ihre Jacke zuzuknöpfen. Blaubart konnte seine Messer schleifen. Sie wusste, dass sie einen Schlüssel zu diesem Fall besaß. Sie musste nur ausprobieren, ob es der richtige war.

»Richten Sie Bucher einen freundlichen Gruß aus und sagen Sie ihm, dass ich es mir überlege.«

Wenige Minuten später stand Nore Brand wieder auf der Gasse. Allein. Sie drehte sich kurz um. Nino begleitete die beiden Gäste aus dem Simmental zum Bahnhof. Sie sah den Hinterkopf von Nino und die schauerlich grüne Turbanmütze von Elsi Klopfenstein.

Es war also doch kein Spuk gewesen.

Nore Brand wehrte sich nicht mehr. Die Menschenmenge nahm sie auf und zog sie mit sich, eine endlose Schlange in der kalten, eingenebelten Stadt, eine Schlange ohne Anfang und ohne Ende.

CAMPING SEEGARTEN

»Ist dir auch schon aufgefallen, dass wir dauernd Mörder suchen, die Spaziergänger getötet haben?«

Nore Brand stellte das Autoradio leiser. Sie wusste nicht, ob sie sich von der umwerfend guten Laune des jugendlichen Radiomoderators anstecken lassen wollte oder nicht. Sie hatte ihre Ferien abgebrochen. Sie hatte Strafaufgaben bekommen. Unter den ›Fall Klara Ehrsam‹ hatte jemand ›Schlampige Arbeit‹ hingeschrieben, mit roter Tinte und doppelten Ausrufezeichen.

Nino Zoppa strahlte vor sich hin.

»Ist es so? Werden andauernd Spaziergänger umgebracht?«

Nino Zoppa nickte. »Das ist mir eben so durch den Kopf gegangen.«

»Du bist ja schon richtig ausgeschlafen. Es spazieren aber auch ungeheuer viele Menschen auf dieser Welt herum.«

»Je häufiger ein Mensch spazieren geht, desto größer werden seine Chancen, während eines Spaziergangs umgebracht zu werden«, folgerte Nino Zoppa.

»Messerscharf, Herr Einstein. Deine neueste Relativitätstheorie? Vielleicht müsstest du sie von der statistischen Abteilung der Polizei überprüfen lassen.«

Nino Zoppa grinste. »Ich wüsste nur zu gern, wie ungesund spazieren gehen tatsächlich ist. Du hast doch mal in der Statistik gearbeitet.«

Nore Brand schaute aus dem Fenster. Das war lange her.

Zahlen, Prozente, beeindruckende Grafiken. Mit Zahlen hatte man die Welt im Griff.

»Mordopfer in Prozenten auszudrücken, sie in bunten Grafiken unterzubringen, ist eine kreative Sache. Und es beruhigt. Man macht sich dabei die Hände nicht schmutzig. Man kann sich Gedanken machen über die Ästhetik einer Darstellung. Es ist fast wie Meditation.«

Sie verstummte für eine Weile. »Einmal hat mich der Gedanke überfallen, dass hinter den Zahlen Menschen sind. Opfer. Davon ist mir schlecht geworden.«

»Dann hast du aufgehört damit.«

Er nahm den Fuß vom Gaspedal.

»Schau, da rechts. Camping Seegarten.«

Nino Zoppa fuhr vorsichtig in die kleine Straße.

Nore Brand schaute sich um. »Wenn es sein muss. Hier fallen wir vielleicht doch am wenigsten auf. Aber dass dieses Gefährt ausgerechnet tomatenrot sein muss.«

Nino warf ihr einen empörten Blick zu. »Tomatenrot? Laut Prospekt handelt es sich um ein sogenanntes Senegal-Rot. Vielleicht sogar um ein etwas verblasstes Chianti-Rot. Nach so vielen Jahren ist das schwer zu sagen«, erklärte er mit Kennermiene.

Nore schaute ihn von der Seite an. Es war nicht zu fassen, wie zart Nino das Steuerrad in seinen Händen hielt. Welche hingebungsvolle Zärtlichkeit dieser Bus von Nino Zoppa erfuhr.

»Gut, dann eben Senegal-Rot. Oder verblasstes Chianti-Rot.«

Es leuchtete ihr umgehend ein, dass sich kein Mann je für einen tomatenroten Bus interessiert hätte.

Senegal-Rot war etwas ganz anderes. Das erinnerte an

Abenteuer und Wüste. Bus-Rallye! Safari! Mit zähnefletschenden, fauchenden Riesenraubkatzen.

Und Chianti-Rot? Eher etwas für den hedonistischen Bus-Helden. Wein, Weib und ein wenig Wagemut.

Wie raffiniert. Für jeden etwas dabei im Automobil-Farbprogramm.

Unter welcher Farbbezeichnung lief eigentlich ihr neuer Nagellack?

Nore Brand überflog das Gelände. Ihr Blick ging ans Ende des Tals, die Abhänge hinauf an den dramatisch hohen Horizont. Der Wildstrubel erhob sich mächtig und gleichmütig wie immer über dem Tal.

»Eine wunderschöne Landschaft!«, schwärmte Nino Zoppa.

Nore Brand staunte.

»Das letzte Mal konntest du nicht schnell genug weg von hier.«

»Auch ich werde vermutlich reifer und zugänglich für die Schönheiten dieses Tals. Mir gefällt es. Ich kann mir nicht mehr vorstellen, dass das jemals anders gewesen ist. Schau mal, diese mächtigen Berge! Ich hoffe, dass wir hier ein paar Tage zu tun haben.«

»Das muss an diesem Bus liegen.«

Nino Zoppa strich zärtlich über das Lenkrad.

»Vielleicht. Ich glaube eher, dass tief in mir ein Bergler schlummert.«

Nore Brand lachte. »Schlummert? Er ist eben wach geworden. Wach geküsst von einem alten, roten VW-Bus.«

Nino Zoppa strahlte.

»Wir sind gleich da.«

Er zeigte auf ein Schild. Camping Seegarten.

Er bremste vor dem Tor, das ins Camping-Areal führte.

»Hier sind wir gut positioniert. Was meinst du? Die Hasenweid ist zu weit weg.«

»Wie du meinst.«

»Wenn etwas geschieht, sind wir nahe genug.«

Sie hoffte immer noch, dass sich nichts weiter zutragen würde.

Unter Umständen war es ja bereits vorbei. Der Hoteldirektor war vielleicht einfach abgestürzt. Nichts als ein sehr bedauerlicher Unfall. Und ein Flugzeug transportierte Material für die Bauarbeiten ins Tal hinauf.

In lebhaften Fantasien nahmen diese Banalitäten rasch die wildesten Dimensionen an.

Nore Brand hoffte immer noch. Noch konnte sie schweigen. Noch gab es keinen Grund, das Versprechen, das sie Anwalt Merian gegeben hatte, zu brechen. Klara Ehrsams letzter Wille sollte ein Geheimnis bleiben. Die Kulturfraktion der Geheimdienste Russlands und der Schweiz bauten in den Bergen sichere Stätten für Kulturgüter, die Klara Ehrsam in politisch und klimatisch sicherere Zeiten hinüberretten wollte.

Nino Zoppa stellte den Motor ab und seufzte leise. »Dieser Motor, das ist Musik.«

»Musik?«, erwiderte sie zweifelnd. »Ich weiß nicht.«

»Das wirst du nie verstehen.«

Er legte die Arme auf das Lenkrad und schaute sich um. »Die Saison ist offensichtlich vorbei! Da haben wir aber Glück gehabt! Wo stellen wir unseren Bus hin?«

Ein paar Wohnmobile, die bei jedem Wetter ein solides Zuhause bieten konnten.

Nein, Nore Brand wollte hier eigentlich gar nirgends stehen. »Glaubst du tatsächlich, wir fallen hier nicht auf?«

Fritz Künzi hatte sie am Bahnhof in Zweisimmen in Empfang genommen und direkt zu seinem Wunderbus geführt.

Es handelte sich in der Tat um einen Oldtimer, keinen herausgeputzten, man sah ihm die Jahre an. Größere und kleinere Beulen und Einbuchtungen verteilten sich in harmonischen Abständen über die gesamte Karosserie. Über den Rädern hatten die Jahrzehnte Rostflecken angebracht, sehr dezent, doch sehr sichtbar.

Nore Brand hatte eine Tarnfarbe erwartet. Militärgrün, stumpf, verwittert, vor allem unauffällig.

Nino Zoppa war außer sich vor Aufregung. Er schien den schwerwiegenden Grund, der sie wieder ins Simmental führte, vergessen zu haben, weil Fritz Künzi ihm Schlüssel und Verantwortung für seinen VW-Bus übertragen hatte.

»Der Scheibenwischer geht häufig einfach los, dann muss man nur fein zurückdrehen an diesem schwarzen Knopf. Die Küche habe ich selbst eingebaut. Die Gasflasche ist frisch gefüllt. Geschirr und Besteck hat es im Überfluss. Zum Schlafen zieht man einfach an dieser Bank. Dazu gibt's einen kleinen Trick.«

Die Demonstration des kleinen Tricks nahm einige Zeit in Anspruch. Fritz probierte, ruckte, hob und ruckte wieder ein bisschen, und bevor er die Sitzbank ganz auseinanderriss, ließ er sie kurz zurückschnellen.

Nach einer Serie von Versuchen gelang es endlich.

»Also, ihr seht, ganz einfach, mit ein bisschen Gefühl geht alles«, triumphierte er dann mit erhitztem Gesicht, »aber eigentlich seid ihr ja auch nicht zum Ausruhen hier, oder?«

Nino allein würde mit Sicherheit ganz bequem liegen. Zweifellos.

»Und wo schlafe ich?«, erkundigte sich Nore Brand.

Fritz Künzi schaute sie verdattert an. »Hier natürlich!«

Er deutete auf die Liegefläche.

Nore Brand biss sich auf die Lippen.

Im Plan von Elsi Klopfenstein und Fritz Künzi gab es eindeutig die eine und andere Verengung. Sie hoffte, dass dies die engste Stelle war darin.

Sie würde sich das Schlafen im Sitzen angewöhnen müssen.

Oder im Stehen. Man konnte in diesem Bus ja stehen. Gott sei Dank! Wenn das Dach offen war. Welch ein Luxus.

Die Schweigepflicht gegenüber Anwalt Merian und Klara Ehrsam würde sehr schmerzhafte Begleiterscheinungen haben.

»Die Standheizung habe ich ausgebaut, dafür heizt dieser kleine Ofen da gut.« Er deutete auf ein kleines, oranges Plastikgerät.

Nore Brand versuchte, die Fassung zu bewahren.

Sie hatte die Skiunterwäsche von Jacques eingepackt. Er brauchte nichts dergleichen. Ein lukrativer Auftrag führte ihn an den Niederrhein. Eine Reihe von Vier-Sterne-Hotels sollten auf ihre kulinarische Qualität geprüft und in einschlägigen Magazinen besprochen werden.

Als sie sich verabschiedeten, begriff sie, wie sehr er gehofft hatte, dass sie ihn begleiten würde. »Die holländische Küche ist besser als ihr Ruf. Schade, dass du nicht mitkommst.«

Sie hatte ihm nachgeschaut. Wie war es möglich, dass ein Mensch, der sich in seinem Berufsleben ausschließlich mit dem Verspeisen von Unmengen von kulinarischen Köstlichkeiten beschäftigte, so schlaksig blieb! Auch in dieser Hinsicht gab es nur wenig Gerechtigkeit auf der Welt.

»Und die Sicherungen sind hier unter dem Steuerrad, falls etwas mit den Scheinwerfern oder mit dem Radio ist. Im Handschuhfach sind genügend Reservesicherungen.«

Fritz Künzi deutete an eine unsichtbare Stelle unter dem Steuerrad. Sie gab sich interessiert, suchte nach den Sicherungen, fand aber nur einen Kabelsalat und holte sich eine Beule am Kopf, als sie sich wieder aufrichten wollte.

Dieser Bus war ihr nicht geheuer.

»Der Motor hat eine Luftkühlung, aber das ist ja im Moment kein Problem«, hatte Künzi gelächelt. »Super Flachmotor im Heck.«

Die Temperatur war an diesem Morgen kaum über null Grad gekrochen. Künzi hatte recht; der Motor würde kaum wegen eines Hitzeschadens absterben.

»Und jetzt zeige ich euch, wie ihr zu etwas Luft kommt.«

Nach viel Ächzen und Keuchen gelang es ihm mit der Unterstützung von Nino Zoppa, das Dach hochzustemmen.

»Der Reißverschluss des Dachzeltes braucht eine ganz feine Behandlung. Es ist eben noch das Original. Er könnte reißen.«

»Ein Reißverschluss, der seinem Namen alle Ehre macht«, kommentierte Nore Brand trocken.

Fritz Künzi schaute sie irritiert an, schien langsam zu begreifen, konnte sich jedoch nicht zu einem Lächeln überwinden.

Was für ein humorloser Kerl, dachte sie. Aber wer Vögel beobachtete, brauchte nicht humorvoll zu sein. Wer Vögel beobachtete, war vielleicht selber ein komischer Vogel.

Sie versuchte mit aller Kraft, nicht daran zu denken, dass sie in diesem Gefährt viele Kilometer talaufwärts fahren und mindestens eine Nacht darin verbringen musste.

Fritz Künzi lächelte ihr aufmunternd zu.

»Nore, das ist das reinste Abenteuer! So ein Bus ist das wahre Wunder!«, raunte ihr Nino Zoppa begeistert zu. »Du wirst sehen!«

Abenteuer, ja, wer zweifelte jetzt noch daran?

»Nur noch etwas Kleines zum Schluss«, erklärte Fritz Künzi eifrig. »Der Rückwärtsgang hat seine Launen. Aber wenn man den Hebel mit einem ganz kleinen Zwick nach unten drückt, dann schnappt er ein.«

Er schwang sich auf den Fahrersitz für eine weitere kleine Demonstration.

Der Motor begann zu tuckern, Fritz Künzi vollführte seinen Zaubertrick für den Rückwärtsgang, und nach einem Ruckeln und Zucken im Getriebe ließ er die Kupplung sachte los und der Bus machte einen kleinen Rückwärtshüpfer.

»Sehr ihr? So leicht geht das. Mit ein wenig Feingefühl.«

Nore Brand lächelte ihm widerwillig zu. In Tat und Wahrheit war sie erschüttert.

Doch Nino Zoppa hatte längst erkannt, welche Ehre dieser Mann ihnen erwies. Er überließ ihnen seine einzige wahre Lebensgefährtin. Elsi Klopfenstein würde immer die Nummer 3 bleiben in diesem Männerleben; seine tiefste und wahrste Zartheit bewahrte er sich für diesen Bus. Und für die Vogelwelt. Für Elsi Klopfenstein blieb nur noch Rang drei. Immerhin stand sie auf dem Medaillen-Treppchen im Herzen dieses Mannes.

Nino hatte sich überschwänglich bei ihm bedankt, so sehr, dass Nore Brand sich schämte dafür, dass sie überhaupt nicht in der Lage war, zu einem Höhenflug der Dankbarkeit anzusetzen.

Doch die Fahrt ins Tal hinauf hatten sie heil überstanden. Es hatte sich nett angefühlt, so etwa wie eine Fahrt auf einem alten Sofa mit Heckmotor sich anfühlen musste.

Nino jubelte auch noch, nachdem sich der Scheibenwischer selbstständig gemacht hatte, Scheibenwaschflüssigkeit sich schäumend aus einem defekten Schlauch unter dem Lenkrad befreite und auf seine neue Markenjeans und seine kostbaren Basketballschuhe tropfte und beides sich nicht ändern ließ.

Er schien wild entschlossen, sich seine Freude nicht verderben zu lassen.

»Nore«, sagte er mit vor Erregung heiserer Stimme, »das ist so cool! Schau mal diese Aussicht vom Führerstand aus!«

Nore Brand schaute besorgt zu der Stelle, wo sie die Sicherungen vermutete. Was würde geschehen, wenn die Scheibenwaschflüssigkeit ihren Weg in die sensible Elektrik fand?

Vielleicht war dies dann der Moment, sich an ihre Kindergebete zu erinnern.

Nore Brand stand auf dem Campingplatz Seegarten und schaute sich um. Nicht zu weit von den sanitären Anlagen. Sie verspürte nicht die geringste Lust auf lange nächtliche Irrwanderungen.

Nino hatte ihre Anweisungen ohne Widerrede befolgt.

Es gelang ihm, den Bus ohne Rückwärtsgang zu parken. Dann sprang er vom Führersitz und warf die Türe zu.

»Die Formalitäten erledige ich, du kannst uns schon mal einen Kaffee vorbereiten.«

Mit federnden Schritten eilte er an ihr vorbei Richtung Campingverwaltung.

Eine Frau in dicker Daunenjacke und Pelzmütze schaute neugierig aus einem der teuren Wohnmobile heraus.

Ihr Blick war vielsagend.

Nore Brand holte eine Zigarette hervor und bemühte sich um die Gestik von bestimmten französischen Filmschauspielerinnen in ganz bestimmten Situationen. Man durfte die Fantasie der Menschheit ab und zu schon ein bisschen ankurbeln. So viel Mitgefühl konnte man sich leisten.

Nino war noch vor dem Ende ihrer Zigarette wieder zurück.

Und Nore Brand musste sich widerwillig eingestehen, dass dieser Bus gemütlich war. Für den Augenblick.

»Hast du diese Frau gesehen, im Wohnmobil gegenüber?«

»Die mit der Pelzmütze?«

»Ja.«

Fritz Künzi hatte wirklich an alles gedacht. Kaffeepulver, Zucker, Bouillon, Suppen, Schokolade.

Nino Zoppa stellte die Tasse zurück und grinste.

»Ich vermute, dass wir wie ein ausgerissenes Pärchen wirken.«

»Und was soll daran so komisch sein?«

»Du natürlich!«, platzte es aus ihm heraus.

»Bitte?«

»Oh, sorry! Ich hab's nicht so gemeint.«

»Genau so hast du das gemeint. Keine Lügen, bitte. Eine Frau auf dem Höhepunkt ihrer Midlife-Crisis mit ihrem jugendlichen Liebhaber.«

»Das ist gemein, das habe ich nicht gesagt«, wehrte sich Nino Zoppa erschrocken.

»Nein, du nicht. Aber genau so stand es in empörten Großbuchstaben auf dem Gesicht unserer neuen Nachbarin.«

Er grinste erleichtert. »Ich glaube immer noch, dass wir uns nicht besser verstecken können. Wir stehen doch ziemlich schräg in dieser Landschaft. Sie können uns beobachten und verfolgen und sie werden immer den falschen Schluss ziehen.«

»Du wirst richtig raffiniert. Hat's noch Kaffee? Dann aber an die Arbeit.«

»Arbeit? Wir wollten uns doch nur ein bisschen umschauen.«

»Nein, du versuchst, so überzeugend, wie es dir möglich ist, den Hobby-Bus-Mechaniker zu spielen.«

»Nichts leichter als das.«

»Und ich gehe ins Dorf, wie das Frauen in meinem Alter tun, und lasse mich in einem Schönheitssalon auf Vordermann bringen.«

»Auf Vordermann?«, grinste er. »Aber das hast du doch gar nicht nötig. Dein jugendlicher Lover sorgt ja dafür, dass deine …«, er brach ab, »ach was!«

»Du hast keine Ahnung. Eine Frau geht nicht in einen solchen Salon, weil es notwendig wäre, sondern weil es ihr zusteht.«

Nino Zoppa schaute sie an und begriff nicht.

»Elsi Klopfenstein hat mir die Adresse des Schönheitssalons zugesteckt, den die Witwe des Direktors jede Woche besucht.«

»Aha«, sagte er erleichtert. Dann schaute er sich im Bus um. »Hier drin könnte ich fast vergessen, warum wir hier sind.«

»Immerhin sind wir aus freien Stücken hier.«

»Und schauen uns ein bisschen um. Und jetzt hoffst du, dass bald etwas geschieht.«

Nore Brand schaute aus dem Fenster. »Ich weiß nicht, was ich in dieser Sache hoffen soll.«

Nino Zoppa schaute sie forschend an. »Du weißt schon lange, dass diese Sache nicht wirklich abgeschlossen ist. Oder?«

Nore Brand verteilte den restlichen Kaffee auf die beiden Blechbecher.

»Ja«, sagte sie nach einem kurzen Zögern. »Wobei, ich bin noch immer nicht sicher.«

Nino packte den Becher und drehte ihn in der Hand.

»Eigentlich möchte ich alles wissen. Ist das möglich?«

»Alles?« Nore Brand hob den Kopf.

»Wie kann ich dir alles erzählen, wo ich selber keine Ahnung habe, ob wirklich etwas los ist oder ob die Fantasie mit Elsi Klopfenstein durchgegangen ist.«

Sie schwieg.

»Andererseits, wenn es etwas zu wissen gäbe und ich alles wüsste, dann wären wir jetzt nicht hier. Dann wäre die ganze Sache erledigt.«

»Ich verstehe dich nicht.«

»Du wärst in deinem Büro«, fuhr sie fort, »du könntest unbehelligt im Netz surfen, ohne an den Ohren zu frieren, und ich wäre mit Jacques am Niederrhein.«

»Vielleicht«, fügte sie bei.

Und die Woche drauf wäre sie in der Schneiderei Santschi in der Münstergasse, um das Ausweitungspotenzial ihrer Hose überprüfen zu lassen.

»Dort würdest du ein paar Pfunde zulegen«, sagte Nino.

Sie schaute ihn verblüfft an. »Seit wann kannst du Gedanken lesen?«

»Das ist keine Zauberei. Jedes Mal, wenn du mit Jacques weg bist, wirst du dicker. Das behauptest du jedenfalls immer.«

»Unverschämter Kerl!«

Nino grinste.

»Glaubst du, wir haben hier Platz zum Schlafen?«

Er wies mit dem Kinn nach hinten, wo abends die Liegefläche entstehen würde.

»Junge Männer können doch im Stehen schlafen, oder nicht? Was trainiert ihr denn im Militär? Für mich hat es jedenfalls Platz genug.«

»Das werden wir ja sehen. Aber zurück zu unserem Fall. Du lenkst dauernd ab. Deine alte Taktik.«

Nore Brand stellte ihren Becher auf den Tisch. Ja, vielleicht war es an der Zeit, sich etwas Neues einfallen zu lassen.

»Also gut. Wir hängen beide drin. Da oben, in dieser Festung, findet so etwas wie eine Verbrüderung in Sachen Sicherung für Kunstsammlungen statt. Der russische Geheimdienst ist dabei, im Namen einer schwerreichen Persönlichkeit, die nicht genannt werden will, einen unermesslichen Schatz hier unterzubringen. Der Geheimdienst unseres Landes hält die Steigbügel. Das ist wichtig. Aber noch wichtiger ist die Tatsache, dass hier der Schatz der russischen Zaren gehütet wird. Oder anders gesagt: Der Berg da hütet den Schatz der Zaren und Russland hütet diesen Berg. Verrückt, nicht wahr? Unser Land hat endlich einen großen Bruder.«

»Wahnsinn!«, sagte Nino.

»Aber hör mal, spinnen die?«, setzte er nach einer Weile hinzu.

Nore Brand schwieg.

»Tun die das, weil wir uns keine richtige Armee mehr leisten können?«

»Die Armee, die wir uns leisten können, macht sich Gedanken über die Qualität der Verpflegung und die ideale Weichheit der Armeematratzen«, spottete Nore Brand. »Das habe ich aus erster Hand. Einer der jugendlichen Beschützer meiner Heimat väterlicherseits hat es mir verraten.«

Nino verzog sein Gesicht.

»Du wärst nicht anders. Wir haben ja auch gar keine Feinde.«

»Aber auch keine Freunde. In Europa.«

»Und du meinst, dass uns dieser Schatz im Berg einen Freund verschafft?«

»Immerhin so etwas Ähnliches wie einen Freund.«

»Wie meinst du das?«

»Er wird unser Land beschützen – aus lauter Eigennutz.«

»Freund?«, schnaubte Nino. »Dann noch lieber keinen Freund als so einen.«

»Philosophieren hilft uns nicht weiter. Unser Kollege Bucher meint, dass wir uns umsehen müssen. Dass der Direktor zu Tode gestürzt ist, gefällt ihm nicht, und dass der Dorfpolizist nicht erfahren darf, wo das geschah, ist schon ziemlich seltsam.«

»Dass Bucher dich überhaupt hergebeten hat, nach allem, was geschehen ist! Das ist das reinste Wunder.«

»Kein Wunder, nur ein Zeichen dafür, wie groß sein Misstrauen dem Chef gegenüber sein muss.«

»Dass du die Dinge immer anders sehen musst.«

Sie saßen eine Weile schweigend im kalten Bus. Die Frau mit der Pelzmütze stand vor ihrem Wohnmobil und klopfte einen Teppich aus. Sie unterbrach ihre Tätigkeit hin und wieder, um ihnen einen misstrauischen Blick zuzuwerfen. Ihr Gesichtsausdruck sprach Bände: Hoffnungsvoll argwöhnte sie Ehebruch und Unzucht. Sodom und Gomorrha. Das Ende aller Sitten.

Nino war ihrem Blick gefolgt. »Die ist froh, dass wir hier sind. Ihre Fantasie scheint dringend Nahrung zu brauchen.«

Nore Brand zog den Reißverschluss ihrer Jacke hoch. »Ich gehe jetzt. An meine Arbeit.«

»Arbeit?«

»Ich versuche, die Kosmetikerin auszuhorchen. Coiffeure und Kosmetikerinnen sind die intimsten Freunde einer Frau. Die meisten Psychiater können nur träumen von den Möglichkeiten, die einem Coiffeur offenstehen in Bezug auf Einsicht in die Abgründe der Menschheit.«

Nore verließ den Bus durch die seitliche Schiebetür. Mit einem heftigen Ruck, auf den ein lauter Knall folgte, gelang es ihr, diese zu schließen.

Hinter der Scheibe sah sie, wie Nino einen Daumen hob. Diesen Kraftakt hatte sie erfolgreich hinter sich gebracht. Sie musste akzeptieren, dass dieses Gefährt jede Möglichkeit des leisen und heimlichen Auftritts ausschloss.

Die Berner Polizei stand mitten auf dem Camping Seegarten, logierte in einem tomatenroten, mit einer erstaunlichen Anzahl von Lebensbeulen gezeichneten VW-Bus, der sich nur mit lärmenden Aktionen öffnen und schließen ließ.

Was für ein Glück, dass sie bisher nicht auf den Rückwärtsgang angewiesen gewesen waren.

Überhaupt: Welcher Pessimist hatte den Rückwärtsgang erfunden?

Das Leben liegt vor dir, Nore Brand. In diesem Tal ist Platz genug, mit Köpfchen vorwärts fahren wird ausreichen.

Nore Brand machte sich auf den Weg ins Dorf. Sie hatte eine Mütze aufgesetzt. Sie durfte unter keinen Umständen erkannt werden. Die Menschen vergessen rasch, beruhigte sie sich. Ein Jahr war es nun her. Das musste genügen.

Sie schaute zu den von Tannen überwachsenen Felsen

hinauf, die über dem Lenkersee aufragten. Ihr Blick ging weiter nach Westen. Dort hinten im unwegsamen Gelände, in einer Höhle im Berg, dort befand sich das Geheimnis der roten Klara.

Sie hatte vergeblich gehofft, dass auch sie rasch vergessen würde. Doch das ungute Gefühl war irgendwo in ihren Eingeweiden stecken geblieben.

Bastian Bärfuss hatte diese Geschichte nie ad acta gelegt. Er hatte es immer wieder versucht. Nachgefragt.

»Nore, was war das mit dem Trojanischen Pferd?«

Nore hatte jedes Mal abgewinkt und sich bemüht, ihr Unbehagen vor ihm zu verbergen. Das Trojanische Pferd? Das sei ihr einfach so eingefallen, nichts weiter. Bastian Bärfuss hakte nicht nach, aber sie spürte seinen fragenden Blick.

Natürlich wusste sie, was er dachte. Sachen verschweigen, Informationen zurückhalten, das war gefährlich in ihrem Beruf, unzulässig. Schlimmer: Es war absolut unprofessionell.

Aber der Anwalt Merian hatte ihr ein Versprechen abgenommen.

Sie hörte seine Stimme, sein meckerndes Lachen. Er war zweifellos ein anständiger Freund, wie ihn Klara Ehrsam auch verdient hatte.

Liefen jetzt die Dinge tatsächlich aus dem Ruder?

Oder handelte es sich um einen Fehlalarm?

Falls der Direktor ermordet worden war, bestand immer noch die Möglichkeit, dass es sich um eine kleine, wenn auch tödliche Privatsache handelte. Solche Dinge passierten sehr häufig. Morde ließen sich in den meisten Fällen auf private Tragödien zurückführen.

Dass niemand erfahren sollte, wo der Direktor abgestürzt war, konnte ganz lächerliche Gründe haben. Irgendeine Peinlichkeit, die man aus Gründen des Persönlichkeitsschutzes verschwieg.

Der ›Schönheitssalon Isabelle‹ war erstaunlich nüchtern gehalten. Wie eine moderne Klinik.

Eine strahlende junge Frau empfing sie. Das weiße Schildchen über ihrem Busen war mit geschwungenen goldenen Buchstaben beschriftet: Isabelle.

Was denn sonst.

»Was kann ich für Sie tun?«

Nore Brand erkundigte sich, ob sie Zeit hätte für eine Gesichtsbehandlung.

»Ihr Name, bitte?«

In solchen Fällen gab Nore Brand den Namen ihrer sizilianischen Tante an. Sie wäre ohne jeden Zweifel sehr stolz auf ihre Nichte, die ihr Leben mit der Jagd nach Ganoven verbrachte.

»Eleonora Fonte.«

»Eleonora Fonte«, wiederholte Isabelle, »so geschrieben, wie man es sagt?«

Nore Brand musste sich beherrschen. Gab es irgendeine Möglichkeit, diesen Namen anders zu schreiben?

»Ich vermute, ja.«

Isabelle belohnte das Scherzchen mit einem herzlichen Lachen und beugte sich über das strahlendweiße Notebook.

»Dann werden wir das gleich haben! Es ist sicher eine ganze Weile her, seit Sie zum letzten Mal bei uns waren, nicht wahr?«

Nore nickte stoisch.

»Dann müssen Sie bei meiner Vorgängerin gewesen sein.«

»Ja, es ist länger her, ich kann mir solche Sachen nie merken«, sagte Nore Brand vage. »Ich habe das eine oder andere Mal hier oben meine Ferien verbracht.« Sie räusperte sich. Das war eine kleine Ungenauigkeit, nur Grobiane würden es Lüge nennen.

Isabelle beugte sich über den Tisch und musterte die Gesichtshaut der Kommissarin mit analytischem Blick. »Lassen Sie mal sehen! Oh, ja. Das ist tatsächlich länger her.« Sie kniff ihre Augen zusammen. »Ja, wir sind sozusagen in einer reiferen Phase«, erklärte sie mit einem Unterton, den Nore Brand nicht weiter ergründen wollte, »die Haut sollte jetzt nicht vernachlässigt werden. Es gibt eine Kur, die alle vierzehn Tage angewendet werden sollte, damit sich die Haut wieder aufbauen kann.«

Wir!, echote es in Nore Brand. Dieses unsägliche Wir! In einer reiferen Phase!

Das hatte die Wirkung eines geraden Schlages mitten in ihre Magengrube. Ausgeführt von Sonny Liston im Vollbesitz seiner boxerischen Schlagkraft.

Sie schluckte leer. »Alle vierzehn Tage?«

Im nächsten Satz würde Isabelle erklären, dass sie im nächsten Jahr jeden Tag herkommen müsse. Da konnte Eleonora Fonte gleich eine private Kabine mieten, für die notwendige Dauerpflege.

Oh, das hier würde die reine Tortur werden.

»Wenn Sie ein optimales Resultat haben wollen, dann müssen Sie schon Prioritäten setzen«, meinte Isabelle. Sie lachte nicht.

»Es ist auch kein Leben, wenn man allzu früh aussieht wie ein Haufen Dörrobst.«

Diese Frau vor ihr war nicht zimperlich, sie war gnadenlos und brutal. Sonny Listons rechte Faust in der Magengrube war eine Streicheleinheit dagegen.

Isabelle packte ein paar Tuben und Fläschchen zusammen und bat Eleonora Fonte, ihr zu folgen.

»Heute nehme ich mir alle Zeit für Sie!«

Klar. Zwischensaison. Isabelle hatte Zeit und sie würde alles geben, was sie zu bieten hatte.

Nore Brand musste da hindurch. Die Hoffnung auf die eine oder andere Information hielt sie aufrecht. Sie folgte Isabelle, schaute ihr zu, wie sie frische Tücher auf dem Behandlungsstuhl auslegte.

»Mit diesen Dingen ist nicht zu spaßen, das sind wir unseren Mitmenschen schuldig.«

Nore Brand fühlte, wie der Adrenalinspiegel in ihr weiter anstieg, aber sie würde die Prozedur über sich ergehen lassen, vielleicht mit der Zeit sogar gleichmütig. Man konnte sich an jede Situation gewöhnen, und irgendwann würde sie die Fragen stellen können, die sie hierhergeführt hatten.

Sie musste sich ein bisschen vertraut machen mit Isabelle.

»Nur kommen uns unsere Mitmenschen meist nicht so nah wie Sie, um alle unsere Schönheitsfehlerchen zu entdecken.«

Isabelle reagierte nicht. Sie hatte sich über ihre Arbeit gebeugt, das heißt, über das Gesicht ihrer Klientin, und dazu ihre Stirn in Falten gelegt. »Da entstehen langsam Liegefalten.« Sie richtete sich wieder auf. »Sie schlafen offenbar häufig auf dem Bauch. Sie werden früher, als Ihnen lieb sein kann, hässliche Falten zwischen Wangen und Nase haben. Ich meine damit diese vertikalen Falten.«

Sie griff nach dem Spiegel und hielt ihn Nore Brand vor das Gesicht.

Ein Monster mit erschrecktem Blick und weißem Papierhäubchen über dem Haar schaute ihr entgegen. Falsch, das war sie selbst!

»Am besten gewöhnen Sie sich gleich an eine neue Schlafhaltung. Dann haben Sie schon ein Problem weniger.«

Vertikal schlafen, um vertikalen Falten vorzubeugen also. Nichts leichter als das. Das konnte sie schon mal üben. Im Bus gab es auch nicht viele andere Möglichkeiten, als im Stehen zu schlafen.

Nore Brand schob den Vergrößerungsspiegel zurück.

»Und wie steht es mit den horizontalen Falten?«

»Die horizontalen Falten sind natürlich. Die bringen Sie später mit Hilfe von Botox oder einem Lifting spielend wieder weg.«

Spielend, sagte sie, aber mit drohendem Unterton.

Man wurde älter. Und es war ein Verbrechen, den Zerfall, der mit diesem Prozess einherging, seinen Mitmenschen zuzumuten.

»Aber ehrlich, es gibt doch keine Hautcrème der Welt, die …« Nore Brand suchte nach Worten, »… die Reifung der Haut aufschiebt.«

Isabelle hielt einen Augenblick inne und schaute skeptisch auf ihre Kundin.

»Na ja, ein bisschen dran glauben muss man natürlich schon.«

Sie dachte nach.

»Am effizientesten ist natürlich immer noch das Lifting.«

Wobei der persönliche Ausdruck ebenfalls gleich weggeliftet wird. Vielleicht war es sowieso das Beste, dass man dann gleich vergaß, wer man war und was einen zu einem solchen Blödsinn angestiftet hatte. Ja, am besten ließ man sich gleich vollständig und restlos wegliften.

Nore Brand schwieg grimmig.

»Ein sorgenfreies Leben, schöne Arbeit und liebe Menschen um sich herum. Das hält jung.«

Isabelle sagte das mit feierlichem Ernst.

»Trauer und Sorgen sind Feinde der Schönheit.«

In diesem Augenblick erinnerte sich Nore Brand an den Grund ihrer entwürdigenden Lage.

»Dann hat die Frau des Direktors vom Grandhotel Belvedere im Moment ihre Behandlung sicher besonders nötig.«

Diese Bemerkung schien Isabelle nicht im Geringsten zu erstaunen. Solche Themen gehörten hier zum Alltag.

»Oh, sie ist eine sehr gute Kundin. Traurig ist sie natürlich schon. Aber sie ist unglaublich stark. Sie hat ja noch ihr ganzes Leben vor sich. So hat sie es mir selbst gesagt. Für die Beerdigung hat sie sich natürlich besonders schön gemacht. Gestern erst war sie wieder da. Ihr Leben wird sich nicht verändern. Es ist doch schön, wenn man mit so viel Optimismus gesegnet ist, nicht wahr?«

Gesegnet?

Ja, warum auch nicht. So konnte man das auch sehen.

Nore Brand erinnerte sich zu gut an die erste Begegnung. Diese Frau konnte sie sich beim besten Willen nicht als trauernde Witwe vorstellen.

»Wird sie nun die Hoteldirektorin?«

Isabelle lächelte.

»So genau weiß ich das nicht. Aber sie wird dort bleiben. Ich hatte den Eindruck, dass sie wieder ein bisschen verliebt ist, so ganz im Vertrauen gesagt. Sie war das ja immer wieder mal. Aber im Grunde ihres Herzens war sie ihrem Mann doch treu.«

Nore Brand hätte nur zu gerne gewusst, in welchem Abgrund der Grund dieses Herzens lag.

»Verliebtheit ist das beste Mittel für eine frische Haut.«

Verliebtheit als Mittel, als Medizin. Sie würde das Jacques mal zu erklären versuchen.

»Der Platzwart ist total hin und weg von unserem Bus. Das sei doch mal etwas anderes!«, strahlte Nino ihr entgegen, als sie die Schiebetür öffnete und in den Bus kletterte.

»Aber was ist das für eine Hitze hier drin?«

»Fritz Künzis System.«

Er deutete auf das ratternde, orange Kästchen. »Nicht berühren. Es ist feuerheiß.«

Er schob seinen Laptop zur Seite.

»Und? Hast du von einer trauernden Witwe erfahren?«

Nore Brand zog die Mütze aus.

Nino Zoppa erschrak. »Was haben die mit dir gemacht? Du siehst so geschwollen aus!«

»Ich habe eine Gesichtsbehandlung erhalten, einen Vortrag über die Faltenbildung und Gratis-Tipps, was dagegen zu tun wäre. Ich werde mich frühzeitig pensionieren lassen, damit ich mich gebührlich um mein Aussehen kümmern kann. Ich kann es nicht zulassen, dass ich mich zu einer ästhetischen Zumutung für meine Umwelt entwickle. Das Leben ist schon grausam genug – für uns alle.«

»Und was gedenkst du wirklich zu tun?«

»Natürlich nichts.«

Nino atmete erleichtert auf.

»Wenn ich dran denke, wie viel Geld und Zeit das kostet, dann beschleunige ich damit höchstens meinen natürlichen Alterungsprozess. Ich will nicht, dass sich die Falten vorzeitig über mich und mein ganzes Leben legen. Ich gedenke, diesen unausweichlichen Prozess mit Würde über mich ergehen zu lassen.«

»Und wie alt bist du?«

»Von jetzt an 45. Für immer. Hast du verstanden?«

»Verstanden. Und ab wann genau beginnt das mit der Würde?«

»Ab sofort. Du gewöhnst dich am besten jetzt schon dran.«

Nino schüttelte den Kopf. »Mona spinnt auch jedes Mal, wenn sie aus der Kosmetik zurückkommt. Dass es bei dir genau gleich ist, habe ich noch nicht gewusst.«

Nore Brand antwortete nicht. Sie ignorierte seine Bemerkung.

Das mit der Würde hatte in ihrem Fall vermutlich gerade angefangen.

»Und was hast du über die Witwe erfahren? Trauert sie?«

»Worauf würdest du tippen?«

»Eher nicht. Ich weiß nicht, ob so ein Lackgorilla wie der Hoteldirektor einer war, Trauer hinterlassen kann.«

Nore Brand schaute ihn nachdenklich an.

»Isabelle, so heißt die Hauskosmetikerin der Witwe, weiß, dass sich im Hotel nichts ändern wird.«

»Die Witwe wird also Direktorin?«

»Es wäre interessant, etwas über die Besitzverhältnisse des Hotels zu wissen. Und du? Hast du dich mit unserer neugierigen Nachbarin unterhalten?«

In dem Augenblick klopfte es heftig ans Fenster.

Sie zuckten zusammen.

Man sah nichts. Die Scheiben waren angelaufen.

Da machte sich jemand an der Schiebetür zu schaffen.

»Ist da jemand drin?«, rief eine Männerstimme.

»Unser Freund Bucher«, murmelte Nore Brand erleichtert.

Sie riss die Schiebetür auf und lehnte sich aus dem Bus.

Da stand er.

»Frau Brand«, sagte er, »gut, Sie sind gekommen. Am besten erkundigen Sie sich in Matten auf dem Flugplatz nach Hene Hari. Er heißt Heinz, aber hier ist er für alle Hene. Er ist speziell. Erschrecken Sie nicht, wenn Sie ihm gegenüberstehen. Nur das wollte ich Ihnen noch sagen. Sonst hat Elsi Ihnen alles schon mitgeteilt. Ich muss gehen. Habe im Büro zu tun. Sie wissen ja.«

Er schien es eilig zu haben. Er wandte sich zum Gehen.

»So warten Sie doch, bitte!«

»Was ist?«

»Wo ist der Direktor abgestürzt?«

Er kratzte sich am Kinn. Was sollte das jetzt wieder?

»Das wissen Sie doch?!«

»Ich habe eine Vermutung, aber das bringt jetzt auch nichts mehr, oder?«

»Ist die Stelle wirklich gefährlich?«

»Nein. Da muss einer schon viel gesoffen haben, wenn er dort das Gleichgewicht verliert.«

Sie dachte einen Augenblick nach.

»Dann hat jemand nachgeholfen.«

»Ist mir auch schon in den Sinn gekommen.«

»Ist es möglich, dass man dort Fußspuren findet?«

»Weiß nicht. Wir hatten ein bisschen Regen in den letzten Tagen.«

Sie schaute zum Himmel hinauf. Er war schwer und grau.

»Und morgen Abend schneit es tief hinunter, dann können wir warten bis nächsten Frühling, und ein Gauner lacht sich ins Fäustchen.«

»Was spielt das für eine Rolle? Einer mehr auf dieser Welt, und der Direktor war eh ein Schlawiner.«

Nore Brand schaute ihn an.

»Wenn wir den Mörder finden, dann haben wir einen ganz großen Fisch gefangen.«

Er schaute sie misstrauisch an.

»Ich weiß das«, sagte sie.

»Und woher, wenn ich fragen darf?«

»Mit den Jahren bekommt man ein Gefühl dafür. Das brauche ich Ihnen sicher nicht zu erklären. Kennen Sie die Geschichte von Aschenputtel?«

Er brummte etwas Unverständliches. Dann nickte er ihr zu, schwang sich auf sein Velosolex und ratterte davon.

Nore Brand schaute ihm nach. Sie hatte eine kleine mentale Zeitbombe gelegt. Sie tickte bereits heftig in seinem Gehirn. Er würde sich den Auftrag selber geben; seine letzte große Mission.

Bucher wurde klein und kleiner in der Ferne und plötzlich verschwand er zwischen den Häusern des Dorfes.

Mit einem Schwung zog sie die Schiebetür von innen wieder zu. Der Knall war ohrenbetäubend.

Sie zwängte sich auf den Fahrersitz.

»Hoffentlich hat niemand gesehen, dass Bucher uns mit einem Besuch beehrte.«

»Kaum. Aber hör mal, ich gebe mir Mühe, dass es hier drin ein bisschen warm wird, und du plauderst einfach so die längste Zeit bei offener Tür.«

Er saß auf dem Rücksitz, die langen Arme eng um den Körper geschlungen.

»Entschuldige.«

Es war wirklich wieder kalt im Bus. Eiskalt. Unter null bestimmt.

»Aber ich habe Bucher eine Mission eingepflanzt.«

»Mission? Was heißt das?«

»Ich fresse einen Besen, wenn der Direktor allein unterwegs war. Man müsste Fußspuren finden. Aber wir beide kennen die Gegend nicht. Und man darf uns nicht sehen. Bucher wird die Fußspuren suchen.«

»Du denkst, dass er sich dazu aufrafft?«

Nore Brand schaute in den Rückspiegel und nickte.

»Ja, das wird er. Ende Jahr wird er pensioniert. Dann schließt man seinen Posten. Bucher hinterlässt sozusagen keine Lücke. Das heißt für ihn, dass er all die Jahre hindurch eine Arbeit gemacht hat, die eigentlich überflüssig ist. So etwas macht doch jeden fertig. Aber Bucher stellt sich nochmals auf die Hinterbeine, das habe ich in seinen Augen gesehen. Der hat seinen Stolz. Er will sich einen starken Abgang verschaffen.«

Bucher hatte das verdient. Auch Bastian Bärfuss hielt Bucher im Grunde für einen guten Mann.

»Dass man seinen Posten gleichzeitig mit seiner Pensionierung schließt, ist doch der Hammer. Oder?«

»Deshalb servierst du ihm so, dass er zum Schluss noch einen so richtig draufhauen kann!«

»Ja.«

»Du bist deiner Sache sicher.«

»Wer immer sich vor einem Jahr darüber gefreut hat, dass wir völlig absorbiert waren mit den drei Mordfällen, hat es diesmal etwas weniger leicht.«

»Armer Kerl! Wer immer es ist.«

»Aber vorläufig gehen wir auf leisen Sohlen.«

»Klar«, Nino Zoppa lachte leise, »so diskret wie jetzt waren wir noch nie zusammen unterwegs!«

Der Platz lag leer, wie ausgestorben. Aus dem offenen Fenster der Camping-Verwaltung ertönten Radio-Nachrichten.

»Komm, wir besuchen Hene. Bucher weiß immer sehr genau, mit wem man sprechen muss. Erinnerst du dich, als er mich damals zu Elsi Klopfenstein schickte?«

»Und was ist, wenn Hene ein Bösewicht ist? Er sei speziell, meint Bucher. Was heißt ›speziell‹? Dass wir uns vor ihm fürchten müssen?«

»Das werden wir gleich erfahren. Würdest du jetzt bitte für einen Moment den Bus verlassen, damit ich die Skiunterwäsche anziehen kann?«

»Seit wann hast du Skiunterwäsche? Du hast ja noch nicht einmal ein Paar Ski …«

»Die ist von Jacques. Er braucht das Zeug nicht für seine Arbeit. Er schläft in warmen und weichen Hotelbetten, im Unterschied zu mir.«

Nino Zoppa schaute sie an. »Jacques fährt Ski?«

»Sogar sehr gut, glaube ich.«

Nino Zoppa staunte.

Er mochte Jacques nicht. Deshalb beeindruckte es ihn auch nicht, dass er sportlich war.

»War er sehr enttäuscht, dass du nicht mit ihm gegangen bist?«

»Ja. Wir sehen uns doch nur an den Wochenenden.«

»Vermisst du ihn?«

»Ja, was meinst du denn? Aber ein bisschen Sehnsucht tut immer gut.«

»Das wäre nichts für mich«, sagte Nino, stieg aus dem Bus und schmiss die Türe hinter sich zu.

EIN RIESE NAMENS HENE HARI

Nach einigen Irrfahrten über Seitenwege fanden sie den Flugplatz.

Auf dem Vorplatz eines Hangars stand ein Düsenjäger.

Nore Brand stieß einen überraschten Laut aus.

»Hast du gewusst, dass diese Flugzeuge so klein sind?«

»Das sind Düsenjäger und keine Transportflugzeuge. Hast du etwa einen Airbus erwartet? Das sind Kampfjäger. Die müssen wendig sein und schnell«, sagte Nino Zoppa großspurig. »Das ist ein Hunter!«

»Ein Hunter?«

»Das waren mal die Kampfjäger unserer Armee. Venom, Hunter und Vampire. Nie davon gehört? Leider hat man sie ausgemustert. Und hier sind einige davon übrig geblieben. Für Flugschauen und so. Hier war eine Fliegerkompanie stationiert. Für den Ernstfall.«

Es war nie dazu gekommen. Man hatte sich nie bewähren müssen in einem kriegerischen Ernstfall. Erstaunlicherweise kam es vor, dass dies bedauert wurde. Samson war traurig, dass er seine Kräfte nie hatte erproben können. Nicht die Tonsur, sondern die Pflicht zur Neutralität hatte ihm die Hände gebunden. Die angestaute gewaltige Energie hatte er nach innen gerichtet: Er führte einen Kampf gegen die Berge, indem er sie aushöhlte.

Nore Brand wandte sich ab. Sie war enttäuscht. Diese Düsenjäger sahen harmlos aus, wie angriffslustige Riesen-Insekten aus Blech. Sie hatte sich diese Apparate riesig und furchterregend vorgestellt.

Aus dem Hangar ertönte ein metallenes Geräusch.

Plötzlich tauchte ein Riese auf.

Sie hatte eben an Samson gedacht und jetzt stand er vor ihr. Nore Brand schluckte leer. Das also meinte Polizist Bucher mit ›speziell‹.

Das musste Hene Hari sein. Ein Schwingerkönig. Die buschigen Brauen zogen sich wie eine dunkle Brücke über seine Stirn, die Augen hatte er zu einem forschenden Blick zusammengezogen. Ein Zyklop aus den Bergen. Trotz der Kälte stand er mit nichts als einer Latzhose bekleidet da. Seine Arme, seine Brust und sein Hals waren mit Tätowierungen bedeckt. Sein Oberkörper war die düstere Landschaft des kriegerischen Grauens.

Aber Hene musste an Gewicht zugelegt haben seit der letzten Tätowierung. Die Totenköpfe sahen aus wie verkohlte Omelette, die Streitäxte hatten sich zu krummen Bohnenstangen verzogen. Das wilde Tier auf seinem rechten Oberarm musste ursprünglich ein Pferd gewesen sein. Ein aufsteigender Hengst. Jetzt sah es aus wie ein übergewichtiges Mammut.

Die grauschwarzen Strähnen waren mit einem Lederband am Hinterkopf zusammengebunden.

Das also war Hene Hari. Er stemmte die Fäuste in die Seiten und schaute die beiden an.

Sie nickte dem Riesen freundlich zu.

»Ich bin Nore Brand und«, sie deutete hinter sich, »das ist Nino Zoppa.«

»Hene«, antwortete der Riese mit sanfter Stimme.

Er wischte seine öligen Hände an den Hosen ab und begrüßte sie. Ihre Hand verschwand in seiner Pranke.

Nino versteckte sich hinter einem Flugzeug. »Wahnsinn, so ein Hunter. Ich habe noch nie einen so nah gesehen«, murmelte er.

»Mein Baby«, erklärte Hene liebevoll, trat zur Maschine und tätschelte liebevoll den glänzenden Metallrumpf.

»Eine halbe Stunde fliegen kostet zwei Monatslöhne!«, rief er Nino zu.

Er zwinkerte Nore Brand zu. »Aber keine Angst, ich bin nicht der Pilot. Bin zu groß und zu kräftig gewachsen für so etwas. Bin schon so auf die Welt gekommen.« Er registrierte Nores Blick auf seine Oberarme. »Dafür bin ich selbst verantwortlich. Ich habe mich als Übungsfläche für meine kleine Schwester zur Verfügung gestellt. Sie hat einen Laden in Zweisimmen, so einen Tattoo-Shop und der scheint gut zu laufen. Ich bin ihre private Werbefläche. Die beste dazu und alles gratis natürlich.«

Er lachte gutmütig.

»Leider kann ich keine Flug-Reservationen entgegennehmen. Namen und Telefonnummern müsst ihr dort nachlesen.« Er deutete auf das Anschlagbrett am Hangar.

Ein heftiger Wind fegte über die Landebahn.

»Wir kommen in einer anderen Angelegenheit. Wir sind dabei, die Flugbewegungen etwas im Auge zu behalten.«

Nore Brand zeigte ihm rasch ihre Dienstmarke.

Hene Hari stutzte.

»Flugbewegungen?« Er lachte dann leise. »Aha, Flugbewegungen. So sagt man bei euch. Interessant.«

Seine Stimme machte klar, dass er das überhaupt nicht interessant fand. Im besten Fall hielt er das für lächerlich.

Er stemmte seine Hände wieder in die wuchtigen Seiten und schaute die beiden Fremden an.

»So, so, Flugbewegungen sollen kontrolliert werden.«

»Und sonst noch das eine und andere.«

»Hm. Das eine und andere. Was ist denn jetzt wieder los?«

Der Riese schien sich genau zu überlegen, was er mit diesen beiden anfangen sollte.

Er nahm sich alle Zeit der Welt. Und schaute von Nore zu Nino und zurück.

»Und wer hat euch zu mir geschickt?«

»Elsi Klopfenstein und Polizist Bucher.«

»Und bevor euch noch jemand herbefehlen konnte, habt ihr euch auf den Weg gemacht.«

Er wies mit dem Kinn zum Bus.

»Ein schönes Wägelchen habt ihr da. Habe das schon mal gesehen, in Zweisimmen. Elsis Freund, nicht war?«

Wer in diesem Tal ein Auge für Oldtimer dieser Art hatte, wusste sofort, mit wem sie unter einer Decke steckten. So viel zur perfekten Tarnung. Sie hätte daran denken müssen, aber nun war es zu spät.

»So ist es.«

Auch Nore Brand hatte nichts zu überstürzen. Sie hatte eine ganze Woche Zeit. Und diese Zeit würde es richten. Tue nichts und du wirst alles erreichen. Tao.

Auf dieser Startbahn konnten sich zweifellos sämtliche Bewohner des Simmentals zu einer gemeinsamen Tai-Chi-Runde versammeln. Sie stellte sich das vor. Ein heftiger Kontrast zu den Düsenjägern, die Fauna und Flora zu Tode erschreckten.

Sie stand da und wartete.

Der Riese schaute die schweigende Polizistin an. »Elsi Klopfenstein schickt euch also zu mir.«

»Ja.«

»Hm.«

»In letzter Zeit bewegt sich hier oben allerhand. Ich weiß nicht, was los ist. Mit dem Militär hat man ja tüchtig abgebaut.«

Sein Blick ging ans Ende des Tals.

»Aber eben, man weiß nicht alles, muss auch nicht alles wissen, was da geschieht. Das Militär hat ja immer noch so Geheimnisse hier oben. Uns kümmert das nicht groß.« Hene Hari lächelte. »Wir leben hier unser Leben und die da sollen ihre Freude haben an Militärspielchen. Solange wir unsere eigenen Spielchen hier auch haben dürfen.« Er wies auf den Hunter. »Ab und zu geht hier die Post ab, so richtig rockig. Dann darf das Militär doch auch einmal. Jeder soll an die Reihe kommen.«

Er sprach langsam und bedächtig. Nichts würde ihn aus der Ruhe bringen. Solange man ihm seine Flugzeuge ließ.

»Was macht denn das Militär noch hier?«

Er schaute Nore Brand kurz zweifelnd an. »Wenn Sie es von mir nicht erfahren, dann erfahren Sie es von jemand anderem, schätze ich.«

Nore Brand nickte.

»Elsi ist meine Tante. Sie kennt alle hier oben. Letzthin hat sie bei mir vorsondiert. Ihr kann man nichts vormachen. Wenn die sich etwas in den Kopf gesetzt hat, dann … «

Er zögerte kurz. »Also dann. Ab und zu landet so ein

Transportflugzeug. Habe nie herausgefunden, was es für ein Typ ist. War immer zu spät oder es war zu finster. Da hinten in den Felskavernen hat man Container eingelagert. Keine Ahnung, was da drin ist. Es wissen nicht viele außer mir. Ich bin schließlich der Einzige, der regelmäßig hier arbeitet.«

»Seit wann taucht dieses Flugzeug auf?«

»Das erste Mal war vor ungefähr einem Jahr. Ich dachte, dass das Militär wieder irgendetwas zu tun hat hier oben. Wobei«, er kratzte sich am Kinn, »das sollte vorbei sein. Aber man weiß ja nie …« Bevor er seine Mutmaßungen weiterführen konnte, unterbrach ihn Nore Brand. »Könnte man einen Blick in diese Container werfen?«

Er schaute sie überrascht an.

»Ich weiß nicht …«, zweifelte er. »Die sind versiegelt und verschlossen.« Er lächelte verlegen. »Ich habe natürlich mal nachgeschaut.«

»Gut«, sagte sie. »Der Inhalt soll in die alte Bergfestung und da dürfte man doch wissen, worum es geht. In einem freien Land.«

Er schien verunsichert. »Sie machen Witze, oder? Aber vielleicht haben Sie recht, mit dem freien Land, meine ich. Das freie Land sind wir selber, wenn ich mich nicht irre.«

»Elsi Klopfenstein hat von diesen Kisten erzählt. Sie vermutet, dass die alte Festung wieder gebraucht wird. Es heißt sogar, dass man sie ausbaut.«

Hene Hari zog seine mächtigen Augenbrauen in die Höhe.

»Sie hat uns gestern in Bern besucht und vom Fall berichtet. Heute Morgen sind wir heraufgekommen, und kaum waren wir im Camping Seegarten, stand Polizist Bucher vor dem Bus. Wir sollten unbedingt zum Flugplatz, zu Hene Hari.«

»Der Bucher also auch.«

»Ja, auch der.«

Hene Hari dachte einen Moment nach. Es schien ihm nicht ganz klar zu sein, was er mit dieser Polizistin anfangen sollte.

»Er hat nicht den besten Ruf«, sprach er zögernd weiter, »aber er ist kein übler Kerl. Sicher ein guter Paragrafenreiter, auf dem Papier zumindest. Aber sonst wollte ihm nicht viel gelingen. Als ich jung war, hat er mich ein paar Mal besoffen am Steuer erwischt, hat mich aber immer laufen lassen. Nach einer Standpauke, das schon. Aber inzwischen hat er keinen Saft mehr. Wird nächstens pensioniert, habe ich gehört.«

»Das ist so.«

Nore Brand trat einen Schritt zurück, damit sie diesem riesigen Kerl in die Augen schauen konnte. »Wir sind hier, weil wir wissen müssen, was in diesen Kisten ist.«

Hene schaute sich um. »Aber nicht jetzt. Mitten am Tag.«

In dem Augenblick kurvte ein Auto mit quietschenden Reifen auf den Platz vor dem Hangar. Ein Mann stieg aus.

»So, Hene! Bist du wieder mal dran, eine Fete vorzubereiten?«, rief er von Weitem.

Hene hob grüßend die Hand.

Ein großer, glatzköpfiger Mann in Lederjacke stieg aus einer schwarzen Limousine. Er zeigte auf den VW-Bus und lachte spöttisch. Dann kam er mit großen Schritten auf sie zu.

»Kommt heute Abend, nicht vor neun. Dann ist es ruhig hier und vor allem dunkel. Ich werde hier sein«, sagte Hene rasch, dann wandte er sich dem Besucher zu.

»Keine Fete, die zwei da wollen fliegen lernen!«

Nino zuckte zusammen. Er hatte die ganze Zeit über kein Wort gesagt. Die Präsenz der Flugmaschine schien ihn vorübergehend lahmgelegt zu haben. Es konnte aber auch mit Hene Hari zu tun haben.

Der Mann lachte laut und nickte Nore und Nino verständnisvoll zu. »Tolle Maschine, nicht? Aber zum Fliegenlernen nicht sehr geeignet, vermute ich.« Er lachte ein lautes, abschätziges Lachen.

»So ein Kotzbrocken«, sagte Nino, als sie im Bus saßen.

»Ein Volltrottel«, korrigierte Nore Brand. »Das genügt.«

»Dein Wortschatz stagniert«, erwiderte Nino, »dabei hättest du Potenzial.«

»Potenzial?«, lachte Nore Brand. »Das hat mir noch keiner gesagt.«

Nino startete den Motor.

»Ich verstehe etwas davon. Meine Schwester hat in Freiburg studiert. Einmal hat sie mich auf Tonband aufgenommen. Da war ich jünger und ich wusste noch genialere Wörter. Der Professor war sehr beeindruckt. Diese Sachen standen nicht in seinen Büchern. Er hat mir sogar einen Gruß ausrichten lassen. Hast du gewusst, dass man an den Universitäten solches Zeug studiert?«

Er startete den Motor und der Bus setzte sich tuckernd in Bewegung.

»Was hältst du von Hene Hari?«

»Er ist der Neffe von Elsi Klopfenstein, und Elsi ist unsere Freundin geworden, sozusagen, also ist Hene unser Freund. Aber mit diesem Mann möchte ich nie im Leben Streit haben.«

»Ich ganz sicher auch nicht«, seufzte Nino.

»Was tust du jetzt?«, fragte Nino, als sie wieder auf dem Camping standen.

Nore Brand schaute zum See hinüber.

»Ich muss ein bisschen da hinaus. Nachdenken vielleicht. Schauen, ob mir etwas einfällt.«

»Gut. Dann gehe ich ein bisschen einkaufen. Ich komme um vor Hunger. Hast du einen Wunsch?«

»Ich weiß nicht. Nimm einfach von allem genug. Für dich. Genug Kaffee für mich. Ich friere, trotz Skiunterwäsche, und ich fürchte, das wird sich nicht so rasch ändern.«

»Wie wär's mit einer Runde Tai-Chi? Die Dame von nebenan wäre sehr dankbar.«

»Ja. Die ideale Gelegenheit, den gefrorenen Kranich endlich in mein Repertoire aufzunehmen.«

Nore Brand ging mit raschen Schritten Richtung See. Die Bewegung würde wärmen.

Das Licht veränderte sich. Die ersten Zeichen der Nacht.

Es war still. Keine Bewegung auf dem Wasser.

Sie erinnerte sich an Elsis Bericht von jenem Morgen, als sie Klara Ehrsams Leiche im Wasser liegen sah, dann lief im Zeitraffer die ganze Geschichte vor ihrem inneren Auge ab.

Irgendwo zwischen diesen Bildern, die ihr Gedächtnis

gespeichert hatte, versteckte sich jemand und beobachtete, machte sich lustig über die Polizei und atmete auf, als die Luft wieder rein war.

Irgendeiner hatte sich wieder an die Arbeit gemacht, als Ruhe eingekehrt war im Tal. Und sie selbst hatte mit ihrem Schweigen dafür gesorgt, dass diese Ruhe ein Jahr lang angedauert hatte.

Sie hatte dem Anwalt Merian das Versprechen gegeben zu schweigen und sie hielt ihre Versprechen. Doch hier hatte es sich nicht um eine private Angelegenheit gehandelt. Sie hatte als Beamtin etwas verschwiegen.

Sie hatte die Dinge vermischt. Weil es verdammt schwierig war, die Dinge immer sauber auseinanderzuhalten. Weil man immer als ganzer Mensch, mit seinem ganzen Leben, in einem Fall steckte. Für das Recht eines Opfers eintrat. Man konnte sich nicht nur als Teil hineingeben, man musste ganz rein, um die Spuren lesen zu können. Und sobald man drin war, war man selbst ein Teil davon.

Aber wie man sich dann von diesen Lebens- und Todesgeschichten erfolgreich lösen konnte, sobald man die Spuren gelesen hatte, das hatte ihr noch niemand beigebracht.

Sie hätte die Pflicht gehabt, zumindest Bastian Bärfuss zu informieren, dass hinter dieser Aktion der Geheimdienste die Idee der Klara Ehrsam stand. Sie hätte es ihm mitteilen müssen.

Und jetzt drehte sich das Todeskarussell wieder, weil sie geschwiegen hatte. Auch der Hoteldirektor hatte von diesem geheimen Plan gewusst. Das war beunruhigend.

Je länger Nore Brand darüber nachdachte, desto weniger begriff sie. Sie hatte, verdammt noch mal, tatsächlich geglaubt, das Vermächtnis der alten Dame retten zu können. Zugegeben, sie war dieser Sache nicht ganz auf den Grund gegangen. Die Morde waren aufgeklärt, aber den letzten Schritt hatte sie nicht getan. Sie hatte keine Ahnung, was in dieser Festung tatsächlich versteckt wurde. Für den Kreis der Eingeweihten wurde die Lage ungemütlich. Wer, außer Merian, wusste, dass auch sie selbst dazu gehörte?

Der Hoteldirektor, Anwalt Merian, Professor Plodowski und sie selbst. Wer noch?

Wie stand es mit Elvira Merian, der Schwester des Anwalts? Wie mit der Witwe? Was war mit Hene Hari? Wo stand er wirklich?

Sie blieb stehen und schaute auf den See. Ihr war kalt.

Was für eine Idiotin war sie doch gewesen.

Ein Wasservogel flog über den See und schrie.

Dieser langgezogene, schrille Klagelaut ließ sie erschauern.

Wann würde er in den Süden ziehen?

Die Nacht sank vom hohen Horizont ins Tal herunter.

Dieses Mal musste sie abwarten und beobachten, und zwar bis zum Ende. Bis zum bitteren Ende.

Warum sagte man eigentlich, bis zum ›bitteren Ende‹?

Als sie von ihrem Spaziergang zurückkam, sah sie Licht im Bus. Es sah überraschend freundlich und einladend aus. Sie trat hinzu, riss die Schiebetür auf und stieg ein.

Nino hatte ein Schinkenbrot in der Hand und kaute heftig.

»Unsere Nachbarin hat sich beschwert, diese Schnepfe!

Sie findet die Tür zu lärmig. Sie war schon beim Platzwart.«

Er schluckte den großen Bissen herunter. »Wir wollen keine Probleme, oder? Es ist besser, über die Beifahrerseite einzusteigen. Da kann man die Türe leise zuziehen. Ich habe geübt.«

»Und wie komme ich dann nach hinten?«

»Bauch einziehen und zwischen den Sitzen durch. Ganz einfach.«

Nino hatte das Dach gehoben. Der kleine Ofen lief auf Hochtouren. Es war wunderbar warm.

»Ich mag's nicht, wenn man nicht durch die Fenster hinausschauen kann, weil alles angelaufen ist.«

»Dann ziehen wir die Vorhänge.«

Nore Brand setzte sich und schaute sich ratlos um. Nino grinste.

»Das ist nicht so dein Ding, oder?«

»Es könnte schlimmer sein. Bekomme ich auch ein Sandwich?«

»Sicher. Du bekommst zum Trost drei Scheiben Schinken.«

»Und Senf, bitte.«

»Kaffee?«

»Gern. Ja. So stark wie möglich.« Nore Brand holte Luft.

»Nino, ich erzähle dir jetzt das Ende der Geschichte. Für den Fall, dass ich morgen früh nicht erwache, weil ich zu Tode gefroren bin.«

Nino schnitt die Baguette auseinander, schmierte eine Ladung Senf drauf und klatschte drei dicke Scheiben Vorderschinken hinein.

»Da! Ein bisschen Energie für die Nacht. So eine wie du stirbt nicht wegen ein wenig Kälte.«

Er schraubte die Espressomaschine auf, schüttete Wasser hinein und drückte Kaffeepulver in den kleinen Behälter. »So, das sollte genügen. Und mit dem Gas geht das flott.« Er lehnte sich zurück. »Ich liebe diesen Gasgeruch! Ferienduft! Abenteuer und Freiheit!«

Nore Brand schüttelte sich.

Nino lachte. »Ich weiß, das ist nichts für dich.«

»Für mich ist das hier Höchststrafe.«

»Du wirst es überleben. Aber zurück zu unserem Fall. Wie viele Enden gibt es denn zu dieser Geschichte?«

»Zwei. Ein offizielles und ein geheimes.«

»Hat dir der See die Erlaubnis gegeben zu reden?«

»Mach keine dummen Witze.«

»Om.« Nino Zoppa zuckte die Schultern. »Es hat sich eben so angefühlt. Man weiß ja nie.«

Als sie mit ihrem Bericht zu Ende war, begann die Espressomaschine zu fauchen. Er drehte das Gas zu und füllte ihre Becher.

»Scheibenkleister! Warum erstaunt mich das nicht wirklich? Die rote Klara hat also alle an der Nase herumgeführt. Und du hast geschwiegen.«

»Ich war mir sicher, dass es keine Rolle mehr spielt. Hoffte es jedenfalls. Dann habe ich es verdrängt. Aber es fiel mir nie schwer zu schweigen.«

Nino schaute sie von der Seite an.

»So ein Shit. Aber ich hätte das vielleicht auch getan«, sagte er. »Es war doch eine schöne Geschichte, oder? Wie ein Märchen. Es hätte ja sein können.«

Er begann, mit dem Zeigefinger Tännchen auf die angelaufenen Fensterscheiben zu malen. »Ein Märchen aus dem dunklen Tannenwald. Aber wo ist der böse Wolf? Es gibt doch immer einen bösen Wolf.«

»Ja, den hatte ich für eine Weile vergessen.«

Nino Zoppa malte eine kartoffelartige Figur, die auf vier krummen Strichen stand. »So, das ist er. Der böse Wolf. Aber bevor wir unseren Freund vom Flugplatz besuchen, gibt's noch eine letzte Tasse Kaffee.«

»Die letzte Tasse Kaffee. So dramatisch?«

Nore Brand lachte wieder.

»Jetzt wird die Sache noch ein bisschen happiger, oder?«

Sie nickte widerwillig. »Was wir letztes Jahr hier gemacht haben, war Routine. Jetzt habe ich nicht die geringste Ahnung, wie es weitergeht, aber ich habe ein verdammt unangenehmes Gefühl.«

»Es geht also weder um den schweizerischen noch um den russischen Nachrichtendienst?«

Nore Brand schaute ihn zweifelnd an. »Ich vermute, dass jemand das Projekt unterlaufen hat. Da hat sich einer hinter der Geheimdienstmaske versteckt und einige Stellen lahmgelegt.«

Nino hielt ein brennendes Streichholz vor seine Augen.

»Unseren Chef zum Beispiel. Der sich für eine große Leuchte hält«, sagte er sehr ernst.

»Zum Beispiel.«

Die Flamme schlug ihren blauen Kreis.

»Da hockt irgendwo jemand und schaut uns zu.«

»Vielleicht, ja.«

»Und wo ist er?«

»Schon bald immer dort, wo wir sind.«

»Musstest du das sagen? Jetzt, wo es so dunkel ist draußen?«

Nino Zoppa versuchte, durch das Fenster hinauszuschauen. Aber er sah nur sein Spiegelbild.

Er drehte sich wieder zu Nore Brand. »Wir beginnen also wieder von vorne?«

»Von vorne?«, wiederholte sie langsam. »Nein, nicht ganz. Ich glaube, der Tanz geht einfach weiter.«

»Auch wenn du es früher erzählt hättest, hätten wir nichts tun können. Oder? Wir hätten so oder so warten müssen. Und jetzt, wo sich wieder etwas bewegt …«

»So bewegt, dass es für unsere Augen sichtbar ist. Ja.«

Nino biss sich auf die Lippen.

»Übrigens, ich bin inzwischen auf dem Netz. Da hat tatsächlich jemand ein ungeschütztes Netz. Das heißt, ich kann mich hier irgendwo einschleichen. Vielleicht bei dieser Schneeschnepfe von nebenan. Falls sie vernetzt ist. Ich möchte verdammt gern nach etwas suchen.«

»Falls. Ich hoffe, dass wir bald ein Stichwort haben.«

»Hast du nicht die geringste Ahnung?«

Nore Brand schaute ihn an, aber ihr Blick war irgendwo. Nino Zoppa mochte das nicht. Entweder man sah ihn an oder man ließ es bleiben. Wenn Nore so schaute, dann fühlte er sich wie aus Glas, wie ein Nichts, durch das man leicht hindurchschauen konnte, wie durch das Nichts eben. Aber das Nichts gab es ja nicht. Also …

»Die Mafia ist es nicht«, sagte sie in die Stille hinein. »Das ist mal klar. Und ich glaube sogar, kein Geheimdienst.«

»Keine Mafia? Bist du etwa enttäuscht?«

Sie lachte. »Certo. Meine italienische Hälfte ist bitter enttäuscht.«

Nino Zoppa schüttelte den Kopf. »Jetzt spinnst du.«

»Meinst du?«

»Ja. Völlig.«

»Du kannst nicht verstehen, dass meine italienische Seele der Mafia mal einen kleinen Strich durch eine kleine Rechnung machen möchte? Das große Geschäft wird nicht hier gemacht.«

»Zum Glück!«, entfuhr es ihm.

Sie lehnte sich zurück und schaute ihn an. Dieses Mal galt ihr Blick ihm.

»Ich sage das einfach so. Aber im Moment sollte ich schweigen, weil ich keine Ahnung habe. Ich habe einfach nur das Gefühl, dass irgendwo ein Rumpelstilzchen lauert. Ein Kobold mit einer ungeheuren kriminellen Energie. Vielleicht existiert er nur in meiner Fantasie.«

»Märchentante«, sagte Nino Zoppa und schüttelte den Kopf.

»Vielleicht, Nino. Ich muss mir einfach etwas vorstellen können und dann hoffe ich, dass ich mit der Zeit die Wirklichkeit von meiner Fantasie unterscheiden kann. Oder anders gesagt: Meine Vorstellungen zu einem Fall müssen mit Hilfe der Hinweise der Wirklichkeit angepasst werden. Dann kommen wir den Dingen auf die Spur.«

Nino Zoppa schaute verwirrt. »Ich verstehe nicht. Gib mir einfach ein Stichwort, damit ich endlich surfen kann.«

»Zuerst denken, dann surfen.«

»Ich kann beides gleichzeitig.«

Nore Brand lachte leise. »Ach ja. Entschuldige, du Wunderkind.«

»Ja«, sagte er, »meine Generation kann alles gleichzeitig, das ist der Unterschied zu euch.« Er schaute sie an. »Wir können fast alles gleichzeitig«, schränkte er ein. »Fast, aber denken und surfen kann ich gut gleichzeitig. Deine Generation hatte mehr Zeit als unsere, deshalb erledigst du eines nach dem andern.« Er dachte nach. »Ich würde sterben vor Langeweile!«, setzte er dann hinzu.

»Hm?« Sie war wieder in ihren Gedanken.

»Ich stelle mir eben vor, wie das wäre: Sterben vor Langeweile. Das muss schlimm sein.«

»Ich weiß nicht«, sagte sie.

Das war der Beweis, dass sie ihm nicht zugehört hatte. Er schaute sich um. Immerhin konnte er sich damit trösten, dass er in einem absoluten Kultmobil saß. Und es fahren durfte. Während der Arbeit! Oh, er kannte viele, die vor Neid krepieren würden.

»Und die traurige Witwe? Besuchen wir die noch nicht?«

»Nein, die soll sich in Sicherheit wiegen. Sie und niemand in ihrem Umfeld darf erfahren, dass wir die Fährte wieder aufgenommen haben.«

»Sobald der große Unbekannte weiß, dass wir wieder da sind, wird er abtauchen und nichts wird sich mehr bewegen. Wir müssen uns auf Samtpfötchen vorwärtsbewegen.«

Nino Zoppa grinste. »Dann machen wir ja genau das Richtige. Wir sind leise und farblos, eigentlich völlig unsichtbar.«

NACHTS IN DER KAVERNE

Kurz vor neun Uhr waren sie unterwegs zum Flugplatz.

Sie hatten das Kochzeug weggeräumt, das Zeltdach heruntergeklappt und Nore Brand hatte sich auf den Fahrersitz geschwungen.

»Ich will dieses rote Sofa auch mal steuern.«

»Mit Oldtimern hast du ja mehr Erfahrung als ich.«

»Danke, falls das ein Kompliment war.«

Das Lenkrad ihres Volvos hatte nicht halb so viel Spielraum, der Ganghebel musste tüchtig umgerührt werden, damit man beim Schalten fündig wurde. Der Rest ging unter in beruhigendem Schaukeln.

»Wo ist da die Heizung?«

Sie riegelte an einem Knopf und sofort setzte ein gewaltiges Rauschen ein.

Das war die Belüftung. Diese funktionierte perfekt und frischte das Innere des Wagens nullkommaplötzlich mit arktischen Luftmassen auf.

»Sorry, das war nicht so gemeint.«

Der zweite schwarze Knopf ließ sich nicht bewegen.

»Das wäre die Heizung«, sagte Nino Zoppa.

»Da tut sich aber nichts.«

»Das weiß ich auch.«

Nino Zoppa fischte nach einer Wolldecke und wickelte sie um seine dünnen Beine.

»Gib mir auch ein Zipfelchen davon.«

»Nein, wer fährt, muss Beinfreiheit haben.«

Matten war nur ein paar Kurven entfernt.

In der Nähe des Dorfes steuerte sie den Bus an den Straßenrand, in den Schutz eines hohen Gebüsches. Keine Straßenlampe weit und breit.

Es war Nacht. Das Dorf lag wie ausgestorben da. Aus einem Stall ertönte das Stöhnen einer Kuh. Ein Hund antwortete mit lautem Gebell.

Nachdem sich ihre Augen an die Dunkelheit gewöhnt hatten, entdeckten sie in der Ferne die Umrisse des Hangars. Als sie davorstanden, löste sich ein riesiger Schatten aus der Dunkelheit.

»Ihr seid pünktlich«, murmelte Hene Hari. »Folgt mir.«

Mit weit ausholenden Schritten ging er voraus.

Nach etwa hundertfünfzig Metern verlangsamte er, blieb hin und wieder stehen und horchte.

»So. Wir sind da«, flüsterte er.

Sie standen vor einer schwarzen Wand.

»Das hier kenne ich auswendig. Hier brauche ich noch kein Licht.«

Da schepperte etwas ganz kurz auf. »Also, Sesam, öffne dich. Das ist unser Code.«

Er lachte leise.

»Wie ihr seht, kann ich zaubern. Kommt!«

Hene Hari schob die zwei rasch durch eine Toröffnung.

Nore Brand sah nichts. Es war stockdunkel. Sie spürte, dass sie von Mauern umgeben war, eiskalten, feuchten Mauern.

»So, da wären wir. Wir schließen natürlich ganz sorgfältig ab hinter uns. Das ist hier der Brauch. Haben schließlich nicht Säcke anstatt Türen zu Hause.« Hene Hari lachte wieder leise vor sich hin. »Jetzt kann man Licht machen, wenn man will. Jetzt sind wir sicher. Von draußen sieht das kein Mensch.«

Nore Brand machte ihre Taschenlampe an. Der Schatten des Riesen war erschreckend groß. Mit seinem Schatten allein würde er ein Heer in die Flucht schlagen.

Er trug einen unförmigen Gegenstand unter seinem Arm.

»Mein Arztköfferchen«, sagte er leise und tätschelte den ausgebeulten Lederkoffer.

Nore Brand leuchtete den Raum ab. So groß hatte sie sich diese Kaverne nicht vorgestellt. Kein Ort zum Verweilen. Die nasse Kälte kroch durch die Kleider direkt auf die Haut.

»Schaut, da sind die Kisten. Voll von Armee-Plunder. Man hat nicht alles abtransportiert. Ich glaube, die haben das schlicht vergessen hier oben.«

»Was ist in diesen Kisten?«

»Plunder, alte Waffen, Munition, Schutzhelme, Kochgeschirr, kaputte Zelte, Gashelme, Feldstecher, Sattel, Zaumzeug und weiß der Kuckuck was. Die Armee hatte früher noch Pferde. Das braucht niemand mehr, man lässt das hier einfach verrotten.«

»Und welche Kisten suchen wir?«, fragte Nino.

»Kisten mit frischen Spuren vom Tragen, Öffnen und Schließen.«

»Ja, klar, natürlich«, murmelte er.

Hene Hari hatte seine Taschenlampe hervorgeholt. Sie passte zu seiner Größe und warf das Licht wie ein Scheinwerfer durch die Halle.

»Von außen sieht man das Licht der Taschenlampe

nicht. Das habe ich geprüft. Eigentlich sind wir hier sicher, aber ihr müsst Augen und Ohren offenhalten. Ab und zu kommt jemand. Keine Ahnung, ob irgendeiner hier in der Nacht kontrolliert. Weiß auch nicht, wann diese Kisten abtransportiert werden sollen. Meistens geschieht das tagsüber. Dann hängen sie ein paar an einen Helikopter. Das soll dann aussehen, als ob einfach Baumaterial zum Berg hinaufgeflogen werden soll. Vielleicht ist es auch nichts anderes. Vielleicht. Und wenn es anders ist, dann ist es ganz schlau eingefädelt!« In seiner Stimme schwang Anerkennung mit.

»Also, mit welcher Kiste beginnen wir?«

Nore Brand und Nino Zoppa gingen durch die Reihen. Die meisten Kisten waren von Spinngewebe zugedeckt und von Mäuse- und Rattendreck. Mäuse! Nore zuckte zusammen.

Sie gingen suchend durch die endlosen Reihen von Kisten.

»Das ist ja eklig!«, schrie Nino Zoppa plötzlich auf. »Ich habe eben eine Ratte gesehen!«

»Eine? Hier leben ganze Kolonien!«, antwortete Hene Hari belustigt.

Nore Brand fühlte, wie das Blut in ihren Adern gefror. Ratten und Mäuse! Sie versuchte mit aller Macht, diesen Gedanken zu verdrängen. Wenn sich dieses Getier bloß zurückhielt, solange sie hier herumkroch!

Sie bückte sich und suchte den Boden nach frischen Spuren ab. Nichts. Nichts, was irgendwie anders war. Sie ging weiter. Nichts. Sie tastete den Boden ab und wusste nicht, wonach sie suchte.

Diese Kisten würden bis in alle Ewigkeit hier herumstehen. In irgendeiner späteren Phase der Erdzeit, wenn die Alpen flach waren, nur Geröll und Sand, wie die zerkrümelten Wüsten in Westaustralien, dann würde irgendein aufmerksamer Wanderer und Forscher sich wundern. Er würde das, was dann noch übrig geblieben war vom Kochgeschirr der Schweizerarmee, aufheben, es betrachten, mit dem Zeigefinger überrascht und erfreut über das eingeprägte Kreuzchen fahren und …

Sie hielt inne.

Da, das war kein Mäusedreck! Das waren frische Erdklümpchen! Spuren von Gras! Sie richtete sich auf. Auf der Kiste vor ihr lagen alte Armeedecken. Sie zog sie weg. Sie waren schwer und nass und rochen nach Pferdestall. Die waren nicht absichtslos hingeworfen worden. Diese Decken hatte jemand sorgfältig über die Kiste gelegt.

»Hene«, rief sie leise, »komm! Wir beginnen hier!«

Sie hörte die schweren Schritte von Hene Hari hinter sich. Er schnaubte erfreut.

»Dieses Schatzkästchen also!«

Er montierte eine Stirnlampe und untersuchte die Verschlüsse der Metallkiste. Dazu pfiff er leise vor sich hin.

Mit einem lauten Ächzen ließ er sich auf die Knie fallen, öffnete seinen Werkzeugkasten und suchte nach dem geeigneten Material.

»Auf die Knie und immer schön demütig. Das liebt die Schutzgöttin der Schlosserei. Und dann haben wir das schon bald«, murmelte er zufrieden.

Nach einer Weile hob er seinen schweren Kopf. »Und jetzt bitte wegschauen. Macht eure Ohren groß und weit für alle Geräusche von außen. Die Taschenlampen braucht ihr nicht dafür. Wenn ihr mir bei meiner Arbeit zuschaut, werdet ihr mit Blindheit geschlagen«, lachte er leise. »Ein freier Schweizer mag es nicht, wenn man ihm auf die Finger schaut, wenn er ungemütlichen Militärgeheimnissen auf die Spur kommt.«

Nore Brand schaute auf ihn hinunter.

Hene Hari schien bereits an einigen Schlössern geübt zu haben. Mit oder ohne Erfolg.

Sie hoffte, mit sehr viel Erfolg.

Das war genau, was sie jetzt brauchte.

Sie deutete Nino zu gehorchen und wandte sich ebenfalls ab.

Sie hörte, wie Hene wieder vor sich hin summte und bastelte. Klirrende, unterschiedlichste metallene Geräusche drangen an ihre Ohren. Hene Hari war dabei, in den Grauzonen der Legalität zu basteln – unter den abgewandten Augen der Polizei.

Abgesehen von Henes schwerem Atem und den Geräuschen, die seine Werkzeuge verursachten, war es unheimlich still in der Felsenkaverne.

Schlosserkünstler Hene Hari machte Feinstarbeit. Er war an seinem Meisterstück.

Mit höchster Konzentration. Nur einmal entwich ihm ein entsetzlicher Fluch.

Nino lachte leise in der Dunkelheit. Diese Worte waren sofort und für immer auf seiner Festplatte.

»So!«, sagte Hene plötzlich. Größte Zärtlichkeit lag in seiner Stimme. »Das hätten wir also! Ich liebe diese Schlösser. Eine Herausforderung für den Fachmann. Aber meistens machbar. Jetzt seid ihr dran.«

Nore Brand machte ihre Taschenlampe an. Die Kiste lag offen vor ihren Augen.

Hene lehnte sich aufatmend zurück. Er hatte das Schloss geknackt. Der Rest schien ihn nicht zu interessieren.

Zuoberst lag eine schwarze Decke und darunter ein Durcheinander von größeren und kleineren Metallkästchen, Köfferchen, Schachteln und Täschchen aus Leder und Stoff.

Sie packte eine Schachtel.

»Halt mal meine Taschenlampe!«

Nino ergriff sie rasch und leuchtete eines der Kästchen an. Sie drehte es vorsichtig und untersuchte es genauer.

Eine Beschriftung an den Seiten. Kyrillische Buchstaben!

»Hene? Kannst du das öffnen?«

Hene Hari beugte sich über das Kästchen. »Etwas Neues. Bisschen exotisch, aber gib mal her.«

Er wühlte in seinem Lederkoffer. »So. Damit sollte das zu machen sein. Diese altmodischen Schmuckkästchen kenne ich doch auch. Nicht, dass ihr jetzt das Falsche denkt. Ich habe nie …«

»Das ist jetzt egal«, drängte Nore Brand. »Mach einfach.«

»Egal? Das möchte ich am liebsten schriftlich haben, Frau Kommissarin.«

Er lachte zufrieden.

Er riegelte das Schlösschen auf und gab ihr das Kästchen wieder. »Das sind die einfachsten, wenn man weiß, wie«, flüsterte er.

Sie öffnete das Kästchen. Fünf kleine Blechschachteln lagen drin. Sie griff hinein und öffnete eine davon.

»Nino, nicht an die Decke leuchten! Hier, bitte!«

Es blitzte auf.

»Was ist denn das für ein Klimbim?«, fragte Hene Hari.

»Klimbim?« Nora lachte. »Keine Ahnung. Wir wissen nicht, was wir suchen. Aber vielleicht ist es genau das.«

»Ihr wisst nicht, wonach ihr sucht?«, entfuhr es Hene Hari.

»Nein. Wir wissen nur, dass wir suchen müssen.«

Sie nahm einen Stein aus der kleinen Schachtel.

Nino Zoppa hatte sich neugierig herangeschoben.

»Mona hat auch solches Zeug. Klunker. Müsste aber ein bisschen poliert werden, oder?«

»Staatsklunker in diesem Fall«, sagte Nore Brand.

»Russische Staatsklunker?«, fragte Nino Zoppa.

»Russisch? Das gehört also kaum in diese Gegend«, kommentierte Hene.

Nore Brand erwiderte nichts.

»Halte jetzt bitte mal die Taschenlampe ruhig!«

Sie drückte das Kästchen in Henes Hand, zog ihr Notizbüchlein hervor und begann, die Zeichen und Zahlen hineinzuschreiben.

»Nore, spinnst du? Wir sind im 21. Jahrhundert!«, zischte Nino ihr zu. Er hielt sein Handy über die offene Kiste und fotografierte.

»Ja, warum nicht. Das kann mal nützlich sein. Mach bitte ein Bild von diesem Stein.«

Sie hielt einen funkelnden, roten Stein in der Hand.

»Bitte, recht freundlich«, sagte Nino zum Stein und drückte ab. »Ich verstehe nichts von Edelsteinen, aber ich vermute, dass wir so etwas nie mehr sehen werden. Zumindest nicht in einer solchen Rattenhöhle.«

»Klimbim«, wiederholte Hene Hari ungerührt, »solches

Zeug hat noch keinem das Leben gerettet oder von einer Krankheit geheilt. Dieses Zeug ist ungesund!«

Nino Zoppa griff nach einer Schachtel. »Du hast wirklich keine Ahnung, was das für Steine sind?«

»Nein, keine Ahnung. Nur dass irgendeiner keinen Aufwand scheut und sie hier versteckt, das muss uns interessieren.«

Nino Zoppa schien enttäuscht. »So ein Theater für ein paar verstaubte Steine!«

Nore Brand steckte ihr Notizbüchlein weg und schob unbemerkt den größten Edelstein in ihre Hosentasche.

»Hene, ich glaube, das genügt.«

»Und was ist mit den anderen Kisten, die auch …«

»Wir brauchten einen Hinweis. Einen. Den haben wir. Im Moment jedenfalls. Du musst dieses Klimbim-Kistchen so schließen, dass niemand etwas davon merkt. Ist das möglich?«

»Nichts leichter als das! Das geht schneller als das Öffnen.«

Er verschloss das Schatzkästchen sorgfältig und legte es zurück in die Kiste.

»Abwenden!«, befahl er dann.

»Der Kerl will verhindern, dass wir uns weiterbilden«, murmelte Nino Zoppa.

Plötzlich spürte Nore Brand, wie Nino zusammenzuckte.

»Da! Was war das?«, zischte er.

Die drei erstarrten.

Sie hörten Motorengebrumm.

»Mist!«, murmelte Hene. »So ein verfluchter Mist! Warte, ich brauche noch drei Sekunden Licht!«

Hene Hari zog die Luft ein.

Dann ein Klicken.

»So. Das war's. Und jetzt Taschenlampen aus! Sofort.«

Das Motorengebrumm wurde lauter. Plötzlich war es still.

Hene horchte.

»Shit, das ist nicht gut. Wir haben Besuch«, zischte er. »Los, haltet euch an meiner Jacke fest! Oder am Gürtel.«

Er zog die beiden in eine Ecke.

»Weiter! Ganz nach hinten! Und jetzt runter mit euch!«

Hene Hari schob die beiden in eine Nische und warf mit einer raschen Bewegung eine Decke über sie.

»Hene«, protestierte Nino mit unterdrückter Stimme, »das stinkt ja grauenhaft! Nimm diese Decke weg! Ich ersticke!«

Nore Brand spürte die schwere, schimmelige Pferdedecke über sich.

Nino schnaubte hinter ihr wie ein verschreckter Drache.

»Nore, so hilf mir doch! Ich habe eine Schimmelallergie! In zwei Sekunden bin ich tot!«

»Wenn du nicht sofort auf dein Maul hockst, bist du noch schneller tot!«, zischte Hene Hari. »Und jetzt Ruhe, verdammt noch mal!«

Nore Brand hörte ihr Blut in den Adern rauschen, darüber trommelte ihr Herz. Wie war es bei diesem inneren Lärm möglich zu hören, ob sich jemand am Tor der Felskaverne zu schaffen machte?

Nino Zoppa kauerte hinter ihr am Boden. Er bewegte sich nicht mehr. Sie erschrak. War er etwa …? Sie griff nach ihm, tastete nach seinem Gesicht und atmete auf. Nino Zoppa klemmte sich mit aller Macht die Nase zu. Er lebte also noch.

Sie tätschelte beruhigend seine Wange. Hene Hari hatte sich schützend vor sie beide hingeworfen. Er lag da wie ein schwarzer Lumpensack.

Sie drehte ihren Kopf Richtung Ausgang und versuchte, durch das tosende Rauschen ihres Blutes etwas zu hören.

Da! Ein Quietschen, ein schleifendes Geräusch.

Das Tor ging auf.

Hene Hari hatte doch hinter sich abgeschlossen!

Schritte kamen näher, blieben wieder stehen, entfernten sich.

Der Schein einer Taschenlampe glitt über die Kisten. Die Schritte kamen wieder näher.

Sie hörte ein Murmeln. Eine Männerstimme. Der Unbekannte schien in die Dunkelheit zu horchen. Das scharfe Licht der Taschenlampe zuckte in ihre Richtung.

Ein leises Schaben und Scharren. Dann wieder Stille.

Nore Brand spürte einen kalten Luftzug hinter sich.

Es hörte sich an, als ob sich jemand an den Kisten zu schaffen machte. Pferdedecken wurden hin und her geschoben.

Nach einer Ewigkeit entfernten sich die Schritte wieder.

Hene Hari rührte sich nicht. Er lag wie tot.

Das Tor ging zu und sie waren wieder allein in der Kaverne.

Die drei lagen noch eine Weile regungslos und horchten hinaus. Sie warteten und warteten. Ewigkeiten vergingen.

Dann schluckte die Nacht das Geräusch des Motors.

Nore Brand spürte wieder diesen kalten Luftzug am Boden. Ihr war, als ob sie aus der Ferne, tief aus dem Berg, ein Dröhnen hörte. Dann war es wieder still.

»Verdammt, ich kann mich nicht mehr bewegen«, ächzte Nino Zoppa plötzlich.

»Immerhin lebst du noch«, flüsterte Nore Brand.

Ihr Körper schmerzte. Warum musste sie im Dreck liegen, im wahrsten Sinn des Wortes, im nasskalten Mäusedreck?

Hene kam schwer atmend auf die Knie. »Verdammt, das war knapp!«

»Das war wie in einem lausig schlechten Film«, sagte Nore Brand.

»In einem lausigen Film hätte der Kerl uns entdeckt und über den Haufen geschossen«, erwiderte Nino Zoppa.

»Aber du wärst knapp vorher an einer Schimmelallergie gestorben.«

»So miese Filme gibt's gar nicht mehr«, widersprach Nino, »wie damals, als du jung warst.«

Hene Hari lachte erleichtert. »Was heißt hier mies? Ich mag solche Filme. Leider fehlte die Musik in der Tonspur. Töne, die einem so schön durch Mark und Bein gehen und dabei die Nackenhärchen aufstellen.«

»Mir ist das hier auch ohne Musik durch Mark und Bein gegangen«, murmelte Nino Zoppa. »Ich glaube, ich bin eben mindestens zehn Jahre älter geworden.«

»Das kann ja nicht schaden. Dank dem Schicksal dafür«,

lachte Hene Hari gutmütig und klopfte Nino im Schein der Taschenlampe den Dreck vom Rücken.

Er tat das wie die Schwinger nach dem letzten Lupf, wenn sie sich aus dem Sägemehl aufgerappelt hatten.

»Weißt du, wer das war?«

»Nein, bin leider keine Katze. Ich sehe in der Dunkelheit schlecht.«

»Hast du eine Vermutung, wer es gewesen sein könnte?«

Hene dachte nach.

»Ich möchte jetzt gerade niemanden in den Dreck ziehen, wo ich doch selber grad drin lag.« Er lachte. Dieser Witz schien ihm zu gefallen.

Schlaumeier, dachte Nore Brand. Du weißt genau, wer das war. Oder zumindest hast du eine Vermutung.

Hene klopfte sich den Staub von Jacke und Hosen. »Ich glaube, dieser Schreck hat mich einige Schritte näher an mein Grab gebracht. Das habe ich euch beiden zu verdanken.«

»Eher deiner Tante Elsi.«

»Das ist nicht das erste Süppchen, das sie mir eingebrockt hat, zum Teufel noch mal! Ich will mal schauen, ob die Luft wirklich rein ist.«

Hene Hari tappte im Dunkeln zum Tor und verließ die Kaverne auf leisen Sohlen.

Nino Zoppa schüttelte sich. »Nore, das war knapp! Was glaubst du, was hätte dieser Kerl mit uns gemacht?«

»Ich will das gar nicht wissen.«

»Ins Gras gebissen hätten wir, ins fette, grüne Gras von Matten«, kicherte er nervös. »Wenn ich das Mona erzähle, lässt sie mich nie mehr aus dem Haus. Überhaupt will sie, dass ich eine Umschulung mache. Sie will, dass ich Busfahrer werde, mit geregelten Arbeitszeiten und einem guten Lohn. Sie will Kinder.« Mit einer raschen Handbewegung verscheuchte er den Gedanken. »Ich bin fast sicher, dass Hene weiß, wer das war«, sagte er rasch, wie um von sich abzulenken.

»Vielleicht, und er hat offenbar einen guten Grund, das für sich zu behalten.«

»Aber er ist fast gestorben vor Angst.«

»Ja, und genau das gibt mir zu denken.«

Nino Zoppa schnupperte plötzlich. »Nore, riechst du das auch?«

»Was denn?«

Er schnupperte noch mal.

»Dieser Kerl, der uns eben besucht hat, der gebraucht ein absolut ekliges Rasierwasser.«

Nore schnupperte auch. »Ich rieche nichts.«

»Ich schon! Pfui Teufel! Komm hinaus, an die frische Luft.«

Eine halbe Stunde später saßen sie in einer Ecke des Hangars, den Hene Hari zu einer Art Kantine umgebaut hatte.

Er hatte drei Hocker zusammengeschoben und sie saßen da mit einem Bier in der Hand.

Hene Hari schaute mit einem kleinen Lächeln zu Nore Brand. Er schüttelte den Kopf. »Herrgott, war das ungemütlich. Ich fühlte mich eiskalt, wie ein Fels, aber mittendrin hat mein Herz eine Höllenangst ausgestanden.«

Das Geständnis dieses Riesen hatte zur Folge, dass sich ein verschluckter Schluchzer aus Ninos Brust befreite.

»Ja, so ein Shit«, stöhnte er.

»Du hast dich aber prächtig gehalten, Nino, keinen Mucks habe ich von dir gehört«, lobte Hene Hari.

Nino brachte ein klägliches Lächeln zustande. »Ich musste meine Nase zuhalten und mir unablässig einreden, dass ich nichts rieche außer blauen Veilchen.«

Nore hob ihre Flasche. »Auf dich!«

»Ja, auf mich, dass ich noch lebe. Ich würde mich auch zu Tode langweilen in einer Welt ohne mich.«

Hene Hari lachte. »Da geht's mir doch genau wie dir! Prost!«

Nore Brand schob sich die nassen Strähnen aus dem Gesicht.

»Hene, ich habe da drin einen Luftzug gespürt. Wohin führt diese Kaverne?«

Hene Hari zögerte, bevor er antwortete.

»In den Berg hinein. In einen langen Stollen. Soll aber nicht sehr sicher sein. Ich kenne keinen, der sich ganz hinein wagt.«

Nino Zoppa schauderte. »In den Berg hinein?«

»Warst du schon mal oben bei der Festung?«, fragte Nore Brand weiter.

»Nein, das ist mir zu steil. Ich bin nicht schwindelfrei. Aber ein Kollege von mir war öfter da.«

»Kommt man da hinein?«

Hene Hari schüttelte verwundert den Kopf.

»Du hast wohl noch nicht genug erlebt heute? Aber nein, da geht keiner einfach so hinein wie wir eben in diese Kaverne. Das dort oben ist ein Hochsicherheitstrakt, eine Armee von IT-Technikern hat das Sicherheitssystem ausgetüftelt. Das ist nichts für mich. Wenn ich meine Bastelwerkzeuge nicht einsetzen kann, dann bin ich nichts wert, tut mir leid. Ich weiß, wovon ich spreche. Ich gehöre zu den Besten im Auf- und Zubasteln von Schlössern. Aber das dort oben, das ist so sicher, wie noch nie etwas sicher war auf dieser Welt. Da hat man für Millionen getüftelt, gebunkert und verbaut. Absolute Sicherheit gibt's nur dort oben.«

»Und wofür?«, fragte Nino neugierig.

»Für Goldbarren und so Zeug, geheime Sachen natürlich«, erklärte Hene Hari mit düsterer Miene. »Was immer dort drin ist, ich hoffe, es ist das investierte Geld wert.«

Dann saßen sie eine Weile schweigend da.

»Seid ihr beide wirklich bei der Polizei?«, fragte Hene unvermittelt.

»Ja«, sagte Nore Brand.

Er lachte kurz auf.

Nore Brand spürte wie auf einen Schlag die Kälte, die im Hangar hockte. Sie wollte auf den Camping. Den kleinen Ofen einschalten und sich in eine Decke hüllen und schlafen.

Doch Hene und Nino saßen da und starrten auf ihre Bierflaschen. Als ob sie auf etwas warten würden.

Nach einer Weile erhob sich Hene Hari. »So, das wär's gewesen. Mehr kann ich für euch nicht tun. Ich hoffe, Tante Elsi ist zufrieden mit mir. Wenn ihr mich braucht, dann wisst ihr, wo ich meistens bin. Es müsste nicht gerade morgen sein«, lächelte er.

»Hene ist ein guter Typ, aber warum haben wir ihn eigentlich nicht verhaftet?«, fragte Nino Zoppa, als sie zum Camping zurückfuhren.

»Verhaftet?«, fragte Nore zurück.

»Der verschweigt uns, wer da plötzlich aufgetaucht ist in der Kaverne, und er kann verdächtig gut Schlösser öffnen. Ich hatte das Gefühl, dass er eine tolle Karriere als Panzerknacker hinter sich hat.«

»Sicher hat er das. Aber er hat für uns gearbeitet. Ohne ihn hätten wir nichts verrichtet.«

»Im Grunde müssten wir uns selbst verhaften«, setzte sie mit einem Lachen hinzu.

»Das wäre doch mal etwas Neues.«

Er überlegte eine Weile.

»Ist das für dich normal, mit zwielichtigen Kerlen zu arbeiten?«

»Normal? Was heißt da normal? Wenn sie nett sind und mir helfen, damit ich bei der Arbeit vorwärtskomme … Ich hoffe, er ist nur ein kleiner Fisch. Vor allem hoffe ich, dass er uns hilft, den ganz großen zu fangen. Das ist der Zweck, der die Mittel heiligt.«

»Manchmal kommst du mir schon ein bisschen italienisch vor«, erwiderte er.

Sie lachte in sich hinein.

Er versank wieder in Schweigen.

»Nore«, begann Nino Zoppa nach einer Weile zögernd.

»Was ist?«

Er räusperte sich. »In der Kaverne hat es doch so komisch gerochen. Hast du ganz sicher nichts gemerkt davon?«

»Es hat dauernd ziemlich heftig gerochen, finde ich.«

Das alte, schimmlige Lederzeug, Öl, Schmiermittel, rostendes Eisen, abgestandenes Wasser, Schimmel an den feuchten Mauern. Und der Angstschweiß von den drei Eindringlingen.

»Als wir hinausgingen, da war noch etwas. Ein Geruch, der nicht dorthin gehört. Das muss dieser Kerl gewesen sein, dieser Kerl, der uns gestört hat.«

»Und was für ein Gefühl hast du, wenn du dich daran erinnerst?«

Nino schnaubte. »Du redest ja schon wie eine Fernseh-Psychologin!«

»Wie soll ich sonst fragen? Ich will nur wissen, was in dir losgeht, wenn du daran denkst.«

»Das kann ich dir ganz genau sagen: Ein absoluter Höllenschiss geht in mir los!«

Er lachte. »Hene hat geschwitzt wie ein Nilpferd. Vor Angst. Also, ehrlich gesagt, wie ein Veilchen hat keiner von uns gerochen. Als wir so dalagen. Das hätte voll daneben gehen können.«

Er verstummte.

»Wir lagen eine ganze Ewigkeit in diesem Dreck. Mäusedreck.«

Nore Brand zuckte zusammen.

Nino hatte den Unterkiefer nach vorne geschoben und starrte konzentriert in den Lichtkegel auf der Straße vor ihnen.

»Lach nicht. Ich bin doch deine Schnüffelnase, oder?«

Wehe, du hältst mich für ein Weichei, signalisierte sein Ton.

»Ich lache nicht«, sagte Nore Brand. »Vielleicht fällt dir noch mal etwas ein dazu.«

Nino erwiderte nichts.

Als sie auf ihrem Standplatz anhielten, ging das Licht im Nachbarbus an.

»Diese Schneeschnepfe kontrolliert uns tatsächlich. Führt sicher Buch darüber, wann wir kommen und gehen.«

Als es endlich ans Schlafen ging, trat ein, was Nore Brand befürchtet hatte. Die Sitzbank ließ sich mit keiner List bewegen. Sie blieb eingerastet. Nach einer letzten Serie von verzweifelten Versuchen gaben sie es auf.

Nore packte eine Decke, hüllte sich auf dem Beifahrersitz ein und schloss die Augen. Nino Zoppa tat dasselbe auf der hinteren Sitzbank. Nach einer Weile hörte sie ein Poltern. Nino Zoppa war offenbar auf den Boden gerutscht. Dann rührte er sich nicht mehr und schlief bald tief und friedlich.

Nore Brand fand lange keinen Schlaf. Sie drehte sich von einer Seite auf die andere, sie träumte von einem Meer von schmutzigen Edelsteinen und mitten darin lag sie selbst. Die Edelsteine waren geschliffen, zu kleinen Dolchen geschliffen, sie stachen und schnitten und ritzten ihre Haut blutig.

Am nächsten Morgen konnte sie sich kaum bewegen. Mühsam öffnete sie die Seitentür und stieg vorsichtig aus. Steif und starr. Eisige Kälte schlug ihr entgegen.

Sie erinnerte sich an ihren Traum und begann hektisch, ihre Jeans zu durchsuchen. Tasche für Tasche.

Da. Sie spürte ihn und zog ihn vorsichtig heraus.

Sie staunte. Sie hätte schwören mögen, dass sie den roten Edelstein an sich genommen hatte. Doch dieser hier war grün.

Seltsam.

Aber egal, sie hatte diesen Edelstein an sich genommen, ohne dass es die beiden gemerkt hatten.

Ihr war noch nicht einmal klar, warum sie das überhaupt getan hatte. Es war bestimmt nicht sehr professionell, hoffentlich aber sehr hilfreich. Unter Umständen konnte es die Ermittlung beschleunigen. Unangenehm wäre nur, wenn der Besitzer zu früh etwas merken würde. Das hingegen konnte dann wirklich ins Auge gehen.

Aber eben, manchmal musste sie sich über Paragrafen und Vorschriften hinwegbalancieren, um etwas Schwung in die Ermittlung zu bringen. Vermutlich hatte Nino genau das gemeint. Es war dieses Balancieren, das ihm ein bisschen italienisch vorkam an ihr.

ELVIRA MERIAN IST MISSTRAUISCH

»Für dich! Komm rein!«, rief Nino Zoppa aus dem Bus und wedelte mit dem Handy in der Luft.

Nore Brand kletterte zähneklappernd in den Bus.

»Noch ein Tag in dieser Kälte und du beherrschst sogar den tiefgefrorenen Kranich meisterhaft!«

»Lach du nur, aber ich komme wirklich langsam drauf, wie der Kranich auch bei arktischen Temperaturen seine Schwingen elegant ausbreiten kann.«

Nino wirkte frisch und dies hatte er ausschließlich seiner Jugend zu verdanken. Unter seinen Augen hatte die Nacht kaum Spuren hinterlassen.

Doch warte, auch an dir wird der Zahn der Zeit nagen. Dem entgeht keiner.

Nino lachte unverschämt. »Wenn der Kranich tanzt, dann balzt er, sagt mir Mr. Google. Weiß Jacques davon?«

Sie ignorierte seine Frage.

»Du weißt ja nicht einmal, was balzen heißt. Wer ist dran?«, fragte sie, bevor sie das Handy entgegennahm.

»Nimm's! Es explodiert nicht!«

»Hier ist das Sekretariat von Nore Brand«, meldete sich Bärfuss gut gelaunt.

Nore Brand lachte nicht. »Was gibt's?«

»Zuerst will ich wissen, wie es euch geht. Ich weiß, dass du Ferien hast, dass du somit frei entscheiden kannst, was du tust. Also, bitte, keine ausschweifenden Erklärungen, wie das deine üble Gewohnheit ist.«

Sie lachte.

»Es könnte schlimmer sein. Wir haben uns auf dem Camping Seegarten einquartiert. In einem VW-Bus. Nino will hier bleiben. Im Bus natürlich, auch wenn der keinen Rückwärtsgang hat und keine Heizung und …«

Sie verstummte und horchte.

»Ja, selbstverständlich, die Berner Kantonspolizei hat sich schon immer auf das Wesentliche zu beschränken gewusst. Unsere Devise lautete immer schon vorwärts und nicht rückwärts …, was? Ich verstehe dich nicht!«

Sie hielt das linke Ohr zu und wandte sich ab. Nino rückte neugierig näher.

»Nein! Ja, sicher. Ich fahre hin. Danke.« Sie warf einen Blick auf ihre Armbanduhr. »Es ist noch früh. Heute gegen Mittag bin ich dort. Sag's ihr.«

»Und?«, fragte Nino.

Nore Brand warf sich auf den Rücksitz.

»Jetzt geht's aber los! Merian, der Anwalt von Klara Ehrsam, wurde vergiftet. Die Stadtpolizei Basel hat sich mit Bastian in Verbindung gesetzt. Elvira, seine Schwester, wollte, dass man uns unverzüglich informiert. Sie erwartet mich noch heute.«

»Merian? Den habe ich nie gesehen.«

»Er war …«, sie zögerte, »doch, er war eigentlich sehr nett. Er war ganz sicher ein guter Freund. Nino, wir müssen auf der Stelle weg von hier.«

Nino sank enttäuscht in sich zusammen. »So schade.«

»Ja. Aber es hat sich gelohnt.«

Sie warf einen Blick zum See zurück, wo sich das Wasser kräuselte unter dem harten und kalten Wind.

»Keine Angst, wir sind bald wieder zurück.«

Sie legte ihm tröstend die Hand auf die Schulter.

»Mein Gefühl sagt mir, dass wir jetzt den einen oder andern Umweg vor uns haben.«

»Du mit deinen komischen Gefühlen!«

»Aber wir kommen zurück.«

Nino atmete auf. »Schwörst du das?«

Nore Brand legte die rechte Hand auf ihr Herz. »Großes Indianerehrenwort. Aber los jetzt, ich muss heute noch bei Elvira Merian sein. Möglicherweise ist sie selbst in Gefahr und weiß nichts davon.«

»Können die Basler Polizisten das nicht selber …?«

»Nino«, wies sie ihn zurecht, »sie will mit uns sprechen. Mit uns. Und sie hat bestimmt einen Grund dafür.«

Nino Zoppa schaute sie beunruhigt an.

»Wusste der Hoteldirektor von diesem Geheimplan?«

»Ziemlich sicher.«

»Merian hat's dir erzählt, also wusste der auch davon.«

Nino Zoppa schlug sich die Hand vor die Stirn. »Und der ist tot! Beide sind tot!«

Er schaute sie entsetzt an.

»Wer noch?«

»Der Professor. Plodowski heißt er.«

»Und wer ist dieser Plodowski?«

»Du erinnerst dich doch an den Fossilienforscher! Plodowski. Der Freund der roten Klara.«

Er dachte nach und schüttelte dann den Kopf. »Meine Festplatte hat ein Leck. Keine Datei im Ordner Plodowski. Sorry. Und wer weiß noch davon?«

»Ich.«

Nino fuhr zusammen. »Also los, fahren wir! Ich habe schon bezahlt.«

Als Nino Zoppa den Motor startete, öffnete die neugierige Nachbarin die Tür.

»Tschüss, du Schneeschnepfe!«, rief er. »Jetzt kannst du dich nach anderen komischen Vögeln umsehen.« Er winkte ihr durch das geschlossene Fenster zu. »Du hättest ihr Gesicht sehen sollen, als du deinen Kranich geübt hast! Die war drauf und dran, einen Psychiater zu alarmieren.«

Fritz Künzi nahm seinen Bus erleichtert in Empfang.

»Wie war's? Alles gut gegangen? Gut geschlafen?«

»Selig«, antwortete Nino.

»Und der Rückwärtsgang?«

»Wir brauchen doch keinen Rückwärtsgang. Wir gehen nur vorwärts«, erwiderte Nino, ohne dabei das Gesicht zu verziehen.

Zurück in Bern, eilte Nore Brand auf direktem Weg in die Kunsthandlung Petermann.

Die antike Glocke läutete Sturm. Das Geschäft war leer. Schlechte Zeiten für die Kunst.

Da saß sie.

»Was kann ich für Sie …«, begann Maria Volta. Gelangweilt hob sie den Kopf. Überrascht sprang sie auf. »Nore! Du?«

Nore Brand grüßte. »Bist du allein?«

Maria Volta schaute sich um. »Sieht fast so aus, oder?«

Maria Volta war eindeutig verschnupft. Nore Brand

brauchte sich nicht zu wundern; sie hatte ihr Versprechen nicht gehalten; sie hatte sich nie gemeldet, nachdem Maria Volta sich in der Sache Simmer umgehorcht hatte. Im Gegenzug sorgte Maria Volta nun für etwas Eiszeit in ihrer langjährigen freundschaftlichen Beziehung.

»Die wirklich interessierten, entschuldige, ich meine interessanten Kunden kommen meist nicht einfach so hereinspaziert, mitten an einem Novembermorgen.« Marias Stimme klirrte vor Kälte.

Nore Brand gelobte Besserung. Innerlich. Immerhin kannten sie sich seit vielen Jahren. Hatten gemeinsam für die Matura gebüffelt. Horaz, Catull, Cicero, die französische Revolution, die deutsche Einigung, physikalische Gesetze, Faust, beide Teile. Ein Graus. Kurz: Sie waren gemeinsam von den schwindelnden Höhen bis in die tiefsten Abgründe des abendländischen Wissens gestürzt. Von diesem Fall hatten sie sich, wie alle andern auch, nie mehr ganz erholt. Was konnte die Menschen mehr verbinden?

Ja, doch, da war noch etwas: Die gemeinsame hinterhältige Freude über das gehäkelte Kleid von Fräulein Bütikofer. Heute wusste sie zwar nicht mehr, was daran so lustig gewesen sein sollte. Tatsache war, dass sie sich in einer prägenden Lebensphase gemeinsam schlapp und hysterisch gelacht hatten. Über irgendetwas. Wie eben zum Beispiel über die gehäkelte Garderobe ihrer Geschichtslehrerin. Das war, aus heutiger Sicht betrachtet, völlig gaga, oder korrekter, völlig unverständlich und ausschließlich für pubertierende Mädchengehirne nachvollziehbar.

Nore Brand machte ein betroffenes Gesicht.

»Was willst du? Geht's um Leben und Tod? Bei dir wohl eher um Tod, oder? Wie immer.«

»Ja, leider. Würdest du dir mal etwas kurz anschauen?«

»Worum geht's?«

Die gemeinsame Vergangenheit half also doch. Würde es immer, dachte Nore Brand in einer sentimentalen Aufwallung.

Sie klaubte das Steinchen aus der Tasche. »Klimbim der edleren Sorte, vermutlich. Hier. Dachte zuerst, dieses edle Steinchen sei rot, aber es ist doch grün. Seltsam, ich war doch nie farbenblind, auch nicht vorübergehend.«

»Das würde mich aber nicht erstaunen, du mit deinem Stressprogramm.« Maria Volta nahm das Steinchen entgegen und hielt es ans Licht.

»Warte mal, ich schau kurz mit der Lupe. Bei gutem Licht. Du bleibst hier«, befahl sie, »damit niemand etwas klaut.«

»Ist ja keiner da«, sagte Nore Brand, aber Maria Volta war schon hinter einem dunkelbraunen Filzvorhang verschwunden. Nach einer Weile kam sie wieder zurück. Ihr Gesicht sah sehr verändert aus.

»Woher hast du das?«, fragte sie mit gepresster Stimme.

»Staatsgeheimnis«, antwortete Nore Brand.

Maria Volta kniff ihre Augen zusammen.

»Und was willst du damit?«

»Mit dem Staatsgeheimnis?«

»Nein, mit diesem Edelstein.«

Es war der Beginn eines Kreuzverhörs.

»Verkaufen, natürlich«, scherzte Nore Brand, »den Lohn etwas aufpolieren.«

»Woher hast du ihn?«, drängte Maria. »Warst du nicht letzthin in Russland?«

»Ja. Aber ist lange her. Das hat mit diesem Stein nichts zu tun.«

»Bist du sicher?«

Nore Brand stutzte. »Sag jetzt endlich, was ist das für ein verstaubter Klunker?«

Maria Volta zog tief Luft ein, ihre Augen funkelten gefährlich.

»Klunker? Bisher habe ich dich für einen gebildeten Menschen gehalten. Du hast ja keine Ahnung! Ich hoffe nur, dass kein Mensch weiß, dass du mit so etwas in deiner Tasche durch die Welt spazierst. Das ist ein unbezahlbares Sammlerstück«, zischte sie über den Ladentisch.

Nore Brand wurde ungeduldig.

»Rück jetzt endlich raus mit der Sprache!«

»Ich müsste mich sehr täuschen …« Sie hielt den Stein ans Licht. »Nein, ich bin meiner Sache sicher. Das ist ein Alexandrit. Mal grün, mal rot. Je nach Lichtverhältnissen.«

Nore Brand schaute verständnislos.

»Eine Varietät des Minerals Chrysoberyll. Plinius«, sagte Maria Volta mit einem unangenehmen Unterton, »du erinnerst dich hoffentlich an den römischen Geschichtsschreiber, er hat den Stein gekannt. Unsere Zeit weiß von ihm seit 1830. Als man ihn in den Smaragdgruben im Ural fand. Hochkarätig. Du siehst, die Römer waren uns schon immer um Jahrtausende …«

Nore Brand verzog das Gesicht. »Eine Varietät des Minerals Chrysb…«, unterbrach sie die Kunstverständige.

»Chry-so-be-ryll«, wiederholte Maria Volta wie eine pedantische Lehrerin, indem sie jede Silbe dehnte. »Aber Hauptsache, du bist eine gute Polizistin.«

»Und warum heißt die Varietät dieses Minerals Alexandrit?«

Maria Volta lächelte. »Ganz einfach. Er wurde nach dem russischen Thronerben Alexander benannt.«

»Warum soll das so einfach sein?«

»Weil ich das eben weiß!«

»Ja, ganz logisch, natürlich. Leuchtet mir auch unmittelbar ein. Sag mal, hast du ein Mineralienlexikon im Gehirn gespeichert?«

Maria Volta schaute verständnislos. »Ich muss mir eben ein paar Dinge merken für meinen Beruf. So wie du vermutlich auch.«

»Und so etwas hattest du schon mal in deinem Laden?«

Maria Volta lachte ungläubig. »Spinnst du? Da müsste ich eine Eskorte haben. Tag und Nacht. Und das liegt bei der momentanen Wirtschaftslage nicht drin.«

Nore Brand schaute betroffen. »Also doch eher eine ungemütliche Sache.«

»Und wie. Aber wie kommst du eigentlich zu so einem Edelstein?«

»Ich muss noch schweigen. Noch. Wenn alles vorbei ist, erzähle ich dir alles. Bei einem Espresso.«

»Adriano's?«, fragte Maria Volta.

»Adriano's«, sagte Nore Brand bestätigend.

»Das werden wir ja sehen. Du scheinst neuerdings sehr beschäftigt zu sein in deiner Freizeit. Wie heißt er?«

»Jacques.«

»Schön für dich«, sagte Maria Volta mit einem Seufzer, »aber pass auf dich auf. Wenn dieser Edelstein wirklich aus Russland kommt, dann musst du dich warm anziehen.«

»Russland?« Nore Brand nahm das Steinchen und steckte es in die fünfte Jeanstasche. »Ja, Russland, das könnte passen.«

Maria riss die Augen auf.

»Bist du verrückt? Du kannst diesen Edelstein doch nicht einfach in deine Tasche stecken! Bist du von allen guten Geistern verlassen?«

»Soll ich etwa einen Tresor hinter mir herziehen für dieses Steinchen? Damit jeder sofort sieht, was …«

»Ich glaube, es gibt noch andere Möglichkeiten«, warf Maria Volta ein. »Als Polizistin solltest du das sowieso besser wissen. Ich hoffe, du weißt, was du tust. Ich habe nicht die geringste Lust, in Bälde an deine Beerdigung zu kommen. Übrigens, hast du dich für das nächste Klassentreffen angemeldet? Fünfundzwanzig Jahre Maturafeier …«

Da ging die Ladenglocke und der Briefträger walzte schwer beladen mit Paketen in den Raum.

Fünfundzwanzig Jahre Maturafeier! Manchmal wurden auch Alpträume wahr.

Der Briefträger räusperte sich laut. Das war der Moment für Nore Brand.

»Wie gesagt, du hörst von mir.«

Sie nickte Maria Volta zu und ging.

Eine Stunde später saß sie im Zug nach Basel. Es war neblig im Mittelland. Die Straßen waren vereist.

Nino Zoppa hatte sich, überglücklich mit einem Surf-Auftrag, in sein Büro verzogen und Bastian Bärfuss hatte darauf bestanden, Nore Brand zum Bahnhof zu begleiten.

Sie waren zu früh am Bahnhof. Es reichte für einen Espresso beim Spettacolo unter der Rolltreppe.

»Und? Müsste ich jetzt nicht doch etwas mehr wissen?«

»Ja, jetzt schon.«

Nore Brand erzählte Bastian Bärfuss in wenigen Sätzen, was er schon lange wissen wollte.

»Danke«, sagte er, als sie fertig war. »Endlich kann ich wieder etwas mitdenken. Ich weiß, dass du das gar nicht mehr brauchst. Und doch …«

Nore Brand schaute auf die Uhr.

Sie war ungeduldig. Die Ungeduld, die bei jedem Fall immer unvermittelt über sie kam. Dann begann der größte Kampf, der Kampf gegen sie selber.

Der Hoteldirektor war unter ungeklärten Umständen umgekommen, Anwalt Merian war vergiftet worden. Beide wussten vom Geheimnis von Klara Ehrsam. Im zweiten Fall wusste sie das ganz genau, im ersten konnte sie davon ausgehen.

Die Geschichte von den drei Toten drängte sich in ihre Gedanken. Elsi Klopfenstein, die recht behalten hatte.

Zwei waren tot.

Wer war der dritte?

Sicher einer der Geheimnisträger. Gehörte der Mörder zum Kreis der Eingeweihten?

Musste ein drittes Opfer her?

Jamais deux sans trois, hörte sie Jacques sagen. Aller guten Dinge sind drei. Das passte hier weniger. Jacques bezog den Spruch auf andere Dinge. Da verbeugte er sich ohne jeden Widerstand vor den Gesetzmäßigkeiten des Universums. Oder vor dem reinen Aberglauben.

Bei Elsi Klopfenstein handelte es sich dabei um ein und dasselbe.

Nore Brand wischte diese Gedanken weg.

Sie hatte mit ihren Basler Kollegen Kontakt aufgenommen. Sie waren bereits mitten in den Ermittlungen. Dass der Anwalt Opfer eines Mordanschlages geworden war, stand außer Zweifel.

Doch Elvira Merian bestand darauf, dass Nore Brand sich einschaltete.

Eineinhalb Stunden später saß sie im Wartezimmer von Anwalt Merian. Natürlich hatte sich nichts verändert. Erasmus hing so schief wie vor einem Jahr. Er nahm dies mit der ihm eigenen Gelassenheit hin. Dieser Mann, der in seiner ewigen, beneidenswerten Heiterkeit ruhte. Das gleiche Magazin, dasjenige, das vom Tod des vorletzten Papstes berichtet hatte, lag oben auf dem Stapel.

Nur eine Sache hatte sich verändert. Nore Brand musste dieses Mal nicht warten.

Kaum hatte sie sich hingesetzt, stand Elvira Merian im Türrahmen.

»Frau Brand, endlich, so kommen Sie doch!«, rief sie, machte kehrt und stöckelte ins Büro zurück.

Auch im Büro von Anwalt Merian hatte sich, genau wie im Wartezimmer, nicht das Geringste verändert. Nur dass jetzt Elvira Merian hinter dem Tisch Platz nahm, dort, wo vor einem Jahr ihr Bruder gesessen hatte.

Plötzlich schien sie sich an die Grundregeln der Höflichkeit zu erinnern und streckte Nore Brand zwischen den hohen Stapeln von Ordnern, Papieren und Dossiers die Hand entgegen.

»Willkommen, Frau Brand«, sagte sie etwas unbeholfen. Sie hatte noch wenig Übung mit den eleganteren Formen der Höflichkeit.

»Mein herzliches Beileid«, sagte Nore Brand.

»Keine Sentimentalitäten, bitte«, sagte Elvira. »Heinrich war ein nüchterner Mensch, genau wie ich. Jetzt übernehme ich hier das Ruder. Das war immer so abgemacht. Sie müssen wissen, wir haben praktisch gleichzeitig das Anwaltspatent erworben, obwohl ich ein Jahr jünger war als er. Er meinte, dass ich ihn sowieso überleben werde. Frauen seien zäher als Männer. Oh, das hat ihn immer aufgeregt! Und jetzt …« Ihre Stimme brach. »Aber ich bin sicher, er hätte mich überlebt. Ich habe gut zu ihm geschaut.«

»Ihr Bruder, Heinrich Merian …«, Nore Brand stockte.

»… wurde ermordet, sagen Sie das nur«, fuhr Elvira Merian weiter fort. »So und nicht anders. Schauderhaft. Mit Gift. Die Polizei hat mir alles ganz genau berichtet. Eine Taktlosigkeit. Der Mörder hat Heinrich eine Giftspritze gesetzt. Eine Überdosis von einem Gift, dessen Namen ich mir nicht merken will. Es war tödlich. Muss ich mehr wissen? Der Mörder hat ihm die Spritze in die Brust gerammt! Von Ihnen, Frau Brand, erhoffe ich mir, dass Sie diesen Kerl zur Strecke bringen.«

Nore Brand schluckte leer. Zur Strecke bringen?

Was für ein Wortschatz für eine Anwältin.

Elvira Merian trug die Haare anders als vor einem Jahr. Sie waren kurz geschnitten, mit einem lila Glanz. Die graue wollene Bluse war gediegen, aber unnötig hoch geknöpft. Bis ganz oben. Kein Seidentüchlein um den Hals. Keine Zeichen von zarter Weiblichkeit. Nein, Elvira Merian stellte die personifizierte Nüchternheit dar, durchaus nicht ohne Glanz.

Hatte sie sich sonst noch verändert? Nore Brand versuchte sich zu erinnern, wie diese Frau vor einem Jahr ausgesehen hatte. Erfolglos. Vielleicht waren die Haare schon damals kurz gewesen. So sehr sie sich auch anstrengte, kein einziges Bild tauchte in ihrem Gedächtnis auf. Nur an die Stimme erinnerte sie sich.

Elvira hatte die Augen auf Nore Brand gerichtet. Gefasst und ruhig.

»Heinrich ist nicht mehr, weil er etwas wusste. Es ist das Geheimnis um Klara Ehrsams Geld. Heinrich meinte immer, dass ich keine Ahnung davon hätte. Aber ich wusste immer alles! Alles, was wir schriftlich hatten, ging auch durch meine Hände. Ich wusste bloß nicht immer, was er mit wem besprach. So wie damals, als Sie kamen. Da hat er gezwitschert wie ein Kanarienvogel, der gute, alte Heinrich.«

Elvira Merian schaute Nore Brand unverwandt an.

»Und an diesem unglücklichen Tag letzte Woche war ich nicht da. Ich musste zum Zahnarzt. Vielleicht wäre es nicht anders herausgekommen. Schlimmer, vielleicht wäre auch ich jetzt hinüber.«

›Hinüber‹ hatte sie gesagt.

Wer so redete, brauchte kein altrosa Seidentüchlein um den Hals zu tragen.

Elvira Merian schaute Nore Brand prüfend an. Was sie dazu zu sagen hätte.

Nore Brand schwieg.

»Stellen Sie sich das vor!« Elvira Merian ließ ein rasselndes Lachen ertönen.

Eine heimliche Raucherin? Nein, nicht heimlich. Ihre Fingerspitzen ließen keine Zweifel.

»Aber wer weiß das schon? Doch ziemlich sicher hätte er mich nicht ausgelassen, wenn er die Gelegenheit gehabt hätte. Wenn es tatsächlich um das Geld von Klara geht, dann wäre auch ich nicht mehr.«

Elvira Merian verstummte und dachte nach. Vielleicht überlegte sie sich, wie das war, nicht mehr zu sein. Falsch geraten. Elvira legte beide Arme auf den Tisch und beugte sich vor.

»Die Besucher, die Heinrich an jenem Tag hatte, sind überprüft. Lauter alte Kundschaft. Mit einer Ausnahme. Einer ist dazwischen gekommen. Das muss jedoch ein unvorhergesehener Besuch gewesen sein.«

»Woher wissen Sie das?«

»Der Kunde, der ihn zuletzt gesehen hat, musste mal, entschuldigen Sie, er musste kurz hinaus. Austreten, sagte Heinrich immer. Militärjargon, nehme ich an. Auf die Toilette, heißt das. Die Toilette ist leider ringhörig, so wie alles hier im Haus. Aber ich kann meinen Gehörapparat leicht ausschalten. Also, kein Problem für mich. Kurz, dieser Mann war also auf dem stillen Örtchen und bekam mit, wie Heinrich ganz überrascht auf diesen Besuch reagiert haben soll. ›Was führt Sie zu mir?‹, soll er gerufen haben, bevor die Türe zugegangen sei.«

Elvira Merian deutete auf ihre Ohren. »Sie wissen, Heinrich war auch schwerhörig, deshalb redete er immer so laut. Zum Glück, muss man fast sagen. Deshalb wissen wir, dass es ein Unbekannter war. Heinrich begrüßte jeden Kunden nur einmal in seinem Leben mit diesen Worten. Das war sozusagen seine ganz persönliche, erste Begrüßung. ›Was führt Sie zu mir‹«, wiederholte Elvira Merian lächelnd. »Ein zweites Mal bekam kein einziger Kunde diesen Satz zu hören. Ich weiß das. Ich bin die Einzige, die in all den Jahren in seiner unmittelbaren Nähe war.«

Elvira Merian schwieg und richtete ihre Augen auf Nore Brand, wie um zu überprüfen, wie ihre Worte aufgenommen wurden. Mit einem leisen Knurren lehnte sie sich dann im Sessel zurück. Sie schien zufrieden.

Für einen Moment glaubte Nore Brand, den Anwalt vor sich zu sehen. Sie waren Bruder und Schwester, sie hätten Zwillinge sein können.

»Es war ein Fremder. Der letzte Klient hat auf diese Worte geschworen: Was führt Sie zu mir. Dabei habe er sich nichts gedacht. Was hätte er sich auch denken sollen? Ein Anwalt, wie Heinrich einer war, hat immer wieder mal neue Kundschaft begrüßt. Der Kerl wusste das natürlich nicht, ganz im Gegensatz zu mir.«

Elvira Merian lehnte ihren Kopf zurück und schloss die Augen. »Das hätte nicht sein müssen, Frau Brand, das nicht.«

Plötzlich bewegte sie sich mit einem Ruck nach vorn, sie lag fast quer über dem Schreibtisch.

»Suchen Sie den Professor! Plodowski! Den Archäologen! Den alten Freund von Frau Ehrsam, Sie wissen ja. Sie hat ihn unterstützt, viele Jahre lang. Er weiß alles. Er weiß als Erster, was mit dem vielen Geld geschah, wofür man es eingesetzt hat. Der Hoteldirektor ist tot, jetzt mein Bruder. Wer kommt dann? Etwa Plodowski? Wenn er nicht selber …«, sie brach ab. »Ich weiß es nicht. Und ich weiß auch nicht, ob sonst noch jemand eingeweiht ist. Wobei …« Sie lachte. »Wir zwei, Sie und ich, Frau Brand.

Aber von uns beiden weiß kein Mensch. Außer, Sie hätten es ausgeplaudert, was ich nicht hoffen will. Es ist ein gefährliches Geheimnis.«

Nore Brand verzog keine Miene.

»Dieser Plodowski, ich weiß nicht, ich habe ihn nur ein paar Mal am Telefon gehabt. Diese Stimme. Das war die Stimme eines Frauenhelden. Ich habe einen Sinn dafür. Dem hätte ich nie über den Weg getraut. Heinrich war da ganz anderer Meinung. Der Plodowski sei ein wunderbarer Archäologe mit einer großen Liebe für Kunst und Vaterland.«

Sie schürzte ihre Lippen. »Na, das sagt sich doch zu leicht, oder? Ich denke, der hatte es bloß auf ihr Geld abgesehen. Aber eben, Heinrich hat mir nie geglaubt. Ich hoffe, er hatte recht. Und wenn er recht hatte, dann ist dieser Mann in Gefahr, in großer Gefahr. Heinrich hat mir bei unserem letzten gemeinsamen Frühstück erzählt, dieser Plodowski sei in Amsterdam, wo er eine Ausstellung mache mit seinen Fossilien. Ich erinnere mich so gut daran, weil Heinrich sich so amüsiert hatte. Dieser Plodowski könne nicht aufhören. Seit Jahren sei er immer wieder mal daran, seine letzte Ausstellung zu machen.«

Sie lachte. »›Und du?‹ Hab ich ihm gesagt. ›Und du? Du stirbst noch mal während deiner Arbeit.‹« Sie zog ein Taschentuch hervor und schnäuzte sich heftig. »Und wissen Sie, was er darauf gesagt hat? ›Nicht übel, diese Vorstellung!‹« Elvira steckte das Taschentuch in den Ärmel zurück und faltete die Hände vor sich auf dem Tisch. »Ich habe ihm gesagt, er solle nicht so dummes Zeug daherreden. Aber zurück zum Professor. In Amsterdam gibt's seit einigen Jahren ein Museum mit dem Namen Hermitage, sozusagen eine Dependance der Eremitage von St. Petersburg. Die beiden Museen arbeiten sehr eng zusammen. Also ist es naheliegend, dass man einen Petersburger Wissenschaftler eine Ausstellung machen lässt. Zumindest war Heinrich dieser Ansicht. Er hat sogar einen Augenblick mit dem Gedanken gespielt hinzugehen, um Plodowski zu treffen. Er hat ihn ja bloß über das Telefon und über den Briefverkehr gekannt. Er hätte doch Lust, diesem Kerl einmal im Leben zu begegnen und ein Gespräch zu führen, so von Mann zu Mann.« Sie schwieg. »Sehr schade, dass es nicht mehr dazu gekommen ist. Und ich, Frau Brand, ich habe nicht die geringste Lust, mit diesem Kerl Kontakt aufzunehmen. Telefonieren bringt nichts. Ich müsste ihn schon vor mir haben, aber ich habe jetzt keine Zeit, nach Amsterdam zu reisen. Ich muss hier zum Rechten schauen. Und es gibt einiges aufzuräumen.«

Sie kniff ihre Augen zusammen und schaute Nore Brand prüfend an.

»Ich traue ihm einfach nicht, ganz im Unterschied zu Heinrich und zu Klara Ehrsam. Ob er etwa jemanden hergeschickt hat …? Aber nein, der tötet doch seinen Geldgeber nicht! Dieser Kerl erhält immer noch unverschämt viel Geld aus dem Erbe von Klara. Diese Sache will ich endlich vom Tisch haben.«

Sie machte eine heftige Wischbewegung über den Tisch.

»Fahren Sie hin, schauen Sie, was dieser Plodowski für ein Kerl ist. Ich wünsche mir nur, dass ich nie mehr Geld auf sein Konto überweisen muss. Ich halte ihn für einen Gauner. Und ich weiß nicht, warum. Leider habe ich mich nicht oft getäuscht in meinem Leben. Ich hatte enorm viel Zeit zum Beobachten und Hinhören. Für Heinrich und Frau Ehrsam hoffe ich, dass er tatsächlich ein feiner Kerl ist. Aber ich will endlich Klarheit! Helfen Sie mir dabei?«

Das war keine Frage. Das war eine Anordnung.

Da hatte sich eine ältere Dame gezwungenermaßen in kürzester Zeit, von einem Tag auf den anderen, emanzipiert. Doch sie saß da, als ob es nie anders gewesen wäre. Sie war zur Anwältin geboren.

Heinrich hatte das gewusst. Aus diesem Grund hatte er sie all die Jahre hindurch ins Vorzimmer verbannt.

Elvira Merian begleitete ihren Besuch hinaus.

Nore Brand zuckte zusammen, als sie im Entree plötzlich vor Heinrich Merian stand. Eine Büste aus Gusseisen.

Elvira fuhr liebevoll über den kalten Kopf. »Er hat ihn selbst in Auftrag gegeben. Vergangenen Sommer. Bei einem befreundeten Künstler. ›In diesen Zeiten braucht das Land Charakterköpfe und wenn sie aus Gusseisen sind‹, sagte dieser Künstler. Heinrich war sehr stolz darauf.«

Nore Brand schauderte. Der Kopf war ausgezeichnet getroffen. Dieser eiserne Heinrich mit dem durchdringenden Blick. Es hätte sie nicht erstaunt, wenn dieser Eisenkopf ihr plötzlich zugenickt hätte.

Zurück in Bern, eilte Nore Brand ins Polizeihauptgebäude am Waisenhausplatz.

Der Tag war bereits dabei, sich zurückzuziehen. Die Temperaturen waren kaum über null Grad gekrochen. Ihr Atem verwandelte sich in der Kälte in kleine Wolken, Sprechblasen ohne Worte.

Der Weihnachtsmarkt war bereits aufgebaut, hergerichtet und geschmückt mit Massen von Tannästen, Lametta und silbernen Glocken.

Ein kleiner Bub stand vor einem Stand mit Plüschtieren und gab seiner Begier brüllend Ausdruck. Als er bemerkte, dass er beobachtet wurde, drehte er sich unvermittelt um und streckte ihr die Zunge heraus. Einfach so.

Sie würde sich den Kleinen als Vorbild nehmen; so unbekümmert ließ sich also der Welt begegnen.

Auf dem Dach des Holländerturms lag ein Schäumchen Schnee. Und auf allen Dächern, Lukarnen und Kaminen.

Der Asphalt, auf dem Menschen hin und her eilten, Tramwagen und Taxis sich aneinander vorbeizwängten, war dunkelgrau und nass. Das aufgeregte Klingeln eines Tram drang an ihr Ohr. Sie bemühte sich vergeblich, den Entgegeneilenden auszuweichen. ›Frohe Weihnachten‹ stand in grellem Rot auf einem Transparent. Weihnachten.

Jetzt ging's aber los. Geradeaus, im Tempo des gehetzten Affen ab in die Frohe Zeit.

Auch im Schaufenster des Computerladens. Ein Computerbildschirm verkündete frohe Weihnachten. Plötzlich schoss vom linken Bildrand ein Haifisch heran, schnell wie ein Blitz, und fraß das erste Wort auf. Die nächste Beute war ›Weihnachten‹.

Doch Nore Brand wartete nicht. Sie hatte eine Überraschung für Nino Zoppa.

POLIZIST BUCHERS LETZTER AUFTRAG

Bucher schloss sein Büro sehr früh ab an diesem Mittwochabend.

Bald würde diese Tür für immer geschlossen bleiben. Irgendeiner in Bern hatte Statistiken studiert, Nachforschungen angestellt, Berechnungen vorgenommen und war zum sonderbaren Schluss gekommen, dass hier oben alles bestens sei, dass man sich also den Polizeiposten einsparen könnte.

Klar! So klar wie trübe Wurstsuppe, dachte Polizist Bucher grimmig. Lauter Unschuldslämmer bevölkern diese Gegend. Warum hatte es so viele Jahrzehnte gedauert, bis einer in der gut geheizten Teppichetage das gemerkt hatte? War das nicht eine himmeltraurige Beleidigung für das ganze obere Simmental?

Das war doch zum Lachen! Nein, zum Heulen! Oder beides gleichzeitig.

Er hatte, weiß Gott, genug Arbeit gehabt hier oben. Die letzten Jahre hatte er damit zugebracht, Formulare auszufüllen, mit Vorgesetzten zu telefonieren und zu korrespondieren, nachgefragt, was denn der Sinn dieser Sache sei. Ob die Welt denn wirklich besser würde, wenn er täglich stundenlang Zettel ausfülle.

Das sei nicht die Frage, hatte man durch die Leitung gebellt. Es gehe um nichts weniger als um Qualitätsarbeit! Man müsse die Qualität der Arbeit überprüfen, hatte man ihm mitgeteilt.

Bucher hatte sein Leben für gute Arbeit hergegeben

und das war kein Witz, gute Arbeit war ihm wichtig gewesen, überhaupt war ihm nichts wichtiger gewesen in seinem ganzen Leben als die Arbeit. Wo er auch war, er hatte seine Arbeit geliebt. Ist es nicht Liebe, wenn man alles hergibt, was man hat?

Er war pflichtbewusst gewesen, hatte Überstunden gemacht, weil es nicht anders möglich war, wenn man die Sachen richtig erledigen wollte. Und dann, eines schönen Tages, musste man sich von einem parfümierten Schnösel erklären lassen, was Arbeitsqualität sei oder Qualitätsarbeit.

Er stand mit spitzen Schuhen und lackiertem Haar im Türrahmen, grinste arrogant und fragte, ob Bucher eine Sekunde übrig hätte für ihn. Eine Sekunde? Ja, wenn es denn sein musste. Eine Sekunde oder zwei hatte man doch immer übrig. Oder mehr. Kleinlich war er nie gewesen.

Als der Kerl nach acht Stunden das Feld geräumt hatte, stand schon wieder ein neuer Computer im Büro. Die Zettel-Ausfüllerei musste nun direkt am Computer erledigt werden. Die Vorgesetzten konnten ihm sozusagen aus der Ferne über die Schulter schauen, was Bucher bis wann erledigt hatte und was nicht. Jeder sah auf einen Blick, was er kapiert hatte und was nicht. Das und nur das allein war das Rezept für viele schlaflose Nächte und andauernde Magenkrämpfe. Wenn denn einer nach diesem Rezept verlangte.

»Sie werden schon sehen, ein Kinderspiel ist das«, hatte ihm der parfümierte Jüngling erklärt, »erleichtert die Arbeit. Damit sparen Sie sich viele Stunden. Dann bleibt Ihnen endlich genügend Zeit für die richtige Polizeiarbeit.«

Zuerst hatte Bucher diesem duftenden Kerlchen mit Igelfrisur geglaubt. Schließlich war der frisch ausgebildet. Schien zu wissen, wovon er sprach.

Doch mit der Zeit verbrachte Bucher seine Tage am Computer. Die richtige Arbeit blieb liegen. Die Folge war, dass man mit argwöhnischen Briefen seine Arbeit anzweifelte und hinterfragte.

Vor wenigen Tagen hatte er erfahren, dass man seinen Posten schließen würde. Aus finanziellen Gründen habe man das mit seiner Pensionierung orchestriert. So wurde ihm erklärt, per Telefon. Orchestriert? Zu seiner Zeit hat man jemandem schlicht und einfach den Marsch geblasen. Das tat Bucher häufig, leider nur in Gedanken natürlich. Aber in seinen Alpträumen tauchten schmerzhafte Retourkutschen auf.

Er kurbelte die Storen herunter, nahm einen Schlüssel aus der Tasche und öffnete die unterste Schublade. Vorsichtig nahm er eine Schachtel heraus, öffnete den Deckel und strich mit dem Zeigefinger über den Gipsabdruck.

Die Kommissarin Brand hatte recht gehabt.

Am Mittwochmorgen war er losgezogen. Richtung Seefluh. Der Wetterbericht hatte Schnee gemeldet. Er kannte den Lieblingsspaziergang des Direktors. Ja, die Seefluh. Er wäre besser allein hingegangen, der Direktor. Auch betrunken musste man sich unglaublich Mühe geben, dort abzustürzen. Doktor Fischer hatte eine Untersuchung für überflüssig gehalten. Zeitverschwendung. Genau wie damals bei Klara Ehrsam. Und dann war plötzlich Frau Brand da. Eine ärgerliche Sache das. Aber sie hatte Recht bekommen. Frau Ehrsam war nicht einfach so ertrunken. Sie war ermordet worden, von dieser geldgierigen Schauspielerin. Zugegeben, alle mussten irgendwie durchs Leben kommen. Ein bisschen nehmen, wo sowieso viel zu viel ist …

Bucher!, pfiff er sich zurück, so etwas darf ein Polizist gar nicht denken.

Aber dann gleich morden, bloß weil man fürchtete, dass einem jemand auf die Schliche kommt. Sie wäre früher oder später doch aufgeflogen, dieses dumme Huhn.

Bucher kannte das. Diese Art von Verbrecher wurde übermütig, weil die Gier sie packte. Wie viele hätten sich retten können, wenn die Gier sie in Ruhe gelassen hätte.

Er betrachtete den Gipsabdruck. Der Verkäufer in der Landi hatte einen Witz gemacht. »So, Bucher, willst du Gipszwerge für deinen Garten basteln, jetzt, wo die Pensionierung winkt?«

Bucher hatte abgewinkt. Er ließ ihn plaudern. Er wollte gerüstet sein für seinen Marsch in die Seefluh hinauf.

»Hier, nimm das! Beste Qualität und trocknet gut. Diese Zwerge, das soll's doch werden, oder? Die werden dich um viele Jahre überleben!«

Idiot! Du hast ja keine Ahnung, dachte Bucher, du würdest dich wundern, wenn du wüsstest, wozu ich das hier brauche. Er bezahlte und ging.

Er hatte das Wetter im Nacken. Die Luft roch nach Schnee, die Wolken waren schwanger. Er musste sich beeilen. Der Pfad begann steil und steinig. Er ging wie ein Trüffelhund. Meter für Meter. Die Augen schmerzten vor Anstrengung. Weiter oben war der Pfad erdig. Nasse Erde. Pass auf, du könntest ausrutschen. Er keuchte. Er verlangsamte seinen Schritt.

Er war schon längere Zeit nicht mehr so unterwegs gewesen. Nicht mehr lange und er hätte alle Zeit der Welt, um an der frischen Luft gesund zu werden. Er war früher oft und lange auf Achse gewesen, als Schnüffelhund. Er lachte. Er wunderte sich, wie wohl ihm auf einmal wurde. Was hatte ihn da plötzlich wieder gepackt? Was musste er sich noch beweisen? Er hatte seine Arbeit immer gut gemacht, seinen Lohn sich redlich verdient. Und doch! So ein letzter Triumph wäre Balsam für die Seele.

Wie im Rausch ging er weiter. Dieses Mal konnte ihn nichts von seinem Vorhaben abbringen. Er schaute zum Himmel.

Der würde den Schnee noch eine Weile zurückhalten. Der Himmel gab ihm eine Chance. Vielleicht hatte er dieses eine Mal den Himmel auf seiner Seite.

Er spürte die kalte Luft auf seinem Gesicht. Sie erfrischte ihn. Er schaute zum Himmel hinauf. Einfach nicht lockerlassen, redete er sich zu. Dieses letzte Mal wirst du nicht lockerlassen. Der Himmel hilft dir dieses Mal.

Die Zeit hatte sich aufgelöst. Er wusste nicht, wie lange er unterwegs war. Die Armbanduhr lag in der Schublade, seit ihn Lederallergien quälten.

Er blieb keuchend stehen, mit brennenden Augen. Herrgott, wie lange musste er noch suchen. Er setzte sich auf einen Stein und drückte die Fäuste gegen die schmerzenden Augen. Als der Schmerz nachgelassen hatte, öffnete er sie wieder und schaute um sich, suchte den Boden ab. Den steinigen Pfad.

Und dann das!

Die Spuren, die er mit der ganzen Seele gesucht hatte. Spuren, die von zwei Paar Schuhen erzählten, die hier nebeneinander hergegangen waren. Bucher erhob sich und ging weiter wie im Traum. Sein Puls raste, sein Herz drohte, seinen Brustkasten zu sprengen. Er merkte nichts davon.

Nore Brand hatte recht behalten. Dieses Teufelsweib!

Da gingen zwei Paar Schuhe vor ihm hin!

Ja! Es waren zwei!

Dann Getrete, hin und her. Alles durcheinander.

Was war da geschehen?

Er ging weiter. Doch die Spur brach ab.

Er kehrte um und hob den Blick.

Hier musste es geschehen sein, hier, wo früher einmal Zwerge gehaust hatten.

Verfluchter Ort.

Ja, dort der Fels, der Abgrund.

Ja, eben doch ein Abgrund! Aber nur für Anfänger. Geübte wussten, wie sie sich verhalten mussten, bis wohin sie sich wagen durften.

Der Hoteldirektor war sicher kein Anfänger mehr nach all den Jahren, die er hier verbracht hatte.

Bucher trat näher und bückte sich, versuchte, mit dem Zeigefinger die Spuren nachzuzeichnen. Bloß nichts berühren, kein Steinchen verschieben.

Die Spuren gingen wiederum durcheinander.

In diesem Dreck, in diesem Schlamm war nichts klar zu sehen, ja, Spuren gingen durcheinander, aber Bucher schaute durch die Spuren hindurch, sah die Schuhe, wie sie weitergingen, stehen blieben, die Richtung änderten. Schneller gingen, stehen blieben. Er verlor sie und fand sie wieder.

Dann fiel er auf die Knie. Fast ohnmächtig vor Aufregung.

Oh, es war wie früher! Nie hatte er aufgegeben. Er hatte zu den ganz Hartnäckigen gehört. Die Erinnerung an seine Leidenschaft ließ ihn aufstöhnen. Er richtete sich auf und atmete tief aus.

Das hier würde sein Triumph werden.

Doch welches war der Schuh des Mörders, welcher der Schuh des Direktors?

Er schaute auf zum Himmel. Der hielt den Schnee zurück. Er stand ihm immer noch bei. Was für ein Zeichen!

Er trieb sich an. Rasch, mach endlich.

Die Äste der Tannen bewegten sich im Winterwind.

Man sagte, wenn keiner hier oben sei, dann kämen sie hervor und schaukelten auf den Tannästen.

Bucher schaute sich nicht um.

Die Zwerge mochten ihm bei seiner Arbeit zuschauen, so viel sie wollten. Vielleicht hielten sie den Schnee auf, damit er seine Arbeit beenden konnte. Vielleicht taten sie das, weil er sie in Ruhe ließ auf den schaukelnden Tannästen.

Kaum war er fertig mit seinem letzten großen Werk, begann ein nasser Schnee zu fallen. Mehr Regen als Schnee. Bucher lag auf seinen Knien und spürte die Tränen der Anstrengung, die über seine Wangen rollten, nicht. Er spürte nichts, keine Kälte, keinen Schmerz, auch den Schmerz der erlittenen Demütigungen nicht.

Er erhob sich vorsichtig.

Nun durfte er nichts mehr übereilen. Nicht in seinem letzten Fall.

Als er sich auf den Rückweg machte, lagen zwei Abdrücke aus Gips schwer in seinem Rucksack. Diese wunderbare Last!

Der größere der beiden Abdrücke war vom Schuh

des Direktors, der kleinere war der Schuh des Mörders. Obwohl – ganz sicher war er seiner Sache nicht gewesen. Mittlerweile hatte er Gewissheit.

Welche Erinnerung!

Er lehnte sich im Sessel zurück und dachte nach.

Er musste nur noch den passenden Schuh zum kleineren Gipsabdruck finden.

»Kennst du die Geschichte von Aschenputtel?«, hatte er seine Frau beim Abendessen gefragt.

Sie stellte die Pfanne auf den Tisch und schaute ihn ungläubig an. »Aschenputtel? Wie kommst du plötzlich auf Aschenputtel?« Sie lachte und setzte sich hin.

So hatte sie schon lange nicht mehr gelacht. Er mochte es, wenn sie so war. Sie würde wieder öfter so sein und lachen, schwor er sich.

»Das weißt du doch. Das ist das Märchen, in dem der Prinz den richtigen Fuß sucht. Die Prinzessin tanzte mit ihm auf dem Ball, er verliebte sich in sie, doch sie flüchtete und verlor dabei einen Schuh. Das war sein Glück, er wusste, dass er nur den Fuß finden musste, der in diesen wunderbaren Tanzschuh passte.«

Sie streckte die Hand nach seinem Teller aus.

»Im Regal steht das Märchenbuch. Dort kannst du alles genau nachlesen. Warum musst du das wissen?«

Er nahm den gefüllten Teller entgegen.

»Das erkläre ich dir dann, wenn es so weit ist.«

Diese Frau Brand war es gewesen, sie hatte ihm einen Auftrag zugeschoben, der ihm Spaß machte. Dieses letzte Mal würde er vorsichtig sein. Vor allem nichts übereilen. Von jetzt an würde er seinen Kopf tief halten, im wahrsten Sinne des Wortes. Noch einmal Spuren lesen. Ein allerletztes Mal. Es war nur noch eine Frage der Zeit.

Der Mörder kannte die Gegend. Es konnte kein Fremder gewesen sein.

Er schaute aus dem Fenster. Im Schein der Straßenlaterne sah er Schneeflocken tanzen. Sie tanzten für ihn. Bucher faltete die Hände über seinem Bauch. Jetzt durfte es schneien und zwar den ganzen Winter über.

Und jeder im Dorf würde von nun an Spuren hinterlassen. Jeder.

Er zog den Schreibblock zu sich, packte einen gut gespitzten Bleistift und schrieb sich ein paar Namen auf.

Es war kein Fremder gewesen, der an jenem Novembernachmittag mit dem Hoteldirektor unterwegs gewesen war. Das war sonnenklar.

Als er die Liste fertig hatte, faltete er das Blatt zusammen und steckte es in sein Jackett.

Es war der Plan seiner letzten Jagd.

Er hatte sich auf dem Camping Seegarten bereits umgesehen. Der rote Bus war weg.

Etwas musste geschehen sein.

Aber sie würden wiederkommen, die beiden.

Und dann würde Bucher bereit sein.

Er legte die beiden Gipsabdrücke zurück in die Kartonschachtel, verschloss die Schublade sorgfältig und schob den Schlüssel in seine Hosentasche.

Er dachte an die Begegnung in der Landi. Nicht für Gartenzwerge habe ich den Gips gebraucht, du dummer

Kerl. Auch wenn ich in ein paar Tagen pensioniert werde, ich kenne mein Handwerk immer noch bestens.

Bevor er aufstand, spitzte er die Bleistifte und legte sie ordentlich ausgerichtet hin.

Der Computer stand in einer Ecke. Unter einem alten Vorhang. Der Apparat war kalt und zwar seit dem Tag, als man ihm mitgeteilt hatte, dass sein Posten auf Ende Jahr aufgehoben würde. Aus Spargründen. Er hatte davon gehört. Kollegen vom Tal hatten ihn darauf angesprochen. Eines schönen Tages hatte er es schwarz auf weiß. Wenn er nicht gewusst hätte, worum es ging, hätte er den Brief womöglich nicht einmal verstanden.

Dieser Kerl aus der Berner Teppichetage hatte den Brief so schön formuliert, dass Bucher beim Lesen fast den Eindruck bekam, es handle sich um die längst fällige Beförderung. Hinter den merkwürdig geschwollenen Worten und Sätzen versteckte sich aber die Botschaft, dass man ihn wegspediert hatte. Täuschte er sich oder roch der Brief nicht doch genau wie der Jüngling mit der Igelfrisur, der ihm den Computer hingestellt hatte?

»Bucher ist flexibler als ihr alle, ihr Hohlköpfe«, murmelte er, als er den Vorhang über das neue Gerät warf, »ich kann sofort anfangen, Strom zu sparen. Ich muss nicht bis Ende Jahr warten damit!«

SCHATTENSEITEN

Nino Zoppa schaute von seinem Bildschirm auf. »Nore?«

»Und? Bist du weiter?«

»Habe Stunden verbraten. Für die Katz. Eben habe ich eine Mail an einen Kollegen von Interpol geschickt. Vielleicht wissen die etwas von den seltsamen Objekten, die wir in der Höhle ausgegraben haben. Es ist doch nicht möglich, dass niemand dieses Steinchen vermisst!«

Nino Zoppa richtete sich auf.

»Übrigens, das war doch ein bisschen riskant, was du da gemacht hast? Einfach so ein Steinchen klauen! Stell dir vor, das merkt jemand! Dann hängen wir!«

»Genau das soll geschehen! Ich hoffe inständig, dass es jemand merkt. Im Idealfall der Besitzer. Oder noch besser derjenige …«

»… der es vor dir geklaut hat«, fiel ihr Nino ins Wort.

»Nein«, erwiderte sie. »Ich habe diesen Stein vorübergehend an mich genommen, konfisziert, um bei den Ermittlungen Fortschritte zu erzielen.«

»Nein, geklaut«, beharrte er. »Auch wenn du schöne Worte dafür findest. Das ändert noch lange nichts an der peinlichen Tatsache, dass eine Kommissarin, wenn auch nur vorübergehend, kriminell geworden ist.«

»Besserwisser!«

Er grinste.

»Bei deinem genetischen Erbe wundert mich gar nichts

mehr. Jetzt verstehe ich auch, warum du Hene nicht verhaften wolltest. Im Moment gehörst du auch zu den eher zwielichtigen Fällen der Menschheit.«

»Und du lungerst in meinem Dunstkreis. Pass auf! Überhaupt ist es der Zweck …«

»Du mit deinen heiligen Mitteln! Weiß Bastian Bärfuss von diesen Kisten in der Kaverne?«

»Ja. Er weiß auch, dass wir diese Herrlichkeiten im Moment nicht konfiszieren, solange wir heimlich Spuren suchen und …«

»… wieder bei deiner Lieblingsbeschäftigung verweilen und in Warteschleifen herumhängen …«

»… bis einer einen Fehler macht. Spektakulär ist das nicht, stimmt. Aber du wirst sehen, es ist effizient.«

Nino Zoppa deutete auf seine Zeitung. »Wir müssen uns beeilen. Sobald der Permafrost in der warmen Luft auftaut, krachen die Berge in sich zusammen. Und dann finito Kavernen mit Schmuckschatullen.«

»Und wann soll das sein?«

Er zuckte die Schultern. »Der Journalist hat vergessen, den Termin hinzuschreiben.«

Er legte seine Stirn in Falten. »Nore, ich habe bis heute nie daran gedacht, dass unsere Berge und die ganze Natur ein Verfallsdatum haben.«

»Verfallsdatum?« Sie schaute ihn belustigt an. »Nein, so habe ich mir die Sache auch noch nie vorgestellt.

Aber diese Woche passiert das vermutlich noch nicht.« Nino Zoppa schaute sie zweifelnd an. »Und woher willst du das wissen?«

»Ich sagte ›vermutlich‹.«

Nino seufzte. »Und? Wie war's in Basel?«

»Elvira Merian sitzt als hellwache und würdige Nachfolgerin auf dem Anwaltsthron ihres Bruders. Im Entree wacht seine Büste aus Gusseisen über sie, die Kanzlei und die ganze Welt.«

Nino machte große Augen. »Nachfolgerin? Schon? Warum trauern die Frauen heutzutage nicht mehr so wie früher? Die Witwe des Hoteldirektors trauert nicht. Ganz im Gegenteil. Elvira Merian auch nicht. Die reinen Monster. Man könnte meinen, die beginnen erst zu leben, wenn ihre Männer …«

»Ja, vielleicht solltest du dich mal ein bisschen mit solchen Dingen beschäftigen«, unterbrach sie ihn.

»Mona liebt mich«, sagte er vorwurfsvoll.

»Sicher«, entgegnete sie ungerührt und setzte sich auf seinen Schreibtisch.

»Elvira Merian hat einen Auftrag für uns. Sie schickt uns nach Amsterdam. Plodowski macht dort eine Ausstellung.«

»Plodowski? In Amsterdam?«

Sie nickte. »Er sei dort mit seiner letzten Ausstellung beschäftigt. Schon wieder die letzte. Der Mann scheint spezialisiert zu sein auf letzte Ausstellungen. Im Augenblick ist er der wichtigste Mann für uns.«

»Weil er uns helfen kann?«

»Ja.«

»Also telefonieren wir ihm einfach, oder? Nichts leichter als das.«

»Telefonieren? Nein, wir gehen zu ihm! Ich vermute, dass er sich nicht freuen wird über unseren Besuch. Vielleicht täusche ich mich. Aber egal. Wir haben einen Auftrag. Wir müssen ihn treffen.«

»Ihn treffen? Im Zeitalter des Mails! Wir können sogar versuchen, mit ihm zu skypen!«

Nore Brand schüttelte den Kopf.

»Nino, hör jetzt mal genau zu. Dieser Professor Plodowski erhält regelmäßig hohe Geldbeträge aus dem Erbe von Klara Ehrsam. Er hatte immer Kontakt mit Anwalt Merian. Jetzt ist seine Schwester dran und sie hat diesem Mann seit jeher misstraut. Sie will, dass wir ihm auf den Zahn fühlen.«

»Und du lässt dich von einer selbst ernannten Anwältin nach Amsterdam schicken? Einfach so? Mit nichts als einem Verdacht in der Tasche?«

»Selbst ernannt? Ganz und gar nicht selbst ernannt. Sie hat alle notwendigen Diplome. Sie ist die natürliche Nachfolgerin ihres Bruders. Abgesehen davon, macht sie mir nicht den Eindruck, eine Fantastin zu sein.«

Nore Brand hielt einen Moment inne und schaute auf Nino Zoppa hinunter, der grübelnd über der Tastatur seines Computers hing.

»Als mir Merian damals, das war ziemlich genau vor einem Jahr, mitteilte, dass Klara hinter dieser Sache stand, hätte ich weiterdenken müssen. Klara hatte einen Plan, einen tollen Plan, aber sie hatte nicht mehr die geringste Kontrolle darüber.«

Sie dachte eine Weile nach.

»Wie hätte sie auch wissen sollen, was los ist? Für sie war die Sache eingefädelt und sie hatte Vertrauen in ihren Freund Plodowski. Und trotzdem, erinnerst du dich, dass sie erneut nach St. Petersburg wollte? Sie wollte diesen Plodowski nochmals sehen. Vielleicht hatte sie einen bestimmten Grund. Vielleicht war sie ihrer Sache plötzlich doch nicht mehr ganz so sicher.«

Sie hob den Blick und schaute aus dem Fenster. Es war schmierig. Man sparte jetzt auch bei der Raumreinigung.

»Aber das werden wir nie erfahren. Einfach, um mit einem alten Freund einen heißen Tee zu trinken am Newski-Prospekt, fliegt keine Frau in ihrem Alter so weit.«

Nino Zoppa schaute sie von unten herauf an.

»Bei genau dieser alten Dame können wir sowieso nie sicher sein.«

Nore Brand packte ihn bei der Schulter.

»Ja, Nino, und darum reisen wir beide heute nach Amsterdam. Plodowski kannte sie gut. Er wird uns in irgendeiner Form weiterhelfen. Deshalb ist dieses Treffen notwendig. Also, was hältst du von einer Dienstreise?«

Nino Zoppa schaute stumm auf die Tastatur.

Wie war es möglich, dass Nino keine Lust hatte auf eine Reise?

»Nino, Elvira schickt uns. Außerdem haben wir keine Wahl.«

Nino Zoppa hob seinen Kopf. »Nore, du hast noch zwei Tage frei. Morgen und übermorgen. Willst du deine ganzen Ferien hergeben für diese Sache? Du wolltest jeden Tag ins Oktogon. Jeden Tag genießen, im Wasserdampf, mit Massagen und gutem Essen. Du hast es schließlich auch verdient. Vergiss deine Überstunden nicht!«

Sie schaute ihm ungläubig in die Augen. »Hast du wirklich keine Lust auf Amsterdam?«

»Schon, aber Reisen ist verdammt anstrengend.«

Er biss sich auf die Lippen.

Nore Brand begriff die Welt nicht mehr. Dieser junge Kerl fand Reisen zu anstrengend!

»Nino, wir haben keine Wahl. Das ist unsere Arbeit.«

»Okay«, sagte er plötzlich aufseufzend, »ein bisschen frische Luft kann vielleicht nicht schaden.«

»Ja, Höhenluft am besten. Buch uns einen Flug. Einen Abendflug. Wir fliegen heute.« Sie warf einen Blick auf ihre Uhr. »Es reicht noch.«

»Fliegen? Du willst fliegen?« Nino zuckte hoch.

»Ja, natürlich!«

»Muss das sein?«

»Vielleicht können wir diesen Professor noch heute Abend sprechen. Und morgen sind wir für den ersten Kaffee wieder hier.«

»Nore, das ist ökologischer Unsinn! Ich fliege nicht!«

Sie starrte ihn entgeistert an.

»Nino, was ist los? Gestern habe ich dich vor einem Flugzeug auf Knien gesehen und heute predigst du Ökologie!«

Er biss sich auf die Lippen und schaute zu ihr hoch. Mit einem flehenden Blick. »Ich finde Flugzeuge toll, ehrlich, aber wir haben eine Umwelt, die beschützt werden muss. Und wir fliegen für eine äußerst fragwürdige Angelegenheit nach Amsterdam, ohne zu wissen, ob wir dort irgendetwas erfahren. Ob dieser Professor uns weiterhelfen kann, steht in den Sternen, oder?«

Er hatte sich vom Stuhl erhoben und gestikulierte aufgeregt.

»Eine Anwältin findet, wir sollten in Amsterdam herumhorchen, und wir haben natürlich nichts Besseres zu tun, als rasch mal einen Flug dorthin zu buchen? Für diesen Spaß helfen wir so ganz nebenbei, die Luft zu verpesten und die ganze Atmosphäre! Denk doch mal an die Klima-Erwärmung! Der Permafrost, der sich auflöst! Und wir sind schuld daran!« Er packte seine kleine Zeitung und wedelte damit vor ihrem Gesicht herum. Er hatte sich in Rage geredet.

Ninos Wangen waren rot vor Zorn. »Nore, das geht nicht! Auch du hast doch ein Umweltbewusstsein, oder habe ich mich etwa getäuscht in dir?« Seine Augen leuchteten in missionarischem Eifer.

Nore Brand starrte ihn verblüfft an.

»Also wenn deine Miniatur-Zeitung dich …, also Nino, so kenne ich dich ja gar nicht. Aber weißt du was? Das Flugzeug fliegt sowieso. Besser die Maschine auslasten, als mit leeren Sitzen fliegen lassen.«

»Das ist das hirnrissigste Argument, das ich je gehört habe. Mit mir nicht!«

Nino schmiss sich auf seinen Sessel, verschränkte die Arme und kniff seine Augen zu.

Nore Brand atmete langsam aus.

»Okay, das mit dem Auslasten ist ein schlechtes Argument. Aber wir müssen unsere Arbeit machen. Daran können wir nichts ändern. Und heute führt sie uns zur Abwechslung mal in eine Weltstadt. Ich habe gedacht, dass …«

»… für mich ist Bern groß genug. Ich pfeife auf Weltstädte.«

»Nino, ich war so sicher, dass du dich freuen würdest!«

Er schlug sich mit den Fäusten auf die Schenkel. Dann schaute er sie an. Aus seinen Augen leuchtete die pure Verzweiflung.

»Ich mich freuen? Nore, verstehst du denn gar nichts? Du hast ja ein Megabrett vor deinen Augen! Ich habe einen

Höllenschiss vor dem Fliegen!« Seine Stimme brach. »Ich kann das nicht. Ich kann das einfach nicht. Ich sterbe vor Angst in so einer Maschine. In jeder Minute sterbe ich mindestens zweitausendmal. Ich weiß das.«

Du lieber Himmel, das war es also.

Sie beugte sich vor.

»Zweitausendmal pro Minute? Sterben?« Sie unterdrückte ein Lachen. »Entschuldige, aber auch ein Wunderkind stirbt nur ein einziges Mal. Auch wenn du das für ausgeschlossen hältst.«

Er starrte mit rotem Gesicht auf den Bildschirm.

»Die meisten Menschen haben Angst vor dem Fliegen«, versuchte sie, ihn zu trösten. »Wir sind Bodenwesen.«

Er warf ihr einen gepeinigten Blick zu.

»Aber man kann ein bisschen daran arbeiten. Ich weiß, wie das ist mit den Ängsten.«

»Du?«

»Ja. Ich hasse Mäuse.« Sie lachte. »Ich war klatschnass vor Angst in der Kaverne.«

Er begann zu grinsen.

»Vor Mäusen? Angst vor Mäusen?«

»Nicht Angst. Panik!«

»Aber die sind ja so klein! Und da hilft dir dein asiatischer Kampfsport nicht?«

»Für so kleine Feinde braucht es andere Waffen.«

»Und? Hast du die passende Waffe gefunden?«

»Nein, leider nicht. Aber ich kann mich doch nicht einfach aufs Sterbebett legen, nur weil die Welt voller Mäuse ist!«

Sie verpasste ihm einen Nasenstüber und richtete sich wieder auf.

»Autsch!«, schrie er und rieb sich die Nase. »Ich fliege trotzdem nicht.«

»Wenn du felsenfest davon überzeugt bist, dass dieses Flugzeug abstürzen wird, nur weil ausgerechnet du drin bist, dann buchst du uns eben einen Platz im Zug, im CityNightLine.«

Nino Zoppa atmete aus und sein Gesicht begann zu leuchten. »Wir können heute mit dem Nachtzug hinfahren und ich suche jeden einzelnen Waggon nach Mäusen ab, wenn's sein muss, die ganze Nacht«, erklärte er, »und frühstücken mit dem Professor ist sicher auch nett, außerdem sind betagte Professoren am Morgen frischer für Auskünfte jeglicher Art, dann machen wir nach dem Frühstück eine Stadtrundfahrt und abends fahren wir wieder im Liegewagen zurück. Was meinst du? Das klingt doch genial!«

Er schaute sie fragend an.

»Ja, aber beeil dich. Ich brauche einen Schlafwagen. Ich will meine Ruhe haben. Und du versprichst mir hoch und heilig, dass keine Maus nach Amsterdam mitfährt.«

»Keine einzige!«

Er zog die Tastatur zu sich und hämmerte los.

»Das haben wir gleich! Noch was«, er hielt inne, »Nore, die Natur wird uns dankbar sein.«

Nore Brand schüttelte lächelnd den Kopf. »Vielleicht. Wer weiß das schon.«

»Ich weiß es«, sagte Nino mit fester Stimme. Seine Augen klebten am Bildschirm. »Ich melde mich, sobald ich alles erledigt habe.«

Eine Viertelstunde später saß Nore Brand im Büro von Bastian Bärfuss.

»Mach dir keine Sorgen«, sagte sie leichthin, auch wenn ihr alles andere als leicht zumute war.

Es war ein Trick. Oft gelang es ihr, sich selbst zu beruhigen, wenn sie diese unbegreifliche Zuversicht aus ihrer Stimme hörte.

Das Spiel half. Es konnte Kräfte wecken.

»Du solltest dem Chef vielleicht doch etwas …«

Sie schüttelte entschieden den Kopf. »Nein. Auf gar keinen Fall. Offiziell habe ich Ferien, und Nino baut ab sofort Überzeit ab.«

»Pass auf, Nore. Du weißt, der Chef beobachtet dich. Du riskierst sehr viel.«

»Er beobachtet mich, weil er vermutet, dass ich in einer Sache mehr weiß als er. Er vermutet richtig und er ahnt, dass er möglicherweise auf einen Riesenschwindel hereingefallen ist. Das muss ihm sehr peinlich sein. Ich kenne das Gefühl ja nur zu gut.« Sie sagte das mit leiser Stimme. Es gab nicht den geringsten Grund für ein Triumphgefühl.

Bastian Bärfuss nickte nachdenklich. »Das könnte dein Problem werden.«

»Ist es doch schon.«

Sie schwiegen.

Es war Bastian Bärfuss, der die Stille unterbrach.

»Ich hoffe, du erinnerst dich an deinen Schreck. Dass da plötzlich Geheimdienste im Spiel waren. Ich will dich nur an die Tatsache erinnern, dass diese Geschichte jetzt eine Nummer größer wird. Möglicherweise mehr als nur eine Nummer.«

Sie entsann sich genau. Doch der große Schreck war in dem Moment vergangen, als sie begriff, dass diese Geheimdienstler Hampelmänner waren. Geheimdienstler waren genaugenommen immer nur Hampelmänner, Spielpuppen. Sie konnten sehr gefährlich sein. Man musste nur die Drähte zu den Mächten, denen sie angehörten, durchschneiden, dann fielen sie leblos in sich zusammen. Doch wo war die passende Schere?

Sie erhob sich, ging zum Fenster und setzte sich auf den Radiator.

Sie stutzte. Dieser da war warm! Heiß sogar! Wie war es möglich, dass der Radiator in *ihrem* Büro kalt blieb? »Alte Heizungssysteme«, hatte der Hauswart gemeint. »Vielleicht sind Luftblasen drin. Die wärmen natürlich nicht. Versuchen Sie doch mal, die Luft rauszulassen. Das Schlüsselchen liegt in Ihrem Schreibtisch.«

Sie musste das mal ausprobieren. Zu viel Luft im System.

Vielleicht war das tatsächlich die Lösung.

Und vielleicht sogar die Lösung zu diesem Fall.

Bastian Bärfuss hatte sich zu ihr umgedreht.

»Aber viel wissen wir nicht, oder? Wer weiß, vielleicht ist es nichts als irgendeine Gaunerei«, versuchte er, sich zu beruhigen. »Im allerschlimmsten Fall ist es etwas Größeres. Und Unangenehmeres, ja. Möglicherweise hilft Plodowski dir weiter. Du sagst, Elvira misstraue ihm zutiefst.« Er lachte leise. »Ich vermute, dass sie jedem misstraut, dem sie gegen ihren Willen hohe Geldbeträge überweist.«

Nore Brand ging um den Tisch herum und setzte sich wieder hin.

»Ja, so ist es. Frau Ehrsam sorgt für ihre Freunde, auch nach ihrem Tod. Er erhält regelmäßig stattliche Summen.

Die genauen Zahlen hat sie nicht genannt. Aber dass es sie dermaßen ärgert, ist ein guter Hinweis auf die Höhe des Betrages.«

Er erhob sich, zupfte das Kuhfell auf seinem Sessel zurecht und setzte sich wieder hin.

Plötzlich zog er einen Zeitungsausschnitt aus der Schublade und legte ihn vor sich hin. »Ich habe da einen interessanten Artikel. Da bemüht sich ein Journalist sehr seriös, den Unterschied zwischen Raubkunst und Beutekunst herauszufinden. Im Zusammenhang mit dem Abkommen von Washington. Man erinnert sich offenbar wieder dran. Hast du das gelesen?«

»Ja. Ich habe zwar nicht viel Ahnung davon, aber meine Antennen habe ich alle ausgefahren. Weit über hunderttausend Kunstwerke sind verschollen. Von namenlosen Verbrechern entwendet.«

Bastian Bärfuss seufzte. »In was für einer Welt leben wir eigentlich.«

Ja, in was für einer Welt.

In Ninos Augen gehörte sogar sie, die Kommissarin Nore Brand, zumindest vorübergehend, zu diesen kriminellen Kreaturen.

»Die Gier nach schönen Dingen. Das kann ich nachvollziehen«, schmunzelte Bärfuss. »Aber ich hoffe doch, dass mein schlechtes Gewissen stärker wäre.« Er zog die Augenbrauen hoch. »Ganz sicher können wir nie sein, oder?«

Sie lächelte. »Jetzt hoffe ich sehr, dass dein Büro nicht verwanzt ist.«

»Und wenn! Den Laufpass würde ich verschmerzen. Er würde mir immerhin meine Freiheit zurückgeben.«

»Das muss ja nicht gerade morgen sein, oder?«

Bastian Bärfuss lächelte immer noch. »Nein. Im Moment halte ich hier die Stellung, bis ihr zwei wieder zurück seid.«

Sie wurde wieder ernst.

»Dass so wenige Personen wie möglich davon erfahren, ist das Wichtigste.«

Bastian Bärfuss nickte. »Klar. Und immer locker bleiben im Kopf, Nore. Du erinnerst dich, die Dinge fügen sich mit der Zeit wie von selbst ineinander. Ohne Kampf und Krampf.«

»Ja, Herr Philosoph, ich bemühe mich drum. In der Ruhe liegt die Kraft«, lächelte sie.

Sie erhob sich. »Ist er im Haus?«

»Er? Nein. Er ist seit zwei Tagen an einem internationalen Kongress in Locarno. In einem bombigen Hotel natürlich. Du wirst lachen. Es geht um die Qualitätssicherung der Polizeiarbeit.«

Sie schaute ihn ungläubig an. »Qualitätssicherung? Und nebenbei sorgt er dafür, dass ich meine Arbeit nicht richtig machen kann. Ist das ein Witz?«

»Nein, leider nicht. Er war Feuer und Flamme, bevor er ging. Man müsse endlich über Qualität reden, und zwar bevor die Welt vor die Hunde gehe. Er hat das mit diesen Worten gesagt.« Bärfuss schmunzelte. »Dafür werden Millionen ausgegeben, deshalb ist das eine wichtige Angelegenheit, verstehst du? Qualität sei eine Frage der Definition, hat er mir erklärt. Und für solche Definitionen reiche ein durchschnittlicher Menschenverstand leider nicht.«

»Das heißt, *er* definiert, was Arbeitsqualität ist.«

»Wer sonst. Er hat mir befohlen, dich in Handschellen zu ihm ins Büro zu schleppen, wenn du …«

»… wenn ich übermütig werde und versuche, meine Arbeit zu machen«, unterbrach sie ihn. »Nein, wenn ich versuche, die Qualität meiner Arbeit mit tatsächlicher Arbeit zu sichern.«

Er lachte widerwillig. »Qualitätssicherung, ein unglaubliches Wort! Ich weiß nicht, was ich davon halten soll. Aber sie müssen halt über etwas reden, diese Kerle, oder? Mit netter Sicht auf den Lago Maggiore und qualitativ hochstehendem Essen sollte das angenehm sein. Da lässt sich bestimmt sehr leicht über Qualitätsarbeit plaudern. Morgen ist es wieder etwas anderes. Aber sie könnten ja etwas viel Dümmeres tun, nicht wahr?«

»Stimmt. Falls es nötig wird, kannst du ihn daran erinnern, dass ich Ferien habe«, sagte sie. »Ich habe immer noch ein bisschen Hoffnung, dass es sich in diesem Fall um eine Art Ferienjob handelt.«

»Das glaubst du ja selber nicht«, widersprach er. »Letztes Jahr hättest du diese Sache nicht abschließen können.« Er schaute sie einen Augenblick schweigend an. »Auch wenn du geredet hättest. Die Zeit war nicht reif dazu. Die beiden Morde waren nicht zu verhindern, von niemandem. Es gibt Mörder, die glauben, Gott spielen zu können. Auf der anderen Seite gilt das für uns genauso wenig. Die allermeisten Morde sind nicht zu verhindern. Wir können nicht Gott spielen. Das ist blanker Unsinn! Wir müssten verzweifeln daran. Unser Ziel ist immer nur ein bisschen mehr Gerechtigkeit.« Er verstummte.

»Entschuldige«, fuhr er dann mit leiser Stimme fort, »ich denke laut. Aber man muss immer wieder ganz verdammt bescheiden werden. Ich wünsche euch gutes Gelingen in Amsterdam.«

Als Nore Brand das Büro von Bastian Bärfuss verließ, hallten seine Sätze in ihr nach.

Man muss immer wieder ganz verdammt bescheiden werden. Ganz verdammt bescheiden werden.

Und man musste sich klein und unsichtbar machen, versuchen, die Zeichen zu lesen, Spuren aufzunehmen, und irgendwann war man zum richtigen Zeitpunkt am richtigen Ort. Dann musste man Ruhe bewahren, nichts überstürzen. Warten, bis der andere einen Fehler machte.

Wer viel zu verlieren hatte, machte eher früher als später einen Fehler. Und wer wenig zu verlieren hatte, konnte sich ruhig Zeit lassen damit.

AB NACH AMSTERDAM

Kurz vor neun eilte Nore Brand durch den Berner Hauptbahnhof Richtung Gleis 7.

Nino Zoppa streckte ihr einen Becher mit Kaffee entgegen.

»Einen doppelten Espresso. Zweimal Zucker und zweimal Rahm. Alles drin und gut verrührt.«

Das war der Dank dafür, dass sie sich hatte überreden lassen, mit dem Zug zu fahren. Es konnte nur das sein und Nino wusste nichts davon. Er hätte sie sonst nicht so unbeschwert angegrinst.

Er stand ohne Tasche da. Er hatte sein Reisegepäck auf die unzähligen Taschen seiner weiten Jacke verteilt.

Eine Stunde später trafen sie in Basel ein.

»Wetten, dass heute Nacht keine reiselustigen Mäuse mitfahren«, witzelte er, »es ist keine Reisezeit für kleine, graue Vierbeiner. In dieser Kälte!«

Mit der hochgeschlagenen Kapuze sah er aus wie ein brauner Mönch.

Es war ruhig auf dem Perron. Keine Reisezeit, keine Reisenacht, vor allem nicht nach Norden.

Endlich fuhr der Zug ein. Der Schaffner des CityNightLine, ein rundlicher Dreißiger, hatte gute Manieren, er begrüßte sie, als hätte er den ganzen Tag nur auf diesen Augenblick gewartet.

Es hatte sich nichts geändert. Die Waggons waren neu, aber die Atmosphäre im Schlafabteil war schon muffig.

Trotz der Desinfektionsmittel. »Ich schlafe überall wie ein Stein«, behauptete Nino und verzog sich. Er hatte sich einen Platz im Liegewagen reservieren lassen.

»Morgen früh um neun sind wir in Amsterdam«, informierte der Schaffner. »Vielleicht gibt's ein bisschen Verspätung. Eine größere Baustelle kurz vor Amsterdam.« Er zuckte mit den Schultern. »Überall das Gleiche, oder? Darf ich Ihren Pass und die Fahrkarte haben? Danke schön. Wann wollen Sie denn geweckt werden?«

»Je nach Verspätung. Eine Viertelstunde vor Ankunft.«

Er lächelte diensteifrig. »Wird gemacht.«

Dann wünschte er ihr eine gute Nacht und ging weiter zum nächsten Abteil, von wo gleich darauf dieselben Fragen und Anweisungen zu hören waren. Mit der genau gleichen Freundlichkeit.

Nore Brand schob ihre Tasche zum Fenster hin.

Auf dem Bett lag ein Zugbegleiter mit den Angaben der Zwischenhalte: Freiburg im Breisgau, Karlsruhe, Koblenz, Bonn, Köln, Düsseldorf, Duisburg, Oberhausen, Emmerich, Arnheim, Utrecht, Amsterdam. In Karlsruhe fuhr der Zug um 00.18 ab und die Ankunftszeit in Koblenz war 04.46. Fast viereinhalb Stunden.

Irgendwo unterwegs würde der Zug gemütlich vor sich her bummeln. Oder stehen bleiben, damit die Passagiere in Ruhe schlafen konnten.

Nore Brand legte den Faltprospekt zurück auf das Tischchen. Sie setzte sich hin und wartete darauf, dass der Zug anfuhr. Mit einem kleinen Ruck und dann langsam und stetig beschleunigend. Das war der Augenblick, in dem sie sich zurücklehnen und sich entspannen konnte.

Das liebte sie. Den leisen Schwindel im Kopf, das ferne Rattern im Ohr und gar nichts tun oder denken müssen.

Eine unverständliche Durchsage aus der Ferne und dann, um genau sieben nach zehn, setzte sich der Zug mit einem leisen Ruck in Bewegung.

Bevor Nore Brand die Tür ihres Abteils schloss, warf sie einen Blick hinaus.

Zwei ältere Damen schoben sich und ihr Gepäck durch den Korridor, blieben stecken, verloren das Gleichgewicht, kicherten, schoben sich und ihre Rollkoffer wieder an, auf der Suche nach ihrer Bleibe für die Nacht.

Nore Brand setzte sich auf das Bett und schaute hinaus.

Badischer Bahnhof.

Jetzt bin ich in Europa, dachte sie. Sie musste lachen.

Das Tor zum nördlichen Teil von Europa war ein menschenleerer kleiner Bahnhof.

Den Norden kannte sie nicht. Den musste man auch nicht unbedingt kennen, fand sie. Sie war ein Kind des Südens und das wollte sie bleiben. Sie wusste von dieser Sehnsucht erst seit dem Tod ihrer Mutter. Solange ihre Mutter gelebt hatte, wusste sie nichts davon. Eines Tages stellte sie bei sich eine Reihe von Veränderungen fest, denen sie keinen Namen geben konnte. Darunter diese Gewissheit, dass ihr Leben sich schlagartig verändert hatte, als ihre Mutter weg war.

Dieser unerwartete Schmerz, dass sie ihr nie mehr Fragen stellen konnte, Fragen, die nur die Mutter beantworten konnte. Nie mehr. Das war unvorstellbar. Aber sie musste sich damit abfinden.

Eines Tages stellte sie verwirrt fest, dass sie mit ihrer

Mutter innere Gespräche führte. Sie hörte ihre Stimme, ihr Lachen. Aber was waren ihre Worte? Sie erfand Antworten, die ihre Mutter hätte geben können.

Hätte geben können. Nie hatte sie Gewissheit. Welche Antworten hätte sie wirklich gegeben, welche hätte sie verschwiegen. Wie oft hatte sie selbst die erste Antwort ausgelassen, geprüft und eine übernächste gewählt.

Nein, ihre Mutter hatte immer die erste Antwort gegeben und das war nicht immer gut gewesen.

Der Zug glitt in rasender Geschwindigkeit über die Schienen. Das Licht eines kleinen Bahnhofs blitzte auf wie ein Spuk in der Nacht.

Das Nachdenken über die Geschwindigkeit verursachte ein taumeliges Gefühl in ihrem Kopf. Nicht das leiseste Rattern war zu hören. Sie flogen dahin. Ohne den geringsten Widerstand, die moderne Technik hatte alle Fesseln gelöst.

Auf einen Schlag packte sie die Angst vor dieser Entfesselung.

Widerstand bot Halt, aber hier gab es keinen Widerstand, hier durfte es ihn nicht geben.

Wie dünn die Haut wurde bei diesen unmenschlichen Geschwindigkeiten.

Plötzlich begriff sie Ninos Angst vor dem Fliegen. Es war dieses absurde Gefühl des Ausgeliefertseins. Ihre Haut war dünner geworden. Vielleicht war sie immer dünn gewesen. Und sie war erst jetzt so weit, dies zu fühlen.

Jetzt ist's aber gut, hör auf zu grübeln, schalt sie sich. Das bringt nichts. Konzentriere dich auf deinen Fall, Nore.

Sie lehnte sich zurück und schloss die Augen. Sie versuchte zu schlafen, doch vergeblich.

Sie suchte nach dem Stadtführer, den sie in letzter Minute in der Buchhandlung erstanden hatte, und begann zu blättern. Ihr Blick blieb an ein paar Worten hängen. Eine Stadt auf Pfählen, hieß es da. Wie Venedig. Sie las weiter.

Als der Zug in Freiburg im Breisgau anhielt, holte sie ihr Handy aus dem Koffer. Es war Zeit für den elektronischen Gutenachtkuss. Sie tippte ihn ein und schickte ihn an die einzige Nummer, die im Adressbuch gespeichert war.

»Für deine Arbeit kannst du dich weigern«, hatte Jacques gemeint, »das ist deine Sache. Aber was uns beide angeht, so will ich dich erreichen können. Voilà.«

Sie schaute hinaus. Sah zuerst nur ihr Spiegelbild. Wie sie dasaß, das Handy im Schoß. Das Gesicht ungesund bleich vom bläulichen Deckenlicht. Sie war nie bleich gewesen. Sie hatte den kräftigen Teint ihrer Mutter, aber das Fenster spiegelte ein Gespenst. Das konnte nur an diesem kalten Licht liegen.

Nore Brand wandte sich von ihrem Spiegelbild ab. Sie war daran, den Teil einer Geschichte zu beleuchten, den sie lieber im Dunkeln gelassen hätte. Die Ereignisse hatten es so gerichtet, man hatte sie wieder geholt, um ihre Arbeit anständig abzuschließen. Dass ihre Ferientage dabei draufgingen, kümmerte niemanden. Es fühlte sich in der Tat wie eine Strafaufgabe an. Wie eine verdiente Strafaufgabe.

Ihre Gedanken gingen zurück in den Katharinenpalast nach Zarskoje Selo bei St. Petersburg. Dort hatte sie versucht, sich an der Schönheit des nachgebauten Bernsteinzimmers zu berauschen. Wie die anderen Touristen, die, atemlos miteinander flüsternd, auf Details zeigten und kleine Schreie der Begeisterung ausstießen.

Doch vergeblich.

Diesem Kunstwerk ausgeliefert zu sein, ging über ihre Kräfte.

Als Kind hatte sie einmal zu viel Marzipan gegessen. Vorher hatte sie Marzipan geliebt, dann war es vorbei gewesen damit.

In diesem Bernsteinzimmer erinnerte sie sich an ihr Marzipan-Trauma, ihr wurde im Kopf übel vom überwältigenden Ausmaß dieser Schönheit. Sie zwang sich, die Pracht in kleinen Portionen zu betrachten. Wie sie es auch anstellte, es war immer alles zugleich da und stürzte mit seinem ganzen schweren Glanz auf sie ein. Es gab keine Möglichkeit, sich zu entziehen. Sie musste fliehen, um sich zu retten.

Draußen, in der eisigen und nassen Kälte, kamen die Zweifel, die Ahnung, dass sie einen Fehler gemacht hatte. Sie war nicht drangeblieben, hatte sich aus der Geschichte zurückgezogen, hatte der toten Klara Ehrsam ihren Erfolg gegönnt. Hatte die ersten schüchternen Zweifel im Keim erstickt. Weil sie ihren Wünschen über den Lauf der Dinge nicht entsprachen.

Aber jetzt: War es nicht ein irrwitziger Plan? Musste man nicht von Sinnen sein, wenn man sich solchen Ideen verschrieb?

Es musste diese verstörende Schönheit sein, die den Menschen um Sinne und Verstand bringen konnte. Vielleicht war es wirklich so, dass der Verstand der roten Klara vor der Schönheit von Kunstgegenständen kapituliert hatte.

Hatte sie auf diese Weise ihren Verstand und ihr gesundes Misstrauen verloren?

Nore Brand begriff auf einmal, warum ihr das Bild des Trojanischen Pferdes im Traum begegnet war. Das Trojanische Pferd barg den Feind in sich.

Zuerst lachte sie über sich und über ihre kleine Paranoia.

Es gab diesen ganz alltäglichen Verfolgungswahn. Er würde verschwinden, so wie er gekommen war. Dieser Begleiter von nervenzerrender Arbeit. Man vergaß ihn in besseren Zeiten und fürchtete ihn kaum, wenn er sich meldete. Er würde sich wieder in Luft auflösen.

Doch hier war es anders: Das Trojanische Pferd war nicht das Kostüm ihrer Paranoia gewesen. Es war ein Bild einer Wahrheit, die sie zu lange verdrängt hatte.

War Klara Ehrsam einem Riesenschwindel aufgesessen?

Hatte sie es in ihren letzten Tagen geahnt?

Das wäre die Antwort auf die Frage, warum sie damals unbedingt noch zu Plodowski nach St. Petersburg gewollt hatte.

Es war plausibel. Sie hatte ihn noch einmal besuchen wollen. Um einen Verdacht loszuwerden. Um nach dem Rechten zu schauen.

Oder doch bloß, um einen alten Freund und ehemals Geliebten ein letztes Mal zu sehen?

Nore Brand stand auf und ging ein paar kleine Schritte hin und her, wie ein unruhiges Tier im Käfig, um mit ihrer inneren Nervosität fertig zu werden. Sie suchte nach den Zigaretten. Sie öffnete die Tür, trat auf den Korridor hinaus, schloss sie hinter sich. Sie war allein. Der Zug fuhr rasend schnell und doch gleichmütig dahin. Sie sah nichts, nur ihr Spiegelbild.

Der Rauch beruhigte sie.

Das Geheimnis der roten Klara hätte sie nie und nimmer wahren dürfen. Es hätte sie aufschrecken sollen und antreiben, weiter nachzufragen.

»Manchmal hörst du Flöhe husten, Nore«, hatte Bärfuss ihr mehrmals gesagt. »Pass auf. In jedem von uns lauert die Paranoia. Weil wir uns gefährlichen Situationen aussetzen müssen. Es geht ja gar nicht anders, aber wir haben den Beruf gewählt und müssen deshalb immer wieder versuchen, die Füße auf den Boden zu bekommen.«

Zu Hause dann holte der Alltag sie wieder ein, damals. Nicht nur! Der Frühling kam. Wie war es möglich, dass sie vergessen hatte, was Verliebtheit mit dem Menschen machte. Sie war für Monate außer sich. Der Abwesenheitsassistent ihres inneren Laptops meldete ›außer Haus‹. Abwesend. Nur präsent in einem Universum von beunruhigenden Gefühlen, die sie als Spielball benutzten. Sie ließ es zu. Von ihr aus sprach nichts dagegen. Nichts sprach gegen Jacques.

Aber sie war auch im höchsten Grad unzurechnungsfähig.

Liebe? Sie misstraute diesem Wort. Es kam daher wie ein etwas zu stark duftendes Frauenzimmer. Frauenzimmer? Ja, Frauenzimmer, das passte. Es zwitscherte und flötete unablässig. Es nervte. ›Liebe‹ war ein Wort ohne Reibung, ohne Bodenhaftung, ohne die geringste akustische Erschütterung. Vielleicht trug es etwas wie Sehnsucht hinter der Maskerade. Wenn man sich von diesem zwitschernden Auftritt nicht allzu sehr ablenken ließ, war die Sehnsucht zu spüren.

›Love‹ war schlimmer. Love hatte gar keine Eigenschaft. Man brauchte nur die Unterlippe zu bewegen und das Wort war weg, entwischt. Ein fades, farbloses Wort ohne Geruch.

Und Amore?

›Amore‹ klang besitzergreifend. Das Wort schwappte über seine Ränder hinaus. Die Vokale machten sich lustvoll breit, sie breiteten ihre Arme aus und wussten nie, wann genug ist. ›Amour‹ roch nach leichtem, warmem, süßem Teig und nach genüsslichem Verzehren.

Das französische ›Amour‹ verspottete das dramatische ›Amore‹, das früher oder später sehr schwer im Magen lag.

»Also?«, sagte Jacques, »jetzt siehst du selber. ›Amour‹ hat die richtigen Vokale und klingt immer richtig. Es hat eine kulinarische Qualität. Hör mal!« Dann zelebrierte er das Wort und schmatzte dabei, als ob er eine Köstlichkeit verspeiste. Sie war fassungslos, wie er sich selbst fasziniert zuhörte bei seinen lexikalischen Exkursen, atemlos und bewundernd. Und er verteidigte sich sofort. »Es geht nicht um mich! Es ist die Sprache! Die Franzosen hätten nie eine andere Sprache für sich erfinden können. Die Silben unserer Sprache sind Delikatessen. Wir artikulieren sozusagen Delikatessen.« Dazu lachte er schelmisch.

Er spielte den Franzosen, der selbstverliebt über Liebe sprach.

Nino hielt Jacques für einen Schnurri-Siech*. Er mochte ihn nicht.

Aber was war das für ein Frühling! Man hätte ihr den

* Schweizerdeutsch für Großmaul

Ausweis entziehen können. Sie hätte auch das auf die leichte Schulter genommen. Bastian Bärfuss spottete und Nino Zoppa machte pausenlos Witzchen.

Etwas in ihr hatte sich vorübergehend ziemlich verrückt. Es hatte sich angefühlt wie die reine Befreiung.

An der Arbeit tat sie, was getan werden musste. Tat dies alles möglicherweise ganz ordentlich. Oder sogar gut. Es musste doch reichen, die Dinge gut zu machen, hatte sie sich während dieser kurzen Anflüge von Vernunft zugeredet.

Nur in diesem Fall hier würde das nicht mehr genügen. Es war höchste Zeit, auch die letzte Antenne auszufahren.

In Gedanken schrieb sie das Wort ›Ferien‹ in ihr Notizbuch und strich es durch. Mit einem dicken, schwarzen Strich.

Zur Belohnung gab's eine zweite Zigarette. Mit dem Rauch verhüllte sie ihr Spiegelbild.

Bastian Bärfuss gab ihr Schützenhilfe. Er hatte versprochen zu schweigen.

Sie hatte ihm Unrecht getan. Bastian Bärfuss war kein Feigling. Er tat die Dinge nur auf seine Weise; er war frei in seinem Kopf und das genügte ihm. Er war auch kein Held, weil es ihm schlicht nicht erstrebenswert schien. Vielleicht war es noch mal ganz anders, vielleicht existierten in seiner Welt weder Helden noch Feiglinge.

Sie schob die Gedanken an Bastian Bärfuss beiseite. Was wusste man schon von anderen Menschen.

Der Zug fuhr in einen Bahnhof ein.

Sie drückte die Zigarette aus, ging zurück in ihr Abteil und schloss die Tür hinter sich ab.

Sie zog sich aus und legte sich zwischen die Leintücher.

Mit einem leisen Ruck setzte sich der Zug wieder in Bewegung. ›Offenburg‹ stand auf dem Schild, das am Waggonfenster vorbeiglitt. Sie warf einen Blick auf die Uhr. Noch eine halbe Stunde bis Mitternacht.

Es war zu warm für einen tiefen Schlaf.

Sie schob die Wolldecke ans Ende des Bettes. Später, wenn sie kurz erwachen würde, vom Schlaf gekühlt, würde sie die Füße darunter schieben.

Sie horchte hinaus.

Wie der Zug durch die Nacht flog.

Es regnete in Deutschland. Der Regen prasselte auf das Dach und klatschte an die Fenster. Der Fahrtwind riss die großen Regentropfen auseinander, sie verzogen sich zu zitternden Strichen, die sich über die ganze Fensterscheibe ausdehnten.

Das reinste Regentropfenmassaker.

Sie machte das Licht aus.

Der Zug legte sich in eine Kurve. Gelächter ertönte im Korridor, jemand schlug gegen ihre Tür. Ein wandelnder Passagier musste sein Gleichgewicht verloren haben.

Nore Brand ließ sich in den Schlaf wiegen. Die Kurven drückten sie sanft von einer Seite zur andern, vom Kopfende zum Fußende.

Sie schlief ein.

Und erwachte irgendwann, weil es viel zu ruhig war.

Der Zug stand in einem Bahnhof. Sie brauchte nicht hinauszuschauen. Sie erkannte die eiskalte nächtliche Bahnhofsbeleuchtung.

Eine Frauenstimme ertönte aus einem Lautsprecher.

Diese künstlichen Stimmen, hohl, körperlos, ohne Seele, nur ein Mund, der sich bewegte, für Informationen für unsichtbare Zugreisende.

Sie sah die singende Puppe der Muppet-Show vor sich. Nur ihr Mund ging auf und zu. Haare wie ein Mop. Und kein Gesicht. Nore Brand versuchte, sich an den Namen dieser Puppe zu erinnern. Kermit, Fozzy, Piggy, Statler und Waldorf, die beiden Griesgrame vom Balkon, Gonzo und Camilla, sein Lieblingshuhn. Nur die singende Puppe blieb ohne Namen in ihrem Gedächtnis. Nino musste mal surfen für sie. Sie konnte sich nicht einmal an die Stimme dieses singenden Mops erinnern.

Ein Ruck ging durch den Zug.

Drinnen summte die Klimaanlage.

Ihre Augen waren trocken und gereizt.

Wie würde sie morgen aussehen? Sie würde diesem Plodowski so entgegentreten müssen.

Unfrisch. Mit roten Augen wie ein Albinokaninchen.

Auch wenn sie in diesem Bett ein paar Stunden schlief. Es war nicht der Schlaf, der notwendig war, damit man am folgenden Tag wachsam bleiben konnte.

Plodowski. Auch er gehörte zu den ehemaligen Geliebten der Klara Ehrsam. Welche Rolle spielte er in diesem Drama? Waren auch seine Tage gezählt?

Oder war er der geheimnisvolle Unbekannte? Der Bösewicht?

Sie schlief wieder ein.

Da riss sie ein Traum aus dem Schlaf.

Sie war durch den Korridor gegangen. Sie spürte, dass ihr jemand auf den Fersen war, jemand ging unangenehm dicht hinter ihr. Sie wollte sich umdrehen, aber es gelang ihr nicht. In diesem engen Korridor hatte sie nicht die geringste Möglichkeit, sich umzudrehen. Sie war gefangen, kam nur mühsam vorwärts. Sie schwitzte, hatte mit der Angst zu tun, wollte rascher gehen, doch die Beine waren schwer, versagten, und dann schreckte sie hoch!

Mühsam wickelte sie sich aus den Bettlaken. Sie hatte sich in ihrer Unruhe so eingerollt, dass sie sich kaum mehr bewegen konnte.

Sie tastete nach dem Licht und setzte sich aufrecht hin. Plötzlich begann sie, nach ihrer Hose zu suchen.

Der Edelstein war drin. Erleichtert ließ sie sich zurückfallen.

Im Korridor war es still.

Und wieder ging's los. Das regelmäßige Rattern des Zuges, die leise Vibration, hin und wieder ein leichtes Holpern.

Sie versuchte, wieder zur Ruhe zu kommen.

War noch jemand unterwegs zu Plodowski?

Wer nach Basel gereist war, um den Anwalt Merian zu töten, konnte nun auch unterwegs sein, so wie sie, zu Plodowski.

Sie erinnerte sich an Merians Worte. »Außer Ihnen, liebe Frau Brand, diesem Fossilienprofessor und mir weiß kein Mensch auf dieser Welt, was unsere Freundin Klara angerichtet hat.«

Jetzt war Merian tot. Einer von den drei Geheimnisträgern.

Warum war der Hoteldirektor tot?

Das schien nicht ins Puzzle zu passen.

Oder doch? Er war ein alter Freund von Klara Ehrsam.

Nore Brands Gedanken kehrten immer wieder zu Plodowski zurück. War er in Gefahr oder ging die Gefahr von ihm aus?

Als sie aufwachte, sah sie durch das Wagenfenster direkt auf eine blaue Tafel. Emmerich.

Sie mussten kurz vor der holländischen Grenze sein. Sie setzte sich auf, hob den Zugbegleiter vom Boden auf und warf einen Blick auf die Uhr. Viertel nach sieben.

Der Zug hatte keine Verspätung, und sie würde nicht mehr einschlafen. Ihr blieb genügend Zeit, sich zu entfalten und sich dann etwas herzurichten, bevor sie dieser unbekannten Stadt entgegentrat. Sie schlang die Decke um sich und schaute aus dem Fenster. Uniformierte Zollbeamte eilten vorbei.

Dann fuhr der Zug wieder an.

Der Schaffner klopfte energisch an die Tür des Abteils nebenan und rief etwas.

Draußen war es dunkel. Es regnete immer noch. Diese Masse von dunklen Wolken. Sie hingen schwarz und schwer über der flachen Landschaft. Der Zug rollte langsam dahin.

Eine Kreuzung, eine Barriere, ein Auto, Fahrräder. Eine wild bimmelnde Glocke. Achtung, hier komme ich, flüsterte der Zug und alles andere hielt an.

Diese vielen Fahrräder. Flatternde Mantelschöße.

Wie seltsam aufrecht diese Menschen auf ihren Fahrrädern saßen. Dabei schien ein heftiger Wind zu blasen. Das mussten sie gewohnt sein in dieser flachen Landschaft.

Weiden, Bauernhöfe, Baumalleen, Weiden, eine

Baumgruppe beschützte ein Bauernhaus. Fabriken. Das Ganze unter einem rabenschwarzen, riesigen Wolkenhimmel.

Endlich ein schmaler, blendend heller Streifen ganz tief am westlichen Horizont.

Doch, es würde auch hier Tag werden.

In einer trüben Vorstadt blieb der Zug längere Zeit stehen.

Sie hörte Stimmen und Geschiebe im Gang.

In Arnheim war es Morgen. Betrieb auf den Bahnsteigen.

Gelbblaue, doppelstöckige Züge. Menschen strömten heraus, Menschen drängten sich hinein. Behängt mit Taschen. In den Händen das Frühstück, den Becher in einer Hand, ein Brötchen in der andern. Immer trinkend, essend, telefonierend und eilend.

Da hämmerte es an ihre Tür.

Nore Brand schlüpfte rasch in ihren Pullover, dann öffnete sie vorsichtig.

Sie spähte durch den Spalt.

»Was ist denn mit dir los? So früh?«

»Morgen, Nore! Hier, Kaffee für dich!«

Verlegen streckte er ihr ein kleines Tablett entgegen. Ein Becher mit dampfendem Inhalt und ein verpacktes Irgendetwas.

»Das habe ich mir aus dem Abteil des Schaffners geschnappt. Da, nimm.«

Er sah völlig übernächtigt aus.

»Warte«, sagte sie, »ich bin gleich so weit.«

Als sie fertig war, öffnete sie die Tür.

Er stolperte herein und sank auf ihr Bett.

»Ich hasse Reisen! Ich wusste, dass es anstrengend wird!«

»Nimm du diesen Kaffee«, sagte sie großmütig.

Er verzog angewidert das Gesicht. »Dieses Zeug da?«

»Schlecht geschlafen?«

»Ich hatte Familienanschluss. Das Jüngste noch voll in den Windeln. In den vollen Windeln, sag ich dir! Die ganze Nacht Geschrei. Die Mutter, die Wiegenlieder singt, mit verklemmter Repeat-Taste. So ein Gewimmer! Immer das gleiche! Und katzfalsch dazu!«

»Aber du hast doch deine Privatsphäre hinter deinen Stöpseln.«

»Hast du eine Ahnung! Das reicht nie gegen solchen Lärm. Die Kleine schreie selten, erklärte die Mutter mir. Aber genau dann, wenn ich in ihrer Nähe schlafen möchte. Ich war drauf und dran, ihr klarzumachen, dass die Kleine gegen ihre grauenhaften Wiegenlieder protestiere. Und der Vater hat geschnarcht wie ein Walross. Der hat direkt nach Basel zwei Schlafpillen geschluckt. Das reiche locker bis nach Amsterdam, meinte der. So, wie der eben noch geschnarcht hat, sollte das noch für den Rest der Woche reichen.«

Er schaute Nore an. »Ich sage dir, es war die Hölle. Aber ich glaube, von diesen dreien war nur die brüllende Kleine völlig normal.«

Nino Zoppa hatte tiefe Ringe unter den Augen.

»Mona will heiraten. Und Kinder. Ich weiß nicht, ob das für mich gesund ist.«

»Singt Mona auch falsch?«

»Mona? Nein, was denkst du! Die singt in einem Chor!«

»Also? Dann sehe ich dein Problem nicht.«

Er war sprachlos und schaute aus dem Fenster.

»Hast du gesehen, wie flach das hier ist?«

»Wusstest du das nicht?«

»Da schaut man in die Weite und sieht rein gar nichts. Und über dem Nichts so viel Himmel. Schwarzer Himmel.«

»Am Tag wird's dann vermutlich ein bisschen heller.«

»Hoffentlich.« Er schaute immer noch hinaus.

»Topfeben ist das hier. Gibt's hier keine Hügel?«

Es blieb topfeben. Aber der Himmel wurde hell.

Es war so, wie Brel dieses Land besang.

Le plat pays. Das flache Land. Genau so. Sie hörte ihn singen. Es war hier so flach wie die Linie der Noten in der Partitur. Nicht einmal Kathedralen als einzige Berge. Keine einzige Kathedrale, die den verlorenen Blick auffing. Diese Weiden, Kanäle, Baumgruppen, Bauernhöfe, Städte, Fabriken, Weiden, Kanäle, Bäume. Darüber erstreckte sich der Himmel. Die Wolken hatten sich verzogen. Nun war oben und unten alles flach und weit und dazwischen breitete sich eine endlose Leere aus.

Nino Zoppa hatte den Kaffeebecher in seiner Hand vergessen. »Da schaut man in die Weite und sieht einfach nichts«, murmelte er fassungslos.

Irgendeinmal raffte er sich auf, um sich irgendwo ein bisschen frisch zu machen. Er kam sehr schlecht gelaunt zurück.

»Dass ich genauso rieche wie dieser Zug, das macht mich fertig. Das werde ich den ganzen Tag nicht mehr aus meiner Haut wegbringen.«

»Wie der Zug?«

»Ja, genauso muffig.«

»Warte nur, sobald wir draußen sind, ändert sich das schnell. Es sieht so aus, als ob es ziemlich windig wäre.«

Nino Zoppa schaute hinaus.

»Bei uns gibt es immer etwas zu sehen. Hügel, Felsen, Berge, Wälder. Schau mal, wie tief der Horizont ist. Der ist nicht höher als meine Zehennägel.«

Er dachte nach.

»Und so viel Himmel. Was hat man denn von so viel Himmel?«

Nore Brand hatte das eingepackte Irgendetwas ausgepackt. Es roch süßlich. Ähnlich wie der Zug. Sie biss hinein. Wer weiß. Doch so übel war es nicht.

»Wenn Jacques das wüsste …« Er wies auf das Knisterpapierchen.

»Er weiß es«, erwiderte sie kauend. Nein, so übel war das nicht. Aber der Kaffee verdiente seinen Namen nicht.

Nino schaute wieder aus dem Fenster. Die Leere über dieser Landschaft machte ihn minutenlang sprachlos.

»Amsterdam ist eine Millionenstadt, nicht wahr? Mit hohen Häusern und so.«

»Nicht Millionen. Nur fast eine Million.«

Er atmete auf. »Immerhin.«

»Hier, in diesem Stadtführer, steht, dass Amsterdam ähnlich gebaut wurde wie Venedig. Das ist doch etwas, oder?«

»Für dich vielleicht. Aber mir nützt das nichts. In Venedig war ich auch noch nie.« Er schob das Büchlein zur Seite. »Hast du noch etwas über den Fall nachgedacht?«

Sie nickte kauend. »Der Fall denkt mittlerweile ganz von selber in mir. Ich brauche gar nichts mehr tun.«

»Das ist ein gutes Zeichen. Und? Gibt's Neuigkeiten? Etwas, was ich wissen müsste?«

Nore Brand schüttelte den Kopf. »Nichts Neues. Immer das Gleiche, immer wieder von vorn. Ich vermute eine verklemmte Repeat-Taste in meinem Gehirn.«

»Das mit den verklemmten Repeat-Tasten muss am Zug liegen, dieses ewig gleiche Rattern, alles beginnt immer wieder von vorn«, sagte Nino.

Nore Brand hatte beschlossen, die Vermutung, dass außer ihnen beiden noch jemand zu Plodowski unterwegs war, für sich zu behalten.

BEGEGNUNG MIT PROFESSOR PLODOWSKI

»Baustellen, nichts als Baustellen. Das ist ja wie zu Hause«, stellte Nino Zoppa zufrieden fest, als sie aus dem Bahnhofsgebäude traten.

Über der hohen, grauen Bretterwand erhob sich eine wilde Wolkenlandschaft. Der Wind blies heftig und es war kalt. Schlechter Schlaf und Kälte war eine unangenehme Kombination. Die Wirkung würde sich im Laufe des Tages intensivieren.

Nach einigem Hin und Her fanden sie einen Durchgang zur Stadt.

»Komm«, rief Nore Brand, »wir machen ein paar Schritte, das tut gut nach dieser Nacht.«

Nino Zoppa hatte die Kapuze über den Kopf gezogen und trottete hinter ihr her.

Vor dem ersten Zebrastreifen wurden sie von einem heftigen Knattern aus ihren Gedanken gerissen.

Nino Zoppa hüpfte erschrocken zur Seite.

»Was ist denn das?«

Es tönte, als ob eine wild gewordene Schar von Spechten auf die Ampeln einhackte und hämmerte.

Nore Brand schaute sich um.

»Keine Angst. Das ist für Sehbehinderte. Damit sie wissen, wann sie die Straße überqueren können.«

Nino Zoppa setzte sich eben in Bewegung, als ein Fahrrad herangeschossen kam. Wie ein Schnellzug!

»He!«, schrie er dem Fahrer nach. »Spinnst du? Ich

bin doch nicht lebensmüde! Da versucht man einen ersten Schritt in diese Stadt zu tun und schon wird man zu Tode gefahren, und das von einem Fahrrad! Die haben hier etwas gegen Ausländer!«

Nore Brand schlug den Kragen ihrer Jacke hoch. »Wir müssen uns warm anziehen. Maria Volta hat doch eine prophetische Ader.«

»Wer ist Maria Volta?«

»Eine Schulfreundin. Sie weiß allerhand Sachen.«

»So? Was heißt da, allerhand Sachen?« Nino Zoppa schaute umher. »Du hast mir gesagt, dass wir in eine Millionenstadt kommen.«

»Fast eine Million, habe ich gesagt.«

»Ist doch egal. Jetzt sind wir da und ich sehe nichts. Nur rote Häuser und Kanäle.«

»Das ist doch etwas.«

»Ja, aber die Hochhäuser und die tollen Straßenschluchten, wo sind die?«

Nino Zoppa trottete bitter enttäuscht neben ihr her, den Damrak hinunter Richtung Stadtzentrum.

Beim erstbesten Restaurant blieb Nore Brand stehen.

»Komm, ein richtiger starker Kaffee hilft vielleicht.«

Nino Zoppa nickte erschöpft.

Sie ließen sich in zwei Korbstühle fallen.

Die Bedienung war sehr rasch zur Stelle.

Ganz in Weiß. Ein Minirock, bei dem man, je nach Bedürfnis, verzweifelt nach mehr Stoff Ausschau hielt oder das Textilfetzchen wegwünschte. Und ein Shirt, eng wie eine Wursthaut.

Nino Zoppa erstarrte. Seine Augen gingen unter in einer Flut von Hormonen.

Sie nannte sich zweifellos Bunny.

Nore Brand wandte ihren Blick ab.

»He«, strahlte Nino plötzlich, »das sieht jetzt doch langsam ein bisschen nach Millionenstadt aus!«

Er schob die Kapuze zurück. »Was sind unsere Pläne?«

»Wir besuchen Plodowski. Ich hoffe, dass er Zeit hat für uns.«

»Er wird so überrascht sein, dass er nicht anders kann.«

»Das werden wir sehen.«

Sie holte ihr Notizbuch hervor.

»Bist du wegen Elvira Merian so misstrauisch?«

Sie blätterte hin und her.

»Wir sind ab sofort wieder grundsätzlich misstrauisch, wem wir auch begegnen.«

Nino Zoppa pfiff durch die Zähne. »Also alles wieder ganz von vorn.«

Er schaute Bunny nach und grinste.

»So geil. So etwas habe ich bei uns noch nie gesehen, nicht so früh am Tag.«

»Ja, sehr nett«, sagte Nore Brand und kritzelte etwas in ihr Büchlein.

Nino Zoppa drehte sich irritiert zu ihr um. »Sehr nett?«

»Ja, das findest du doch auch.«

Er schüttelte den Kopf. »Du weißt wieder einmal gar nicht, wovon ich rede.«

»Doch, doch. Von Bunny.«

Nino Zoppa griff sich an den Kopf. »Wer ist Bunny?«

Nore Brand steckte das Notizbüchlein zurück.

»Bunny? Woher soll ich das wissen?«

Nino verdrehte die Augen.

»Meine Nacht war miserabel. Ich glaube aber, dass deine Nacht noch schlimmer war.«

»Vielleicht, ja, aber hör mal, da war jemand mit dem Direktor spazieren. Der Direktor überlebte den Spaziergang nicht. Derselbe fuhr dann nach Basel und vergiftete den Anwalt. Denk logisch weiter.«

»Also müsste der auch nach Amsterdam unterwegs sein, um den Professor aus dem Weg zu räumen.« Nino Zoppa drehte sich mit einem Ruck zu ihr. »Und wenn der schneller ist als wir? Und was, wenn der schon bei ihm war?«

»Das wäre Pech.«

Nore Brand schaute auf die Straße.

Inzwischen war Amsterdam erwacht. Ein Tram bremste quietschend vor einer Haltestelle.

»Vielleicht hat Plodowski selber etwas damit zu tun. Elvira Merian weiß immerhin schon länger von ihm. Aber falls sie einfach notorisch misstrauisch ist, dann …«

»… besteht die Gefahr, dass unser Herr Explodowski in Lebensgefahr schwebt.«

»Genau.«

Nore Brand legte ein paar Euro neben die Tasse und erhob sich.

»Komm. Wir verlieren hier besser nicht zu viel Zeit.«

Aber die Tasse Kaffee hatte sein müssen. Er war so heiß gewesen, dass sie sich die Zunge verbrüht hatte und hinterher nicht sagen konnte, ob er gut war oder nicht.

Eine Stunde später standen sie vor dem Museum Hermitage. Ein großzügiges, aber schlichtes und nüchternes Backsteingebäude. Ein ehemaliges Diakonissenhaus, meldete der Stadtführer, an bester Lage. Bis vor wenigen Jahren hatte es als Alters- und Pflegeheim gedient.

Das also war Amsterdams Newski-Prospekt. Nein, Amstel-Prospekt.

Sie betraten das Gebäude.

Von wegen Diakonissenhaus!

Da hatten sich zeitgenössische Architekten verwirklicht. Die Jünger von Glas-Granit-und-Chromstahl mit darüber hinweggleitenden kühlen Neon-Schriftzügen. Informationen zur Ausstellung, die nie zur Ruhe kamen.

Ihr Blick ging zum Innenhof. Makellos. Alte Kastanienbäume, die ihre Blätter und Früchte unordentlich in den leuchtend grünen Rasen geworfen hatten.

In ihrem hohen Alter durften sie das. Und sie hatten zweifellos ihren Spaß gehabt dabei. Ein herbstlicher Streich der ewigen Natur gegen die kühle Eleganz des 21. Jahrhunderts.

Ein Rahmen aus Eisen umfasste die Rasenfläche. Eine Grünfläche mit Eisenkorsett; das passte perfekt. Hier musste die Natur gebändigt werden.

»Nore, schau mal, diese Architektur. Einfach genial!«

»Sie hätten auch diese alten Bäume umsägen können. Dann wäre das Ganze doch noch ein bisschen ordentlicher.«

Nore Brand spürte, wie sich der barocke Teil ihres Innenlebens zur Wehr setzte. Und wenn es nur ihr Hang zum Chaotischen und Unordentlichen war. Das hier war Calvinismus in voller Blüte. Wobei: Calvinismus und volle Blüte gingen nur schlecht zusammen.

Der Calvinismus hatte hier seine moderne architektonische Entsprechung gefunden. Mit einer Verspätung von ein paar Hundert Jahren. Nur die unbändige herbstliche Blätterpracht der Kastanienbäume wollte nicht in dieses Bild passen.

»Also, du suchst den Professor und ich schaue mich ein bisschen um hier, oder?«

Sie nickte.

»Ich warte oben auf dich. Im Restaurant.«

Sie fühlte sich ausgehöhlt und erschöpft. Kein Wunder. Sie war mit zweihundertfünfzig Stundenkilometern durch Deutschland gesaust.

Und sie hatte sich am Morgen gewundert, dass sich ihre Haare nicht ordentlich herrichten ließen!

Sie trat in den gläsernen Lift. Auch auf der ersten Etage, im Café Restaurant Neva, keine Farbe, alles in Grau-Beige-Weiß. Ein Poster wies auf eine Ausstellung von Kunstschätzen der russisch-orthodoxen Kirche hin.

Nore Brand fragte nach dem Büro des Professors aus St. Petersburg. Eine der Frauen an der Bar zeigte ihr den Weg.

Sie ging durch sonnendurchflutete Gänge, über Treppen aus Chromstahl. Das Haus war übersichtlich, jeder Raum beschriftet. Sie fand ihn rasch. Sie klopfte.

Gleich darauf hörte sie eine männliche Stimme ein joviales ›Herein!‹ rufen.

Hatte er sie etwa erwartet?

Auch dieses Büro war in Grau-Beige-Weiß gehalten, nur der Teppich war irritierend lebendig. Tausende von weißen Textil-Engerlingen, hübsch sortiert und ausgerichtet, vor dem hellgrauen Hintergrund.

Er ging ihr entgegen. »Frau Brand? Kommissarin Brand?«, fragte er.

Sie nickte und streckte ihm die Hand entgegen.

Er lächelte erfreut. »Elvira hat mich benachrichtigt!«

Nore Brand versuchte, ihre Überraschung zu überspielen. Warum, zum Teufel, hatte Elvira Merian ihn informiert?

»Ja, ich habe von ihr erfahren, dass Sie in Amsterdam sind.«

Er machte ein betroffenes Gesicht. »Der arme Heinrich. Wurde er tatsächlich vergiftet?«

Plodowski sprach ein tadelloses Deutsch, aber das war nicht erstaunlich.

Nino Zoppa hatte ihr zwischen Bern und Basel von seinen Recherchen berichtet.

»Unser Herr Professor hat in Petersburg, Berlin und Oxford studiert und gearbeitet. Also kann er noch andere Sprachen als Kyrillisch.«

»Russisch«, hatte Nore Brand ihn korrigiert.

»Was jetzt? Du hast selber gesagt, es handle sich um kyrillische Buchstaben.«

»Russisch schreibt man mit kyrillischen Buchstaben.«

»Kyrillisch ist keine Sprache?«

»Nein.«

Er grübelte einen Moment. »Seine Sprechblasen wären also nicht ausschließlich in kyrillischen Zeichen abgefasst.«

»Liest du etwa Comics?«, fragte sie.

»Nicht dass du denkst, ich sei bei Tim und Struppi hängen geblieben. Es gibt noch anderes.«

»Das weiß ich.«

Er stutzte. »Was? Du auch?«

»Mhm.«

Nore Brand wickelte ein Sandwich aus dem Papier und biss hungrig hinein.

»Als Kind durfte ich nichts dergleichen lesen. Mein Vater war zutiefst davon überzeugt, dass es mich verdirbt. Comics galten damals als Schund.« Sie kaute eine Weile schweigend weiter. »Du weißt ja, was Verbote für Auswirkungen haben.«

»Deshalb bist du so! Und Daisy und Gundel sind schuld daran«, lachte er.

»Ja. Und Topolino.«

Nino Zoppa schaute aus dem Fenster und grinste. »Du liest Comics! Das hätte ich nicht gedacht. Geil!«

»Eigentlich muss das keiner wissen. Kannst du schweigen? Ich meine, die wenigsten verstehen, dass …«

»Ich schon. Und ich schweige. Ehrenwort.« Nino Zoppa nickte strahlend und legte feierlich die rechte Hand auf sein Herz.

Jacques brachte ihr französische Comics. Stapelweise. »Solche Sachen kann man nicht übersetzen. Sprechblasen-Sprache schon gar nicht. Hier, schau mal. Das sieht doch schon ganz …«, er zögerte kurz, »… anders aus.«

Sie wusste, dass Jacques im Begriff gewesen war, unverschämt zu werden. Er wollte ›kultiviert‹ sagen. Für ihn das einzig passende Synonym für Französisch. Aber er hatte taktvolle Momente, weil auch dies seiner Vorstellung von Kultiviertheit entsprach. Er musste nicht jede Gelegenheit nutzen, in ihrer wunden – er ging ganz selbstverständlich davon aus, dass es sich so verhielt – Deutschschweizer Seele zu stochern.

Auch sie hatte romanische Wurzeln und damit Kultur

in den Genen. Nore hatte keine Lust, ihn immer wieder daran zu erinnern. Er würde ihr wortreich und langatmig auseinandersetzen, warum ihre italienische Seite kulturell kaum ins Gewicht fiel. Seine Argumentation beschränkte sich auf Berlusconi. Doch die Zeit arbeitete für sie und solange Jacques während seiner wortreichen Erklärungen etwas Gutes kochte, konnte sie sehr gut damit leben.

Der Mann vor ihr war kurz gewachsen, von vierschrötiger Statur. Sein Kopf und seine Augen waren in ständiger Bewegung. Er schien fortwährend viele Dinge und Gedanken gleichzeitig in seinem Kopf zu balancieren. Er musste weit über siebzig sein, dabei wirkte er alterslos. Das musste an seiner lebhaften Art liegen.

»Ja, er wurde vergiftet. Die Basler Polizei hält genauere Informationen zurück, denn die Ermittlungen laufen noch.«

»Und Elvira hat Sie gebeten, mich zu besuchen. Warum das? Sie macht sich doch nicht etwa Sorgen um mich!«

Sie schaute ihn forschend an. »Oder wegen Ihnen.«

»Warum denn?« Er verwarf aufgeregt seine Hände. »Machen Sie Witze?«

Plötzlich erstarrte er. »Sie denkt doch hoffentlich nicht, dass ich etwas damit zu tun habe!« Er gluckste. »Frau Elvira scheint mir ja allerhand zuzutrauen. Den scharfen Geist würde ich ihr nie absprechen. Ich habe meinem Freund Heinrich immer gesagt, er solle seine Schwester arbeiten lassen. Das wäre wunderbar für seine Kanzlei. Doch das wollte er nie hören. Und wissen Sie, warum?«

Er machte eine Kunstpause. Natürlich konnte keiner seine Fragen besser beantworten als er selber. Das bedeutete jedoch nicht, dass er aus diesem Grund unsympathisch war.

»Sie war schon immer besser als er. Klüger. Deshalb hat er sie als seine Sekretärin angestellt. Will sie sich jetzt rächen für ihr Schicksal?«

Er schüttelte wild seinen Kopf.

»Aber ich bin kein Mörder. Ich kann Ihnen auch nicht weiterhelfen. Glauben Sie mir, ich arbeite seit zehn Tagen unablässig hier im Museum. Meine Ausstellung wird am Sonntag feierlich eröffnet. Botschafter werden anwesend sein, der Kronprinz und seine charmante Frau. Ich freue mich sehr darauf. Sie wissen, dass die Niederlande ein langes und tiefes Verhältnis mit Russland pflegen. Zar Peter der Erste hat hier gelernt, wie man Schiffe baut, und er war nicht der Einzige, aber es war der Anfang einer wunderbaren kulturellen und wirtschaftlichen Beziehung. Hier erfasst mich tatsächlich wieder die Sehnsucht nach der Monarchie«, seufzte er laut auf. »Unsere Präsidenten versuchen immer wieder, Monarchen zu spielen. Aber ihnen fehlt die Eleganz dabei und das Charisma, das eine lange Vergangenheit mit sich bringt. Unsere Präsidenten haben leider die üble Gewohnheit, Arroganz mit Würde zu verwechseln.« Er brach ab. »Mit einer Ausnahme, mit einer einzigen Ausnahme. Es gab immerhin eine Ausnahme.«

Er schaute Nore Brand prüfend an.

»Ich kann Gedanken lesen. Ich weiß, dass Sie an den gleichen Mann denken wie ich. Er war der einzige wirkliche Staatsmann. Leider musste er gehen. Er hatte sich selbst überflüssig gemacht. Weil die Geschichte das so wollte und er das Schicksal akzeptierte. Jeder seiner Nachfolger versuchte, ein Staatsmann zu sein, aber bisher scheiterte jeder von ihnen. Aber Sie sind wohl nicht hier, um mit mir über Politik zu reden, Frau Kommissarin.« Er schaute sie durchdringend an. »Sie glauben doch nicht etwa, dass ich meinen Freund Heinrich vergiftet habe?!«

Nore Brand hielt seinem Blick stand und schwieg.

Er hob tadelnd den Zeigefinger. »Ich sehe, Sie wollen diesem alten Professor aus Russland nicht vertrauen!«

Er warf sich in die Brust.

»Sie müssen mir aber glauben! Ich bin Vladimir Plodowski. Ich habe mein Leben der Kunst und der Geschichte der Schönheit geweiht.« Er wiegte übermütig seinen Kopf hin und her. »Gut, gut. Zugegeben. Mal war ich Monarchist, mal war ich Kommunist, vielleicht bin ich jetzt Kapitalist. Was spielt das für eine Rolle, wenn man das Leben liebt und die Kunst, die die Menschheit hervorgebracht hat? Das Politische ist doch reine Maskerade. Mal so, mal so. Das sind bloß die großen Kostümfeste der Geschichte, liebe Frau Kommissarin. Vladimir ist Vladimir. Im Grunde meines Wesens war ich immer derselbe Mensch.« Er schaute ihr innig in die Augen. »Bitte, schenken Sie einem alten Professor und Kunstliebhaber Ihr Vertrauen.«

Dieser Mann würde mühelos stundenlang auf sie einreden. Er würde mit seinem Gerede mühelos alle Klippen umschiffen und davon gab es vermutlich einige in seiner Lebensgeschichte. Doch je länger er von seiner Vertrauenswürdigkeit sprach, desto größer wurde ihr Misstrauen.

Sie atmete auf, als plötzlich die Tür aufging und eine junge Frau ihren Kopf durch den Türrahmen streckte.

»Kop Koffie?«, fragte sie freundlich.

Der Professor nickte hocherfreut. Er wandte sich an Nore Brand. »Sie sicher auch?«

»Gerne, ja.«

»Erkenne ich in Ihnen eine Kaffeeliebhaberin?«, fragte Plodowski interessiert, als die Tür hinter der jungen Frau sachte wieder zuging.

Sie nickte lächelnd. Bis jetzt hatte sie nicht den geringsten Anlass, unfreundlich zu sein.

Er nahm ihre wortlose Reaktion euphorisch auf.

»Oh, die Liebe zum Kaffee ist auch in diesem Land groß, aber meine Güte, diese freundlichen Flachländer wissen leider immer noch nicht, was richtiger Kaffee ist. Doch die Liebenswürdigkeit, mit der sie ihn servieren, lässt alle Unzulänglichkeiten dieser köstlichsten aller Brühen, wenn sie nach den Regeln der Kunst zubereitet wird, vergessen! Sie werden das gleich sehen.«

Es geschah, wie er prophezeit hatte.

Nicht mehr als eine Minute später erhielt Nore Brand ihren Kaffee im Kartonbecher serviert, und dies mit dem denkbar charmantesten Lächeln.

Der Professor ließ seine Äuglein mit größtem Gefallen auf den verschiedenen Körperregionen der jungen Dame ruhen.

Nore Brand folgte seinem Blick.

Ja, sie hatte tatsächlich eine Menge davon. Und alles gut verteilt.

Als sie den Raum verlassen hatte, wandte er sich begeistert an Nore Brand. »Sie sind so unglaublich intelligent, diese jungen Frauen hier, das sieht man doch auf Anhieb, nicht wahr?«

Nore Brand fragte sich, in welchen Körperregionen der

Professor die Intelligenz dieser Amsterdamer Schönheit wohl vermutete. Mit Ausnahme ihres Gehirns kam vermutlich fast alles in Frage.

»Herr Professor Plodowski, darf ich Ihnen ein paar Fragen stellen?«

»Nur zu, nur zu«, forderte er sie auf. Er war munter wie einer, der die Schlacht bereits entschieden glaubte. Zweifellos hielt er sich für den Sieger.

Nun war es an ihr, ins Geschehen einzugreifen.

»Sie haben mit Frau Ehrsam zusammen einen erstaunlichen Plan ausgeheckt. Sie wissen, dass ich von dieser Bergfestung im Berner Oberland spreche.«

»Im Simmental, in der Lenk oder an der Lenk«, ergänzte der Professor lächelnd. »Sie sehen, ich habe einige lokale Kenntnisse. Es ist der einzige Ort, wo man sich in diesem schon fast erschreckend rührigen Land noch erholen kann. Ein wunderbares Tal. Nur dort wird man unsere Kostbarkeiten in Ruhe lassen.«

Er lehnte sich in seinem Sessel zurück.

»Ein wundervoller Plan, nicht wahr?«

»Sie sind auch der Verbindungsmann zum Geheimdienst?«

Der Professor beugte sich mit weit aufgerissenen Augen über den Tisch. »Was sagen Sie da?«

Diese Frage hatte ihn erschreckt.

»Geheimdienst, sagen Sie? Zu welchem Geheimdienst soll ich der Verbindungsmann sein?«

Seine Augen funkelten plötzlich sehr böse. Der joviale und kultivierte Weltbürger war auf einen Schlag verschwunden.

»Diese Bergfestung dient dazu, den Schatz der Zarenfamilie oder wenigstens einen großen Teil davon für alle Ewigkeit zu sichern«, fuhr Nore Brand unbeirrt fort. »Das weiß ich aus einer sicheren Quelle.«

Eidgenössische Beamte waren in der Regel gründlich, peinlich gründlich, wenn sie über Tatsachen berichten mussten. Die Überforderung stellte sich bei einigen erst ein, wenn sie Tatsachen zu deuten hatten. Das traf auch auf ihren Chef zu, fand Nore Brand.

Der Professor erhob sich mit einem Ruck und polterte los. Auf Russisch. Höchstwahrscheinlich handelte es sich um eine Fluchserie der gröberen Art.

Die kyrillischen Zeichen in der Sprechblase über seinem Kopf schwollen an wie Blumenkohlwolken.

Nore Brand schaute den Mann aufmerksam an. Seine Worte klangen eindrucksvoll.

Nino hatte von Herrn Explodowski gesprochen. Das passte.

Die Wut war nicht gespielt.

Nur: War er explodiert, weil sie auf der richtigen Spur war oder weil sie ihm zutiefst unrecht tat?

Er setzte sich wieder hin und versuchte, sich zu beherrschen. »Frau Kommissarin, ich habe mein Leben lang mit Klara Ehrsam zusammengearbeitet. Sie gab mir Geld und ich arbeitete wie ein Pferd. Zuerst suchte ich das Bernsteinzimmer. Vergeblich. Aber ich habe weiter geschuftet und ich habe Kostbarkeiten gefunden, von denen keiner etwas weiß. Oh, was diese verdammten Revolutionen und Kriege angerichtet haben! Und es wird so weitergehen, das ist das Unfassbare daran. Der größte Teil der Menschheit ist gefangen in einem Teufelskreis von Besitz- und Machtgier. Und immer vergessen diese Barbaren, dass sie auch sich selbst schaden damit. Sie glauben, sich zu den Herren der Geschichte zu krönen, dabei merken sie nicht, wie sie sich mit dieser Zerstörung der eigenen Geschichte berauben. Aber nicht nur der Mensch, die ganze Natur wird zur Gefahr für die Kunstwerke der Menschheit. Der Meeresspiegel steigt und wir müssen irgendwohin mit diesen Kostbarkeiten!«

Dann verstummte er. Er wirkte auf einmal erschöpft.

Dieser Mann hatte Klara Ehrsam verführt mit seinen Gedanken, mit seinem Temperament und mit seiner Überzeugungskraft. Wie musste er erst gewirkt haben als junger Mann! Rhetorische Kraft gepaart mit einer Ladung Erotik. In seinem Fall ohne jeden Zweifel eine unwiderstehliche Mischung. Konnte man einer Frau verdenken, dass sie einem solchen Mann alles gab?

»Verstehen Sie das, Frau Kommissarin? Sie leben im bequemsten Land der Welt. Ob die Menschen dort alle glücklich sind, das weiß ich nicht. Ich vermute, dass Sicherheit und Bequemlichkeit kaum genügen für das Glück. Aber Sie haben sichere Orte für die Schätze der Menschheit. Meine Freundin Klara wusste das und sie hatte einen Plan, der kultivierte, voraussehende Menschen stolz machen müsste. Sie müssten stolz sein auf meine Freundin! Sind Sie das?«

Er beugte sich weit vor und senkte seine Stimme.

»Oder begnügen Sie sich etwa damit, im Leben dieser großartigen Frau und ihrer Freunde herumzuschnüffeln?«

Der Professor ließ sich auf seinen Stuhl zurückfallen. Er legte die Hände hinter seinem Kopf zusammen und schaute Nore Brand an.

Ein Klingelton unterbrach die Stille.

»Was soll das?«, rief Plodowski empört. »Ich habe doch angeordnet, dass man mich in Ruhe lässt.« Er zögerte einen Augenblick, dann griff er nach dem Telefon.

Er meldete sich schroff.

Nach einem kurzen Wortwechsel in russischer Sprache legte er den Hörer zurück. Er starrte das Telefon eine Weile an. Mit einer ratlosen Geste drehte er sich zu Nore Brand.

»Wetten, dass Sie diesem Kerl …«, begann er murmelnd und verstummte, als sich ihre Augen trafen.

»Plötzlich wollen mich alle sprechen«, fuhr er weiter fort, »dabei stecke ich mitten in der Arbeit. Die Ausstellung muss bis spätestens Samstag fertig sein.«

Er zog die Agenda aus seiner Jackentasche und begann, heftig darin zu blättern. Er schien ihre Anwesenheit vergessen zu haben. Plötzlich schlug er sie wieder zu und steckte sie zurück.

»Oh, Frau Brand, entschuldigen Sie! Ich war in Gedanken.«

Seine Wut war wie weggeblasen. Die Röte aus seinem Gesicht gewichen.

Nachdenklich schaute er sie an.

Er schien plötzlich weit weg zu sein. So erreichbar und präsent wie er eben gewesen war, so fern und abwesend wirkte er nun.

»Heute habe ich leider keine Zeit mehr für Sie. Vielleicht morgen?«

Seine missionarische Rage war verflogen, die Luft war raus.

Sie musste zum letzten Stich ansetzen.

»Wir haben Schachteln mit kostbarem Inhalt gefunden«, sie zögerte, »in einer dieser Felsenkavernen.«

Nore Brand zog ihr Notizbüchlein hervor, schlug die Seite auf und legte es vor Vladimir Plodowski auf den Tisch. »Meine Kollegen haben sich mit Interpol in Verbindung gesetzt. Aber vielleicht könnten Sie uns weiterhelfen. Wir möchten gerne wissen, wer, das heißt, welches Museum diese Kostbarkeiten vermisst. Es handelt sich unter anderem um eine Sammlung von Edelsteinen.«

Plodowski schaute Nore Brand an, griff in seine Jacke und nahm eine Lesebrille hervor.

Er beugte sich über das Notizbuch und las. Er brauchte zu viel Zeit für diese wenigen, kurzen Zeilen. Mit einer raschen Bewegung schob er das Büchlein über den Tisch zurück.

»Und der Inhalt dieser Schachteln?«, fragte er. Seine Augen hatten sich zurückgezogen.

»Die Edelsteine? Die haben wir nicht angerührt.«

Ihr war, als ob der Edelstein in ihrer Tasche brannte. Sie war versucht, ihn zu berühren. Sie musste sich mit aller Macht beherrschen.

»Nicht konfisziert?«

»Nicht konfisziert. Es ist ja einiges im Berg. Wo sollten wir auch hin damit.«

»Einiges?« Er lachte schnaubend. »Aber zu Ihrer Frage. Ich habe keine Ahnung, was das ist. Nie gesehen. Ich kann Ihnen da leider nicht weiterhelfen.«

Er log. Diese Zahlen und Zeichen hatten ihn vorübergehend aus der Fassung gebracht. Und für einen Augenblick war ihm auch seine Redegewandtheit abhandengekommen.

Die Atmosphäre in diesem Raum hatte sich eben auf einen Schlag verändert.

Der Kaffee wurde kalt.

»Frau Kommissarin, dieser Hoteldirektor, ich konnte mir seinen Namen nie merken, und als er meine Freundin Klara«, er suchte nach Worten, »als er sich von ihr abwandte, wollte ich seinen Namen weder wissen noch hören, dieser Direktor ist tot, nicht wahr? Er ist abgestürzt, habe ich gehört. Wissen Sie Genaueres?«

Also! Plodowski war informiert. Und von wem?

»Darüber darf ich nicht sprechen. Das tut mir leid.«

Die Wahrheit war, dass sie keine Ahnung hatte. Sie musste nur aufpassen, wem sie Fragen stellte, weil sie jemanden in Sicherheit wiegen wollte, um irgendeinmal herauszufinden, wer dieser Jemand war. Das war schon schwierig genug.

Der Fossilienprofessor schaute sie forschend an.

»Ich würde mich gerne noch etwas mit Ihnen unterhalten.« Er überlegte. »Am Mittag muss ich rasch ins Hotel zurück, um mich etwas aufzufrischen. Der Sekretär der Königin will mich sehen. Das Eröffnungszeremoniell muss genau abgesprochen werden. Dann muss ich wieder hier sein. Warten Sie doch um vier, nein, besser gegen halb fünf im Café Neva auf mich. Wir könnten uns dort für eine Tasse Tee treffen, ich werde schauen, dass ich mich für ein paar Minuten befreien kann. Oder nein. Auf dem Weg zur Tramhaltestelle Waterlooplein gibt es ein nettes Café. ›De Knijp‹ heißt es. Warten Sie dort auf mich. Um halb fünf werde ich da sein.«

Sie nickte und erhob sich. Kurz vor der Tür drehte sie sich wieder um. Das hätte sie beinahe vergessen.

»Herr Professor, Ihre Ausstellung letztes Jahr in St. Petersburg sollte doch ursprünglich Ihre letzte sein, habe ich gehört. Warum haben Sie …«

»Wer hat das Ihnen gesagt?«, unterbrach er sie. »Wer?«

Er starrte sie erwartungsvoll an.

Sie schwieg.

»Frau Brand, es ehrt mich, dass Sie die Mühe nicht gescheut haben, nach Amsterdam zu kommen. Aber mir scheint, nein, ich weiß sicher, es war doch ein großer Umweg, oder«, er fuhr sich über die Stirn, »ich hoffe doch für mich, dass Sie zurückfahren müssen, um die Antwort auf Ihre dringendste Frage zu erhalten. Gehen Sie jetzt, bitte. Wir haben später noch Zeit.« Er wirkte plötzlich sehr müde.

Nore Brand wollte zu einer Frage ansetzen. Sie war nicht klug geworden aus seinen letzten Worten. Aber er wehrte ab.

»Später, liebe Frau Brand, später, so wie wir abgemacht haben. Vergessen Sie nicht, das Café heißt ›de Knijp‹, K-N-I-J-P«, buchstabierte er, »weiß der Kuckuck, wie man das ausspricht!«

Er hatte sich bereits wieder hingesetzt und schien sie auf der Stelle zu vergessen.

Also ging sie. Plodowski hatte sich angehört wie Heinrich Merian. Die gleiche Sprache, die Rhetorik seiner Generation.

Sie versuchte, sich an seine Worte zu erinnern. Was hatte er nur gemeint? Er schien verwirrt. War es ihr Besuch gewesen? Diese kyrillischen Zeichen?

Vor allem: Wer hatte ihn angerufen?

Nino Zoppa war nicht im Restaurant.

Er wollte sich nur etwas umsehen, hatte er gesagt.

Sie verließ das Gebäude durch den Ausgang, der an die Amstel führte.

Ihr Blick glitt über das große Holzdeck zum Wasser hin. Zu den Bänken unter den Bäumen. Dort sah sie Nino kauern.

Wie schmächtig er aussah aus der Ferne. Rasch ging sie zu ihm hin.

»Hatten wir nicht im Restaurant abgemacht, im Café Neva?«

»Schon. Aber ich musste raus, an die frische Luft.«

»Nino, ist dir nicht gut? Ist was?«

»Nichts! Ich bin nichts als hundemüde und das wird sich heute sicher nicht mehr ändern.«

Er wandte sich ab und schaute einem Rundfahrtschiff nach, das ganz nahe vorübertuckerte.

Sie folgte seinem Blick. Die Touristen knipsten Bilder und kauten Brötchen, eine weibliche Stimme erklärte auf Englisch die Stadt. Diese Brücke heiße so, die dort drüben heiße leider anders, aber bei so vielen Brücken müsse jede anders heißen. Die Touristen lachten und applaudierten.

»Und? Wie ist er, dieser Explodowski?«

Sie setzte sich zu ihm und schaute auf das Wasser, auf die braunen Herbstblätter, die auf den Wellen schaukelten. Im Rücken die Hermitage, die Filiale von St. Petersburg. Das passte. Gut sogar.

Das Rundfahrtboot verschwand lautlos im nächsten Kanal.

Außer dem Kreischen einer Möwe und dem Gelächter von zwei Kindern auf einem Hausboot war kaum etwas zu hören, nur das friedliche Summen der Stadt auf der andern Seite des Wassers.

Spielzeughäuser unter einem riesigen Himmel. Herausgeputzt, im frischen Sonntagskleid. Umgeben von Wasser und Wind.

Wie war es möglich, dass sie eben, für einen ganz kurzen Augenblick, an Venedig gedacht hatte?

Nore Brand wollte eben mit ihrem Bericht ansetzen, als Nino aufsprang. »Komm, suchen wir unser Hotel! Es ist ungemütlich hier.«

NORE BRAND BRAUCHT FRISCHE LUFT

Der schlaksige Mann ging ihnen über eine schmale, steile Treppe voraus. Die Holzstufen ächzten unter dem dicken roten Teppich.

Er blieb vor der ersten Tür stehen. »Hier«, lachte er und wies auf den Rahmen.

»Da hat einer die Tür eingerammt, weil er die Sache mit dem Kärtchen nicht kapiert hat. Kurz hinhalten, dann leuchtet das grüne Lämpchen auf und man kann die Türe öffnen.« Er demonstrierte es kurz. »Nichts leichter als das, aber es gibt Kerle, die wissen alles besser. Er musste eine Nacht mit offener Tür schlafen, was er nicht sehr geschätzt hat.« Er zwinkerte ihnen hinter seinen runden Brillengläsern zu. »Ich habe es inzwischen repariert. Ich konnte nicht warten, bis ein Handwerker Zeit für mich hat. Es sieht nicht perfekt aus, aber es hält.«

Diese Frau, die da vor ihm stand, sah nicht aus, als ob sie Türen eintreten wollte.

Er lächelte ihr zu. »Dieses Zimmer ist für Sie. Es ist ruhig.«

Nore Brand trat ein. Mit anderthalb Schritten war sie bei einem hohen Fenster, das auf einen Innenhof mit Topfpflanzen und weißen Gartenstühlen zeigte.

»Und für dich«, er wandte sich an Nino Zoppa, »habe ich das Gleiche mit Sicht auf den Kanal. Und auf die Straße. Doch das sollte für dich kein Problem sein.«

Er ging Nino voraus.

Nore Brand warf ihre Tasche auf das Bett und setzte

sich hin. Ein kleines, verwinkeltes Zimmer mit einer hohen Decke. Altmodische Tapeten. Beige und hellgrün. In wuchtigen Bilderrahmen hingen Alte Meister. Das heißt: Die Kopien von den Kopien der Kopien der Schüler Alter Meister. Oder Fälschungen. Etwas in der Art. Egal, was es genau war. Die Bilder schufen wahrscheinlich die Atmosphäre, die der Besitzer seinen Gästen schuldig zu sein glaubte. Natürlich hingen sie schief.

Diese Stadt stand schließlich auf Pfählen.

Das größte Bild mit dem schwülstigsten Rahmen hing über dem Kopfende des Bettes.

Hoffentlich hielt der Nagel, an dem es hing.

Sie sah ihre Todesanzeige: Nore Brand. Polizistin aus Bern. Bei der Erfüllung ihrer Pflicht. Sie möge in Frieden ruhen und so weiter.

Dabei sollte Kunst berühren, nicht erschlagen.

Das Bett war ein großer, dunkelbrauner Holzkahn. Die Kommode gegenüber würde Jahrhunderte überleben; sie lehnte sich schwer und behäbig an die Tapetenwand und schaute bewegungslos in die Zukunft, die vor ihr lag. So lange die Pfähle diese Stadt hielten.

Der Stadtführer berichtete von einem leichtlebigen Menschenschlag, der Amsterdam bevölkerte.

Wie kamen sie bloß zu diesen wuchtigen Möbeln?

Der alte Ventilator auf der Kommode wartete auf heiße Tage. Gab es das in Amsterdam? Damit hatte sie nicht gerechnet, nicht in dieser Stadt. Nach der langen Nacht im Zug wähnte sie sich weit oben im Norden.

Auf dem Gang war es wieder still. Sie hatte Nino ein paar Stunden Schlaf verschrieben. Der Museumsbesuch schien ihm den Rest gegeben zu haben.

Sie setzte sich auf das Bett und sank sogleich tief in eine weiche Matratze. Eine nette Abwechslung zum spartanisch harten Schlafwagenbett. Sie suchte nach dem Kärtchen, das Plodowski ihr gegeben hatte.

Es war die Inschrift gewesen, die ihn aus dem Konzept gebracht hatte. Und das Telefon. Nach dem Telefon war er völlig von der Rolle gewesen. Plodowski war ein interessanter Mann. Schillernd, vielschichtig, aber ein Mörder? Einer, der seinen Geldgeber umbrachte? Nein, das ging nicht auf. Plodowski war einer, der seine finanziellen Quellen pflegte. Er hatte sein Leben lang nichts anderes getan. Mit viel Charme und ansteckender Begeisterungsfähigkeit. So einer müsste zum Äußersten getrieben werden, damit er …

Nein, Plodowski nicht.

Sie holte den Edelstein hervor und betrachtete ihn.

Es schien ihr unbegreiflich, dass an einem solchen Stein so viel hing. Sie war keine Schmuckliebhaberin. Diese Leidenschaft hatte sie nie begriffen. Sie hatte auch das Auge nicht dafür. Schmuck löste bei ihr eher Unbehagen aus. Sie wusste nicht, was sie für schön halten sollte und was nicht. Sie betrachtete den Stein von allen Seiten. Intensives, leuchtendes Grün.

War er nicht rot gewesen?

Maria Volta hatte ihn auf Anhieb erkannt. Dieser Stein schien Macht zu haben. Sie sah Maria Voltas aufgerissene Augen. Und wie hätte Plodowski reagiert? Die Beschriftung der Schachtel hatte bei ihm immerhin einen Wutausbruch ausgelöst. Aber dann war nichts mehr geschehen. Nichts, was zu beobachten gewesen wäre. Also musste sie einen Schritt weitergehen, sie musste ihm den Stein zeigen.

Sie hatte noch eine Gelegenheit, dies zu tun. In wenigen Stunden. Sie würde es riskieren. Plodowski schien begierig zu wissen, wie viel die Polizei von den Schätzen in der Kaverne wusste. Er wusste mehr, als er zu wissen vorgab, und vor allem befand er sich ganz offensichtlich in einer ungemütlichen Lage.

Waren die Besitzer dieser Kostbarkeiten, die er im Laufe seines Lebens gefunden hatte, einverstanden damit, dass alle diese Kunstgegenstände in einem Berg untergebracht werden sollten?

Sie schlüpfte aus den Schuhen und zog die Beine auf das Bett. Hinlegen und dösen kam nicht in Frage. Außerdem hing hoch über dem Kopfende des Bettes dieses Bild mit dem mächtigsten Rahmen, den sie je gesehen hatte.

Kurz entschlossen packte sie das Kissen und warf es zum Fußende des Bettes. Man konnte nie wissen. Jacques würde lachen. Aber im Gegensatz zu ihr wusste er nichts von den tödlichen Gefahren, die von Kunstgegenständen ausgehen konnten.

Der schwere Rahmen über dem Hotelbett konnte sich von seinem Nagel lösen und sich auf die schlafende Polizistin werfen. Eine kleine, vertraute Paranoia, die mit Schlafmangel zu tun hatte. Nichts weiter. Sie ließ Jacques in ihrer Vorstellung laut und herzlich weiterlachen.

Vom Bett aus konnte sie den Vorhang berühren. Sie zog ihn etwas zurück und schaute hinaus. Der Wind hatte den Himmel leer gefegt. Sie warf einen Blick auf die Uhr.

Sie war keine Tagschläferin, sie musste auf die Nacht warten, und in ein paar Stunden hatte sie ein Rendez-vous mit dem Professor aus St. Petersburg. Sie hing in einer Warteschleife, aus der es kein Ausbrechen gab. Die Ereignisse würden sich von selbst einstellen. Besser, sie unternahm etwas, um zu vergessen, dass sie warten musste.

Was waren seine wirren Sätze gewesen, bevor sie gegangen war? Er hoffe, dass sie zurückfahren müsse, um die Antwort auf die dringendste Frage zu erhalten? Ja, so war es gewesen.

Mit anderen Worten: Hier findet ihr nichts.

Und doch wollte er sie sprechen, bevor sie wieder abreiste.

Sie zog den Stadtführer aus der Jackentasche und blätterte ihn wahllos durch. Ein Bild zeigte einen leeren Sandstrand. Der Text darunter empfahl einen Ausflug ans Meer, nach Zandvoort. Eine Erfrischung am Wasser. Das müsste reichen als Schlafersatz.

Sie schlüpfte in die Jacke und zog ihren Schal aus der Reisetasche.

Sie erinnerte sich plötzlich, dass das Handy gezirpt hatte, als Nino ihr das Frühstück ins Abteil brachte. Jacques. Wer sonst. Es wusste ja sonst keiner von ihrem Handy. Er war überrascht und erfreut, dass sie sich nicht sehr weit von ihm aufhielt.

Ob Nino Zoppa das Zirpen gehört hatte? Sie hatte vergessen, auf lautlos zu stellen. Was war sie bloß für eine Idiotin. Sie hoffte inständig, dass sein Gehör, wie bei vielen Jugendlichen, erheblich geschädigt war vom unablässigen Musikkonsum per Stöpsel.

Sie würde ihr Gesicht verlieren, wenn er es merkte.

Nore Brand als klammheimliche Handybesitzerin. Für Liebesbotschaften. Wie ein Teenager. In seinen Augen zweifellos eine unerträgliche Peinlichkeit.

Eine Stunde später stand sie an der Nordsee. Kurz nach Haarlem hatte die Dünenlandschaft eingesetzt. Überwachsene alte Dünen mit Wohn- und Ferienhäusern. Und plötzlich hielt der Zug an in diesem sonderbaren kleinen Backsteinbahnhof.

Kaum hatte sie den Schutz der Häuser hinter sich gelassen, begann der Kampf gegen den Wind. Sie musste sich mit aller Macht gegen ihn anstemmen. Es verschlug ihr den Atem. Aber sie wollte ans Meer. Deshalb war sie schließlich hierhergekommen. Sie schlug den Kragen hoch und hielt ihn fest.

Da war schon das Meer. Hier fuhr der Zug direkt an den Strand.

Sie zog ihre Stiefel aus und ging ein paar Schritte im nassen und kalten Sand. Ein Junge ließ seinen Drachen steigen. Ein roter Papierdrachen mit einem langen Schweif. Er stieg zappelnd auf, stürzte auf einen Schlag nieder, stand über dem Boden still, schien für Sekunden zu erstarren, stieg wieder, hoch und höher, dank dem Widerstand des Windes.

Und an der Wasserlinie gingen zwei Menschen scheinbar mühelos im Wind.

Nore Brand wollte auf das Meer zulaufen, blieb aber nach ein paar Schritten schwer atmend stehen. Diese Kälte und diese Heftigkeit des Windes! Er zerrte schmerzhaft an ihren Haaren. Sie schlang den Schal um ihren Kopf.

Diese nutzlose Weite.

Sie schaute den beiden nach, die nahe an den Wellen gingen, stehen blieben und wieder gingen. Zwei kleine, dunkle Gestalten vor dem Blitzen des unendlichen Wassers. Und der Junge mit dem Drachen, der unablässig niederstürzte und wieder aufstieg.

Die Heftigkeit der Elemente wurde ihr rasch zu viel.

Noch einen Blick hinaus, wo nichts war außer Weite, und sie zog sich wieder in den Schutz der Häuser zurück. Die Cafés waren geschlossen, die Korbstühle aufeinandergestapelt.

Man wartete auf den nächsten Sommer. Sie eilte zum Bahnhof zurück. Der Zug stand bereit. Aufatmend ließ sie sich auf eine Bank sinken. Ihr Gesicht glühte vom eiskalten Wind.

ABRAXAS

Nino Zoppa hatte sich aufs Bett geworfen.

Vor seinem Fenster tuckerten die Boote auf und ab, kleine und große. Das Quietschen von Fahrradbremsen drang an seine Ohren.

Darüber eines dieser unsäglichen Glockenspiele. Nore hatte ihm etwas von mittelalterlichen Carillons vorgelesen.

Sie fand das offensichtlich nett. Für ihn war es nur nervtötend.

Sie hatte ihm einen kleinen Reiseführer in seine Jackentasche gesteckt. »Als Erinnerung an deine erste Dienstreise ins Ausland. Da stehen ein paar interessante Sachen drin.«

Er blätterte lustlos im Büchlein. Er war einfach hundemüde.

Plötzlich fiel ihm etwas ein. Er musste grinsen.

Nore Brand hatte ein Handy. Heimlich!

Er hatte gesehen, wie sie es plötzlich, in Gedanken versunken, aus der Tasche hervorholte und drei Sekunden später erschrocken zurücksteckte. Er hatte ihren Blick gespürt. Er saß ihr gegenüber, die Stöpsel in den Ohren, mit geschlossenen Augen. Sie wusste nicht, dass er seine Augen so senken konnte, dass die Menschen um ihn herum meinten, er schlafe. Das war unheimlich praktisch.

Er hatte also durch die kleinen Augenschlitzchen hindurch gesehen, wie sie ihr Handy, es war nicht das neueste, rasch zurücksteckte, sich verlegen räusperte, ihm einen Blick zuwarf und sich erleichtert zurücklehnte.

Das war der beste Moment auf der Reise gewesen. Diese Frau hatte wirklich gar keine Ahnung, wie schlecht sie sich verstellen konnte. Nur mit Ganoven, da war sie ganz anders. In solchen Momenten fürchtete sogar er sich vor ihr.

Sie wusste nicht einmal, dass er meistens gar keine Musik hörte.

Mit den Stöpseln in den Ohren ließ man ihn in Ruhe. Das klappte in der Regel gut.

Nore brauchte so etwas nicht. Sie war die Ruhe selbst.

Und er war ein Zappelphilipp. Natürlich wusste er das. Nervös. Rasch aufgebracht. Durcheinander. Er konnte sich mit den Augen der andern sehen. Manchmal war das lustig, manchmal nicht. Was für die andern vermutlich erheiternd war, war für ihn selbst ärgerlich. So war das. Es wäre leichter, wenn es andersherum wäre. Aber so war es nun einmal nicht. Was ihn amüsierte, nervte die andern, was ihn nervte, amüsierte die andern.

Das war doch verdammt schlecht eingerichtet vom Leben.

Diese langen Beine, alles war zu lang geraten an ihm. Er hatte Mühe, seine Bewegungen zu kontrollieren. Er schien immerzu allen im Weg zu sein.

Nein, nicht allen. Nore nicht.

Die nervte es vor allem, wenn er wieder mal zu spät war. An den Rest schien sie sich in den letzten Monaten gewöhnt zu haben. Manchmal schaute sie ihn verwundert an. Staunend. Als ob er ein Weltwunder wäre. Nino grinste. Das war er doch, oder etwa nicht?

Und manchmal hatte er sie im Verdacht, dass sie ihn gar nicht sah. Das hasste er, aber er konnte nichts dagegen tun. Es war dann so, als ob er einfach ein Teil ihrer selbst wäre. So wie man seine Füße anschaute, in Gedanken verloren, und nicht sah und nicht merkte, dass das da unten zu einem selbst gehörte.

Das stimmte ja auch irgendwie, sie arbeiteten immerhin schon eine Weile zusammen. Irgendwie gehörten sie mittlerweile zusammen.

Er vermutete, dass sie ihn unterdessen sogar mochte.

Er mochte sie ja auch. Das war ein Kinderspiel. Sie war auch anders als die Frauen in seiner Umgebung. Sie hatte etwas Verrücktes. Er auch. Also war es kein Wunder, dass sie sich verstanden.

Sie hatte Panik vor Mäusen!

Er lachte. Nore Brand hatte Angst und Panik vor Mäusen! Das passte überhaupt nicht zu ihr.

Sie konnte so ruhig dasitzen. In sich versunken. Man sah dann nicht, ob sie über etwas nachdachte oder nicht. Eigentlich war das, was Nore tat, vermutlich gar nicht nachdenken. Sie saß da und ließ die Welt auf sich wirken. Ließ die Welt in ihre Augen und Poren strömen, verarbeitete sie und warf das Überflüssige wieder hinaus.

Nino lachte. Was für idiotische Gedanken. Nein, Nore ließ bestimmt nicht viel Überflüssiges in ihr Innenleben. Mit ihrer Erfahrung konnte sie filtern. Er wusste, dass ihm das abging. Er ließ sich niederwalzen von all den Dingen, die täglich über ihn hereinstürzten.

Das Leben war genauso schrecklich wie die Schule.

»Birne weit auf und zuhören«, hatte der Dozent

gesagt. Der Kerl hatte tatsächlich ›Birne‹ gesagt. Bei diesem Wort war Nino aufgejuckt und hatte angefangen zuzuhören.

Der Kerl da vorne im blauen Licht seiner Präsentation musste das gewusst haben. Auf ›Birne‹ würde jeder reagieren.

Also öffnete Nino seine Birne und hörte zu.

Er gehorchte, um sich die Birne füllen zu lassen. Der Unterton des Dozenten machte klar, dass diese unzähligen weichen Birnen vor ihm hohl waren, lauter hohle Birnen, und die sollten nun mit seinem wunderbaren Wissen gefüllt werden.

Die andern Dozenten waren nicht so. So grob war nur der da. Aber deswegen waren die andern nicht besser. Sobald sie den Mund öffneten, schepperte es einfach los aus ihnen, wie aus ferngesteuerten Robotern. Aus Blech kommt Blech. Und sie sprachen mit Wörtern, die schon tot waren, bevor sich einer sie ausgedacht hatte. So war das mit der Kriminalistik.

Bei der Arbeit war es ganz anders.

Fertig mit Blechsprache, da wurde wieder alles lebendig. Blutig und heftig.

Im Unterricht kam es vor, dass man die wirkliche Welt vergaß. Da kamen diese ungeheuren Walzen von Informationen angerollt, Tsunami-Wellen des Wissens, die Spuren von Schrecken und Elend in den Köpfen und Seelen hinterließen. Irgendwann tauchte man wieder auf, hustend und spuckend. Total erschöpft. Das war ja nur das eine. Das, was die Dozenten so von sich gaben. Wenn man früh genug daran dachte, konnte man die Öffnung zur Birne etwas verengen.

Dann kam sofort weniger herein. Nur das, was man wollte. Ganz sicher sofort weniger Schrott.

Zugegeben, ab und zu sonderten diese Typen auch mal etwas Brauchbares ab. Zum Beispiel die Tatsache, dass das Gehirn in der Sekunde Millionen von Eindrücken zu verarbeiten hatte. Millionen! Das musste man sich doch einmal vorstellen. Aber wer konnte sich so etwas überhaupt irgendwie vorstellen? Das war der reine Alptraum. Millionen von Eindrücken, und in den gleichen Sekunden juckte ein Dozent vorne beim Pult hin und her, jagte seine Folien über die Leinwand und redete und redete und redete, in der tiefsten Überzeugung, dass die Anwesenden an seinen Lippen hingen und mit ihm durch seine Gedankenwelt stürmten. Diese Spinner.

Nino versuchte, diesen Gedanken zu verscheuchen, denn die Vorstellung allein hatte zur Folge, dass er sich auf der Stelle erschöpft und kraftlos fühlte.

Um das zu überleben, musste man, wie gesagt, einen kleinen Schalter kippen, Birne verengen und die Dozenten reden lassen. Doch, wie gesagt, es kam vor, dass es sich lohnte zuzuhören. Zum Beispiel das mit den Millionen von Eindrücken pro Sekunde; das war doch mal etwas Wesentliches. Etwas für das Leben.

Ja, Birne verengen, das musste sein in der Not. Aber gleichzeitig ließ ihn der Gedanke daran zappeln vor Angst, dass er dann ganz sicher genau das Wesentliche nicht packte, weil ihn mit dem Wesentlichen zugleich der ganze überflüssige Informationsmüll wie ein Jahrtausend-Hochwasser überflutete.

Und es gab nichts dagegen, nein, dagegen konnte man

nichts tun. Außer eben surfen. Auf elektronischen Wellen natürlich. Wirklich surfen wäre zu anstrengend. Das Leben allein war schon ungeheuer anstrengend. Da blieb keine Rest-Energie für Späße wie Sport.

Mona war das egal. Sie mochte Muskeltypen sowieso nicht. Nein, sie schaute diese Kerle gar nicht an, vor denen Nino sich insgeheim fürchtete. Die seine Rivalen sein könnten. Die waren Luft für sie.

Da hatte er Glück gehabt.

Er liebte Mona und begriff manchmal nicht, warum sie sich so sehr für ihn interessierte.

Nur, alle diese Scheißinformationen, die das Leben auf ihn abfeuerte, und er konnte nichts damit anfangen.

Nore Brand war anders als er. Sie schien den Zugang zu ihrer Birne an der richtigen Stelle im richtigen Ausmaß verengt zu haben. Sie ließ sich nicht gleich umhauen von all den Eindrücken. Die Dinge schienen in sie hineinzutröpfeln, so wie eine chemische Flüssigkeit, bereits verdichtet in der richtigen Konzentration. Dann konnte sie gleich etwas damit anfangen.

Bei ihm war das anders. Da geht man durchs Museum, ohne sich etwas dabei zu denken. Man sieht immer nur Alexander, Alexander den Großen und all dieses uralte Zeugs in massiven Glasvitrinen. Das Zeug würde in Asche und Staub zerfallen, wenn die Luft der modernen Zeit drankommen würde. Kein Wunder. Dieser Luft würde auf die Dauer nichts standhalten. Gar nichts. Und dann: Tschüss, liebe Welt. Das wär's gewesen. Puff und vorbei.

Aber da war er eben dabei, sich vorzustellen, wie dieses Zeug von Alexander wohl riecht, und genau in dem Moment haut ihn ein Geruch um, weil dieser Geruch nicht in dieses piekfeine Museum gehört.

Dieser Geruch gehörte in die Felsenkaverne von Matten.

Und dann war auf einmal wieder die ganze Angst und Panik da!

Nino Zoppa schwitzt wie ein fetter Kater am Äquator, klappt auf einem Sessel zusammen, sodass der Aufseher sich besorgt über dieses Mega-Weichei aus Bern beugen muss …

Zoppa rennt wie ein geschlagener Hund hinaus an die frische Luft und schlottert vor Angst, bis Nore endlich bei ihm sitzt und zum Glück die Welt wieder ein bisschen zurechtrückt, weil sie einfach dasitzt und auf das Wasser hinausschaut und auf die schaukelnden braunen Blätter.

Wenn Nore mal nicht bei der Arbeit war, fühlte er sich wie ein Bild ohne Rahmen. Er grinste in sich hinein. Wenn ein Blatt Papier oder ein Stück Leinwand sich irgendwie fühlen konnten.

So war es.

Sein Gehirn war schlecht im Filtern. Unterentwickelt. Nore hatte ihn beruhigt. Das kommt alles noch. Du hast Zeit.

Und Nore hatte freiwillig ein Handy!

Er lachte lautlos. Das war ja unglaublich. Sicher war nur eine einzige Nummer drauf. Seit die Sache mit diesem Kerl aus Lausanne lief. Wer hieß schon Jacques? Den Namen konnte ja keiner buchstabieren.

Aber sie hatte sich etwas verändert. Für einen Kerl in

seinem Alter sah sie sicher ganz okay aus. Sie malte sich seither manchmal die Lippen an. Und die Fingernägel. Das stand ihr überraschend gut.

Sie musste längst unterwegs sein. Zu diesem Explodowski.

Diesem Herrn hatte er diese Reise zu verdanken, diese Nacht in einem Familienabteil. Ein Alptraum.

Er dachte an Mona. Der Preis, sie zu behalten, würde hoch sein. Sie wollte Kinder. Und er würde Vater sein.

Vater! Er!

Er versuchte, Mona zu erreichen. Zum Glück antwortete sie nicht. Sie wäre wütend gewesen. Handygespräche aus dem Ausland ruinierten jedes Handy-Konto.

Natürlich hatte sie recht.

Er versuchte zu schlafen.

Das ging nicht.

Also nahm er eine Dusche. Zwei Duschen. Und dann noch eine dritte. Er atmete auf. Endlich war er diesen Zuggestank los.

Zum Glück wollte Nore nicht noch mal mit ihm ins Museumscafé.

Er hätte wieder an diesen Vitrinen vorbeigehen müssen. An diesem großen Alexander. Dabei hatte der ein Gesicht wie ein richtiges Weichei. Das änderte nichts daran, dass diese Zarin, Katharina die Große, ihn verehrte. Deshalb die Ehre, ihn auszustellen.

Aber plötzlich war ihm übel geworden.

Nicht Alexander, nein, Nino Zoppa war es schlecht geworden.

Vor all dieser historischen Größe vermutlich. Was zu viel war, war zu viel. Das musste es gewesen sein.

Er hatte sich hingesetzt.

Angst und Panik hatten ihn ergriffen. Dieser Schweiß unter seiner Jacke, er war seine eigene Sauna! Er dampfte vor sich hin und ihm wurde kotzübel dabei.

Da war er wieder, dieser Geruch. In der Felsenkaverne vom Flugplatz in Matten, im Simmental.

Er schaute sich um und griff sich an die Nase. Wer war das?

Oder hatte ihn bloß eine böse Erinnerung heimgesucht? Das Simmental war mindestens tausend Kilometer weit entfernt. Vielleicht auch hunderttausend. Egal. Es fühlte sich so an. Also war es aus rein geografischen Gründen unmöglich, dass diese Felsenkaverne von Matten bis zu ihm hin roch, bis in dieses Museum in Amsterdam.

Und doch war es genauso gewesen.

Er schnüffelte an sich. Das war nicht er selber.

Es drang nicht aus seiner Jacke, nein. Erschrocken schaute er sich um.

Ja, er roch es immer noch.

Eine Dame mit beängstigend hoch gestecktem Haar stand in der Nähe und verharrte andächtig vor einer Vitrine.

Wie war es möglich, dass dieser Alexander – der sah ja wirklich und wahrhaftig aus wie ein Weichei! – einer der größten Eroberer der Weltgeschichte war, die Damen auch nach Jahrmillionen, so lange schien es ihm her, in Entzücken versetzte?

Nein, die Parfumwolke, in die sich diese Dame gehüllt hatte, war fast sichtbar, so kompakt war sie, aber das roch definitiv anders.

War er dabei, verrückt zu werden?

Was war mit seinem Riechorgan los?

Nino, die elektronische Schnüffelnase der Berner Polizei, war eben dabei, durchzudrehen vor Angst!

Er versuchte zu lachen.

Museumsbesucher gingen an ihm vorbei.

Da trat ein Aufseher an ihn heran und beugte sich zu ihm.

»Are you okay?«

Nino schaute in das glattrasierte Gesicht eines jungen Mannes. Kaum älter als er selber. Die Haare glatt geliert.

Das passte, hier war alles glatt und poliert. Diese Teflon-Visagen.

Der Aufseher lächelte ihm zu.

»Need a coffee, now«, stammelte Nino Zoppa.

»Of course«, sagte der Aufseher. »Too much history for young guys. I understand. Try the restaurant Neva. Upstairs. Nice place.«

Er lächelte Nino Zoppa aufmunternd zu und wandte sich wieder ab.

Nino erhob sich mühsam und ging.

Plötzlich stand er im Museumsshop. Er atmete auf. Keine Weltgeschichte mehr, er war ihr endlich entronnen.

Da lagen massenweise Kleinigkeiten herum, in bunten Farben. Kinderspiele, Kinderbücher, Kühlschrankmagnete.

Er packte eine bunte, kleine Figur. Eine lächelnde Frau und auf dem Bauch trug sie eine Gitarre. Für Russenrock oder so. Ein weiblicher Jimmy Hendrix.

Nore Brand mochte solches Zeug.

Endlich fand er den Ausgang. Da, auf dem Holzdeck standen Bänke.

Nore würde ihn auch hier finden.

Dann saß er an der frischen Luft und versuchte, sich zu beruhigen.

Was war das eben gewesen?

Plötzlich saß Nore bei ihm. Sie vermutete den Grund für seinen Zustand in der lausigen Nacht, die er hinter sich hatte.

Sie hatte nicht viel frischer ausgesehen als er.

Nino versuchte, sich hinzulegen. Die drei ausgiebigen Duschen waren gut gewesen.

Aber er fühlte, dass er keine Ruhe finden würde.

Er griff nach dem Stadtführer. Etwas zog seine Aufmerksamkeit an. Er versuchte, laut zu lesen, was da stand.

Was war das bloß für eine Sprache.

›Ik heb hasj noodich.‹

Er las laut und lachte plötzlich auf. Er begriff. Ja, genau, das traf doch zu. Wenn einmal in seinem Leben, dann jetzt.

Ein Bild schob sich in sein Bewusstsein. Vom Tram aus hatte er diesen Coffee-Shop gesehen. Abraxas.

Auf dem Weg zum Bahnhof, zwischen Designerläden und versprayten Mauern von baufälligen Häusern, war sein Blick auf diesen Schriftzug gefallen.

Abraxas. Sollte ihn dieser Name an etwas erinnern?

Er kleidete sich an, schlüpfte in seine Jacke und eilte die Treppe hinunter.

Nore war vorläufig mit dem Fossilienprofax beschäftigt und er selber brauchte dringend ein bisschen Entspannung.

Nach dieser Überdosis Weltgeschichte musste sein Innenleben wieder wenigstens ansatzweise ins Gleichgewicht kommen.

DER PROFESSOR IST TOT

Der Zug fuhr mit einem Häufchen Tagestouristen durch die graugrünen Dünen nach Amsterdam zurück. Nore Brand saß völlig benommen in einer Ecke. Ihr Gesicht brannte noch lange, und als sie wieder zu sich kam, stellte sie mit Verwunderung fest, dass sie vorübergehend vergessen hatte, was der Grund ihrer Reise war.

Sie schaute auf die Uhr. Sie brauchte sich nicht zu beeilen. Der Besuch am Strand war kurz ausgefallen. Kurz und sehr heftig.

Es begann zu regnen.

Vielleicht hatte Plodowski ihr inzwischen etwas mitzuteilen.

Er hatte sich sehr bemüht, sich nichts anmerken zu lassen, aber seine Freude über den Besuch aus der Schweiz hatte sich in Grenzen gehalten.

Was war bloß in Elvira Merian gefahren, ihn zu informieren?

Warum musste Nore bis halb fünf warten? Wozu musste Plodowski seine Zeit wirklich nutzen?

Ihre Gedanken kreisten unablässig um die gleichen Fragen. Es war höchste Zeit für etwas Neues, und die Zahlen und Zeichen in ihrem Notizbüchlein hatten endlich etwas in Bewegung gebracht.

Der Zug fuhr gemächlich durch die Dünen. Sie schaute durch die vom Sand verstaubten Fenster. Die Regenspritzer zogen Striche in die staubigen Flächen. Ihr Gesicht feuerte immer noch. Die Haare waren starr, die Lippen salzig.

Das war also Zandvoort gewesen. Der kalte Sand, das weite Meer und die unendliche Leere darüber hatten sie nicht beruhigt. Unendlichkeit konnte nie beruhigen.

Sie schlug ihr Notizbuch auf mit den seltsamen Zeichen.

Der Direktor war tot. Der Anwalt auch.

Sie dachte an Bucher, hoffte, dass er unterwegs war, dass er die Fährte aufgenommen hatte und nicht mehr abließ von ihr. Sie wusste, dass er das konnte. Sie hatte das Blitzen in seinen Augen gesehen, die Dankbarkeit, von der er selber noch nichts wusste, als sie schon in seinen Augen zu sehen war.

Warum war Heinrich Merian tot? Hatte er mehr gewusst, als er ihr erzählt hatte?

Und was war bloß mit ihrem Chef, der von allem nichts wissen wollte, der unter allen Umständen verhindern wollte, dass sie sich mit dieser Geschichte beschäftigte.

Dieses Mal würde sie wiederum einen Schritt zu weit gehen, sie war dabei, ihre Nase in Geschäfte zu stecken, die sie nichts angingen. Aus seiner Sicht verhielt es sich so.

Oder war es ganz anders? War es möglich, dass er sie besser kannte, als sie annahm? Wusste er von diesem Geheimnis des Widerstandes? War dies seine Art sie herauszufordern?

Es war immer ein Fehler, die Menschen zu unterschätzen.

Je stärker der Wind, desto höher der Drache.

Welche Seilschaft war nun unterwegs und war auf Staatsschutz angewiesen?

Der Zug hielt in Haarlem an.

Früher oder später kamen immer Seilschaften ins Spiel. Sie waren immer erst zu sehen, wenn die Strecke gefährlich wurde, die Pfade eng, wenn sich Abgründe auftaten und der Erste abstürzte.

Seilschaften überzogen die Welt wie ein ungesundes Koordinatensystem. Diese Erkenntnis hatte ihr Denken von Grund auf verändert und die innerliche Sehkraft verbessert.

Zwanzig Minuten später verließ sie den Bahnhof. Sie fand den Weg an den Bretterwänden der Baustellen vorbei in die Stadt.

Sie hatte die Zeit gut geplant. Sie ging zu Fuß. Das würde sie wach halten. Sie hatte die gute Richtung eingeschlagen, am Ende des Weges saß Plodowski und wartete auf sie.

Plötzlich befand sie sich auf einem Markt. Sie ging an Marktständen vorbei. Das hatte sie doch schon einmal gehabt in dieser Woche. Ein paar Hundert Kilometer weiter südlich und mittlerweile sehr weit zurück in ihrer Vergangenheit.

Kiloweise Blumenzwiebeln zu Spottpreisen. Billige Porzellanfigürchen, Amsterdamer Porzellanhäuschen. Made in China. Erwartungsvolle Blicke der Standbesitzer trafen sie. Sie schüttelte lächelnd den Kopf und ging weiter.

Sie schaute auf die Uhr. Die Zeit verging schnell in dieser windigen Stadt. Der Wind schien hier auch die Zeit anzutreiben. Sie ging rascher voran, die Zeit im Gesause der Drehorgeln, zwischen dem Scheppern der Geldbecher der Drehorgelleute, dem lockenden Rufen der Tulpenverkäufer.

Ihre Augen brauchten eine Weile, bis sie sich an die Dunkelheit im Café ›De Knijp‹ gewöhnt hatten. K-N-I-J-P, hörte sie Plodowski buchstabieren.

Die Wände waren über und über behängt mit Bildern in dicken Rahmen, alten Fotografien, Postern von Ausstellungen, auf den Tischen zerlesene Zeitungen, Stühle, die alle schon bessere Zeiten gesehen hatten, verstaubte Zimmerpflanzen.

Ein Quartiercafé.

Knijp hieß vermutlich einfach Kneipe.

Zwei Männer standen hinter der Bar. Beide mit zurückgerollten Ärmeln und längst im Pensionsalter. Sie hatten den neuen Gast gleichzeitig zur Kenntnis genommen, ohne dies zu zeigen. Das gehörte dazu.

Nore Brand setzte sich ans Fenster. Sie sah auf eine Brücke.

An jeder Brücke mit schweren Eisenketten gesicherte Fahrräder. Amsterdam, die Stadt der gefesselten Fahrräder. Die waren nicht zu stehlen, für den eiligen Dieb sicher nicht. Man musste sie schon in Einzelteile zerlegen.

Der dickere der beiden Männer hatte ihre Bestellung entgegengenommen.

Die Milch der holländischen Kühe hatte definitiv einen anderen Geschmack. Süßer und fetter.

In ein paar Minuten würde Plodowski ihr endlich gegenübersitzen. Sie würde ihn nach Klara Ehrsam befragen. Sie würde so fragen, dass er sich in Sicherheit wähnen konnte. Sie würde ihm von ihrem Schweigen erzählen, mit dem sie den Lebenstraum einer Fremden zu ihrem eigenen gemacht hatte.

Inzwischen rechnete sie damit, dass die rote Klara jemandem auf den Leim gegangen war. Ihm?

Hatte er gewusst, dass Klara ihn nochmals besuchen wollte?

Ihre Gedanken drehten sich in einem elenden Teufelskreis. Plodowski würde sie aus diesem Kreis erlösen. Sie warf einen Blick auf die Standuhr neben der Bar. Warum kam er nicht?

Sie bestellte sich eine zweite Tasse Kaffee.

Ihr Notizbüchlein hatte nicht mehr viele leere Seiten. Es war Zeit, dass die Sache ihrem Ende entgegenging.

Sie warf einen Blick auf die Uhr. Kurz vor fünf.

Dann fünf.

Natürlich war etwas passiert. Sie schlug das Büchlein zu und steckte es in die Jackentasche zurück. Plodowski schien ihr auf einmal weniger verdächtig als je zuvor.

Eine Viertelstunde später beschloss sie zu gehen.

Als sie die Eingangstür ihres Hotels aufstieß, sah sie Nino Zoppa in einem der alten Ledersessel hängen. Er lächelte und winkte ihr mit fahrigen Handbewegungen zu. Du lieber Himmel!

Der Hotelier war nicht da. An seiner Stelle saß ein junger dunkler Mann hinter dem Monitor. Er schaute auf, machte eine Kopfbewegung zu Nino Zoppa und grinste breit.

Auch hier war etwas ganz falsch gelaufen.

Sie beugte sich über Nino und suchte seine Augen.

»Nino, musste das sein?«

Nino Zoppa kicherte. »Ich war in einem Gemüseladen.

Abraxas heißt der und die haben ganz feines Grünzeug. Garantiert biologisch.«

»Du hast gekifft! Findest du das schlau?«

Er kicherte. »Du hast gemeint, ich soll mich entspannen. Das habe ich getan. In dieser Stadt ist das ganz leicht. Jetzt bin ich entspannt wie noch nie in meinem Leben. War doch höchste Zeit, oder?«

»Komm, du kannst nicht hierbleiben.«

»Es ist ganz nett hier.«

»Nein, ich bringe dich hinauf.«

»Wir haben uns ganz gut unterhalten! Oder?« Nino winkte dem Mann am Empfang zu. »Ich bleibe gern in diesem Sessel. Er ist weich und gemütlich. Aber wenn du mir unbedingt helfen willst …«

Er versuchte, auf die Beine zu kommen. »Stell dir vor, ich fand die Tür zum Hotel fast nicht. Das heißt, ich sah sie die ganze Zeit, aber weil das Hotel so schief steht, musste ich mich schief stellen, um eintreten zu können.«

Er kicherte.

Sie zog ihn auf.

»Abraxas hat eine tolle Menukarte. Unglaublich, was die für Gerichte anbieten! Für jede Lebenslage etwas, sagte der Mann an der Bar. Für absolut jede Lebenslage! Geile Sache, sag ich dir.«

Sie schob ihn zur Treppe.

»Nur dass dann alles verdammt viel schiefer ist als vorher, das hat mir dieser Kerl nicht mitgeteilt. Wäre doch im Preis inbegriffen!« Er lachte wirr. »Aber vielleicht ist alles wirklich so schief, die ganze Welt, und man tut nur so, als ob alles ganz anders wäre. Die Wahrheit ist, glaub ich, in Wahrheit ganz anders. Was meinst du?«

»Schweig jetzt und konzentriere dich ein bisschen. Tragen kann ich dich nicht.«

Er kicherte.

»Du mich tragen? Warum nicht. Das wäre mal etwas Neues.«

»Vergiss es!«

Sie zog seinen Arm über ihre Schulter.

Er schaute die Treppe hoch.

»Sehr steil und unverschämt schief. Ich weiß nicht, ob ich das schaffe.«

»Jetzt aber los!«, befahl sie.

»Ich kann aber nicht, Nore. Hast du das noch nicht gemerkt? Diese Stadt ist schief. Alles ist hier schief. Sogar meine Beine fühlen sich megaschief an. Hast du gewusst, dass diese Stadt auf Pfählen steht?«

»Ja, natürlich. Das steht im Reiseführer.«

»Und du hast es gewagt, hierherzukommen? Diese Pfähle sind uralt. Was, wenn die heute zusammenbrechen? Das wäre doch möglich.«

Schwankend ging er neben ihr die Treppe hoch, Stufe für Stufe, und hielt sich mit der freien Hand krampfhaft am Geländer fest.

Dass dieser dumme Kerl ausgerechnet jetzt kiffen musste! Warum hatte sie nicht daran gedacht. Sie hätte ihn besser mitgenommen. An die eisige Nordsee.

»Nore, sag mir, was ist, wenn diese Pfähle heute Nacht zusammenbrechen. Einmal geht doch alles kaputt auf dieser Welt. Oder?«

Oben angekommen, steuerten sie auf sein Zimmer zu.

»Hier, nimm den Schlüssel, bitte, Nore. Ich glaube, ich

kann das heute nicht allein. Wetten, dass sich auch das Schlüsselloch schief stellt, um mich zu nerven?«

Er ließ sich auf sein Bett fallen. Nore zog ihm die Schuhe aus.

Dann öffnete er die Augen. »Nore, das Bett ist auch schief! Siehst du? Meine Füße sind oben! Und mein Kopf unten. Bald hab ich alles Blut im Kopf.«

Sie setzte sich auf den Bettrand.

»Was erzählst du da für einen Unsinn! Das Bett steht ganz normal.«

»Dann liegt's an dem verdammten Amsterdamer Gemüse. Abraxas heißt der Typ. Komisch, nicht? Schräger Vogel, schräge Stadt, schräges Bett«, er zog das Kissen über sein Gesicht. Sein Kichern erstickte darunter. Dann warf er es zur Seite. Seine Stimmung schien auf einen Schlag verändert.

»Nore, ich kann hier nicht schlafen. Dieses Bett ist so schief, dass mir schlecht wird davon! Und die ganze Stadt steht auf uralten Holzpfählen, das finde ich nicht vertrauenerweckend. Ich will nach Hause!«

Nore hatte sich vor das Fenster gestellt und schaute auf den Kanal.

Was taten sie hier und worauf warteten sie?

Hier gab's keine Antwort auf ihre Fragen, hatte Plodowski gemeint und er schien das genau zu wissen.

Sie war von der Kneipe direkt zum Museum geeilt, doch die Tore waren schon geschlossen. Vielleicht hatte er sie schlicht und einfach vergessen. Ein Mann, der Treffen plant mit Königskindern, dem würde die Kommissarin aus Bern leicht aus dem Bewusstsein fallen.

Sie legte ihre Stirn an die kalte Fensterscheibe. Hoffentlich hatte er sie nur vergessen.

Die Nacht hatte sich über die Stadt gelegt und das Licht der Straßenlaternen spiegelte sich im dunklen Kanalwasser.

»Nore, vielleicht ist dein Bett weniger schief. Ich …«

»Nein.«

Sie drehte sich zu ihm.

»In deinem Zustand ist jedes Bett zu schief für dich. Schlaf jetzt.«

Nino ächzte.

»Du verstehst mich nicht. Das war kein unsittlicher Antrag, Nore, glaub mir. Es ist nur das Bett, nicht du.«

»Unsittlicher Antrag? Du hast manchmal eine Art, dich auszudrücken!«

»Das gefällt Frauen, die Wert auf Stil legen.« Er kicherte wieder.

»Ach so«, sagte sie ungerührt.

»Du hast doch diesen ExPlodowski getroffen oder wie der heißt. Und? Weiß er etwas?«

»Er ist nicht gekommen.«

»Nicht gekommen? So einer kneift, wenn's brenzlig wird?«

»Ich weiß es nicht.«

Er schwieg und schien nachzudenken.

»Nore, ich habe heute etwas Seltsames erlebt.«

Seine Stimme klang verändert.

»Noch etwas? Dein Tag war anscheinend spannender als meiner.«

Sie setzte sich auf den Bettrand.

»Hör zu. Da stehe ich, umgeben von der Menschheitsgeschichte, mitten in all diesem Krempel von Alexander dem Großen und gleichzeitig bin ich in der Felsenkaverne in Matten. Das war ziemlich schräg. Ich habe noch nie in meinem Leben einen solchen Schweißausbruch gehabt. Diese Kerle dort, die Eskorte von Alexander, die wollten die Ambulanz holen. Mir wurde übel und ich musste mich setzen. Ich bin fast krepiert vor Angst. Mitten in diesem piekfeinen Museum hat's plötzlich gerochen wie in der Felsenkaverne in Matten. Du musst mir glauben.«

Sie schaute auf ihn hinunter.

»Nore, da hatte ich noch kein Gemüse intus«, beschwor er sie.

Sie schaute ihn forschend an.

Wenn der Kleine da die feinsten seiner Antennen ausgefahren hatte, dann geschahen diese Dinge. Es kam nicht selten vor, dass seine Geständnisse ein Echo in ihr auslösten. Eine Erinnerung an etwas Bekanntes, einen Gedanken, der ihr Bewusstsein gestreift hatte und wieder versank.

»Ja, ich weiß und ich glaube dir«, wiederholte sie widerwillig, »aber was nützt das jetzt?«

Nino Zoppa schaute sie zwischen seinen Fingern hindurch an.

»Was weißt du?«

Sie antwortete nicht sofort.

»Bad vibrations im Museum.«

»Ja, mindestens«, flüsterte er und sank in das Kissen zurück.

Sie hätte das Büro von Plodowski nicht verlassen dürfen. Sie hätte ihm den Stein sofort unter die Nase halten und auf seine Erklärung warten sollen.

»Woran denkst du?«, fragte Nino.

»Dass ich es nie mag, wenn du mit solchen Geschichten kommst.«

Vor allem, dass sie immer erst hinterher wusste, was sie mit Sicherheit einen Schritt weitergebracht hätte.

»Ich weiß.«

Er schloss die Finger über seinen Augen.

»Glaubst du, ich spinne?«

Sie schüttelte den Kopf. »Jedenfalls spinnst du nicht mehr als die Welt um dich herum.«

»Da machst du ein Kompliment und kaum freue ich mich darüber, schnappst du die Hälfte wieder weg.«

Sie versetzte ihm einen Nasenstüber.

Er jaulte auf und rieb sich die Nase.

»Wir sind ein tolles Paar, oder?«

Er kicherte wieder.

»Klar.«

»Beruflich, meine ich.«

»Das meine ich auch.«

Er dachte nach.

»Was hat Jacques, was ich nicht habe?«

»Mich«, antwortete sie.

Er grinste. »Tatsächlich?«

Nein, dachte sie. So war das auch nicht. Aber es war nicht der Moment, um diese Sache zu ergründen. Sie schob den Gedanken von sich.

»Okay, schon kapiert. Dich und was noch?«

»Er lacht über sich und über das Leben. Das Essen ist ihm am wichtigsten.«

Jacques roch gut, er roch wie das Leben und er war unkompliziert. Das bedeutete hoffentlich nicht, dass sie ein oberflächlicher Mensch war.

»Und du natürlich, du bist ihm wichtig.«

»Genau.«

»Dieser blöde Franzose«, setzte Nino leise hinzu.

Sie lachte und stand auf.

Sie sei der kulinarische Höhepunkt in seinem Leben, nichts weniger als die Hauptmahlzeit, hatte er kürzlich in einem Anfall von verliebtem Wahnsinn erklärt. Mit funkelnden Augen. »Alle anderen Frauen vor dir waren nicht mehr als Häppchen, amuse-bouches. Mit der Zeit verzweifelt man daran. Man bekommt Magenschmerzen davon. Aber du bist wie ein festliches Gericht. Von dir werde ich satt. Innerlich ganz rund und satt.«

»Dieser blöde Franzose«, hatte Nino gesagt.

»Der Kerl hat Glück mit dir«, sagte Nino Zoppa nachdenklich.

»Danke«, sagte sie, »du schläfst jetzt wohl besser eine Runde.«

Als sie die Tür hinter sich schloss, war er bereits eingeschlafen.

Zum Frühstück am nächsten Morgen erschien er mit einer Sonnenbrille auf der Nase.

»Nur für heute. Es geht nicht anders«, murmelte er.

Er ließ sich ihr gegenüber auf den Stuhl fallen.

Sie schaute ihn an. »Und woher hast du diese tolle Brille?«

Er deutete nach draußen. »Bei der nächsten Brücke ist ein Kiosk. Der Mann hatte drei zur Auswahl. Diese hier war die günstigste.«

Was man auf den ersten Blick erkennen konnte.

Er schnupperte. »Was riecht denn hier so verkohlt?«

»Ich wollte nur dieses schlaffe Brot toasten.«

»Und da hast du deine Finger mitgetoastet.«

»Hm«, sagte sie und kaute weiter. »Der Wirt war auf jeden Fall schnell da.«

»Der Ärmste dachte wohl, dass du sein Hotel abfackelst.«

»Nein. Er hat mir einfach gezeigt, wie man damit umgehen muss. Kurz und kräftig draufschlagen, wenn das Brot schön braun ist. Raffinierte Technik. Man muss nur eingeweiht sein.«

Nino betrachtete den Toaster. »Dieser Apparat hat mindestens zwei Weltkriege überlebt. Wie ist der Kaffee?«

»Sehr gut.«

Der Frühstücksraum war hoch, an den Mauern dunkles Holzpaneel. Das Fenster ging auf einen grünen Dschungel, dunkelgrüne dickblättrige Pflanzen und Büsche verstellten den Blick in den nächsten Hinterhof.

Und Bilder, überall, wo sich die Möglichkeit dazu geboten hatte, hatte jemand ein Bild von van Gogh hingehängt. Es sah aus, als ob jemand einen Bildband auseinandergerissen und die einzelnen Seiten mit Reißnägeln an die Holzwände gepinnt hätte.

Nino folgte ihrem Blick.

»Van Gogh. Originell, was?«

»Das soll die Gäste daran erinnern, dass man das eine oder andere Museum besuchen müsste.«

»Müsste«, wiederholte er. »Gestern habe ich gelesen, dass seine Landsleute herausfinden wollen, ob er verrückt gewesen sei oder nicht. Dazu haben sie eine Ausstellung gebastelt. Auf dem Plakat steht, er selber habe nicht gedacht, dass er verrückt sei. Erstaunlich. Findest du nicht?«

Er lachte.

»Wenn so einer der Ansicht war, nicht verrückt zu sein, dann ist das doch der Beweis dafür, dass er es war.«

Er schaute Nore erwartungsvoll an.

Sie betrachtete das Bild, das über ihrem Tisch hing.

»Spielt es eine Rolle, ob er verrückt war oder nicht?«

»Für uns nicht, für ihn schon. Ich gehe lieber unter in der Weltgeschichte, ohne Namen und ohne Werk, als dass mich einer irgendwann für verrückt erklärt. Ohne dass ich etwas dagegen tun kann.«

»Heute ist es aber eher so, dass man alle diejenigen für verrückt erklärt, die seinen Namen nicht kennen.«

»Dann hat er eben Glück gehabt.«

Nino verfiel in Grübeleien.

»Es ist doch wunderbar, dass die Geschichte Ungerechtigkeiten korrigiert«, nahm Nore Brand den Faden wieder auf.

»Bitte, nein«, flehte er, »heute will ich nichts von Geschichte wissen.«

Er schob die Brille zurück.

Diese verdammte Brille! Sie war zu groß. Aber er hatte keine Wahl. Die Augen schmerzten und die Brille war noch schief dazu. Auch die Erdachse war schiefer als sonst schon, und die Häuser in Amsterdam hatten das bemerkt und bereiteten sich auf noch schiefere Zeiten vor. Dass die Erdrotation sich durch die zunehmende Schräglage auch noch beschleunigte, war doch ziemlich beunruhigend. Eines Tages würde alles, was sonst an diesem Planeten haftete, ins All hinausfliegen.

Und die ganze Weltgeschichte damit.

Nore Brand schaute ihn an. »Was gibt's zu lachen?«

»Amsterdam liegt voll im Trend. Ich begreife endlich, warum die Häuser hier so schief stehen. Die haben einen Vorsprung auf die physikalische Entwicklung des Universums.«

Nore Brand hielt inne mit Kauen.

»Mir scheint, du brauchst heute ein bisschen Schonung.«

Er grinste und wurde dann auf einen Schlag ernst.

»Du planst den Tag?«

»Ja, wenn ich die Tasse leer habe, gehen wir ins Museum. Ich will wissen, was mit Plodowski los ist. Und dann fahren wir nach Hause. Oder besser, direkt ins Simmental hinauf. Plodowski hat mir zu verstehen gegeben, dass wir die Antwort nur dort finden. Er weiß etwas.«

»Also ist er kein …«

Plötzlich stand der Wirt an ihrem Tisch.

»Sorry, dass ich Sie beim Frühstück störe. Aber Sie haben Besuch. Von der Polizei, fürchte ich. Von Kollegen, habe ich eben erfahren.«

Hinter ihm tauchte ein mittelgroßer, rundlicher Mann auf. »Commissaris Willem Cornelius Couperus«, stellte er sich vor, »mit erweitertem Auftrag.«

Commissaris Couperus trug eine Brille mit hellvioletten Bügeln. Seine hohe Stirn verlor sich mitten auf seinem runden Schädel unter einem graublonden Haarbusch. Es gab Biersorten, die ihre Etiketten mit Mönchsgesichtern dieser Art schmückten. Freundlich, rotwangig, den Genüssen des Lebens jederzeit zugeneigt.

Kaum hatten sie sich wieder hingesetzt, eilte der Wirt mit einer weiteren Tasse Kaffee herbei.

Nino Zoppa starrte seinen holländischen Kollegen an. Dann riss er erschrocken seine Sonnenbrille von der Nase.

Couperus amüsierte sich. »Bist du zum ersten Mal hier?«

Nino nickte.

Couperus lachte dröhnend. »Das sieht man dir an. Aber du bist nicht der Einzige, der beim ersten Frühstück in dieser Stadt die Sonnenbrille aufhat. Lass nur. Es ist bestimmt besser so.«

Nore Brand musterte den Commissaris von der Seite. Die Stupsnase mitten in seinem Gesicht würde jeden Anflug von Ernsthaftigkeit zunichte machen. Aber warum saß dieser holländische Kollege an ihrem Frühstückstisch?

Er fing ihren Blick auf. »Ich verteile Bußzettel an Bösewichte und, das wird euch beide interessieren, ich arbeite in meinem erweiterten Auftrag sozusagen als Freelancer auch mal für Interpol, Abteilung Kunst«, sagte er mit todernstem Gesicht, doch seine Äuglein funkelten hinter den dicken Gläsern. »Ihr habt euch am Mittwoch mit Interpol in Verbindung gesetzt. Ich vermute, ihr kennt diesen Mann«, sagte Couperus und legte ein Bild des Archäologen aus St. Petersburg auf den Tisch.

Nino schob die Sonnenbrille hoch und beugte sich über den Tisch. »Nie gesehen.«

»Du nicht, aber ich«, sagte Nore Brand. »Das ist Vladimir Plodowski, der Archäologe aus St. Petersburg. Ich war gestern allein bei ihm. In seinem Büro im Museum Hermitage. Am Nachmittag wollten wir uns nochmals treffen. Ich habe vergeblich gewartet. Als ich ihn dann im

Museum aufsuchen wollte, war es zu spät. Sie schließen um 17.00 Uhr. Da war kein Mensch mehr.«

»Um welche Zeit sollte das Treffen stattfinden?«

»Um halb fünf. Im Café de Knijp.«

»Ja, das ist ganz in der Nähe des Museums.« Er machte eine kurze Pause und schob das Bild in seine Agenda zurück. »Zwischen vier und fünf schwamm der Kerl, oder besser gesagt, seine Leiche, bereits im Kanal am Café vorüber.«

Er amüsierte sich über ihren Gesichtsausdruck. »Entschuldige, aber es ist die Wahrheit. Hoffentlich hat der Kaffee trotzdem geschmeckt.«

Nino Zoppa starrte Couperus an. »Schon wieder einer«, stammelte er.

»Schon wieder einer?«, wiederholte Couperus.

Nore Brand klärte ihren Kollegen auf. Couperus hörte ihr mit der heitersten Miene zu.

»Ach, so ist das«, sagte er schließlich, »der dritte also. Und nun ist auch dem Professor offenbar etwas dazwischengekommen. Um die Mittagszeit muss sich jemand an seine Fersen geheftet haben. Du hattest nie eine Chance auf eine zweite Begegnung.«

Er warf ein paar Zückerchen in seinen Kaffee. »Man kontrolliert alles in diesem Museum. Ich habe mir die Videos angeschaut. Nach dir hat ihn keiner mehr lebendig gesehen. Außer dem Mörder natürlich.«

Er grinste.

»Wir gehen gleich zusammen ins Büro des Professors, aber ihr könnt hier ruhig fertig frühstücken. Der Mann wird nicht mehr lebendig und die Assistenten des Professors haben Zeit, sich etwas zu fassen. Sie sind außer sich, die Ärmsten. Was ihnen zustößt, ist für sie akademisch nicht zu begreifen.« Couperus schnaubte verächtlich. »Sie werden eine Weile brauchen, bis sie für dieses Ereignis die passende archäologische Terminologie gefunden haben.«

Nore Brand schob den Stuhl zurück.

»Nein, wir gehen jetzt. Sofort.«

»Sehr gerne, deshalb bin ich unter anderem auch da«, sagte er, erhob sich und machte eine kleine Verbeugung in ihre Richtung.

DIE FUSSNOTEN DER WISSENSCHAFTLERIN

Es war ein paar Grade kälter als am Vortag. Dicke Wolken hingen über der Stadt, und das Wasser der Amstel wellte sich im harten Westwind.

Kurz nach zehn morgens war es im Museum Hermitage noch sehr ruhig. Als sie das Büro des Professors betraten, kam ihnen eine Frau entgegen. Bis auf die große Hornbrille sah sie aus, wie einem römischen Fresko entsprungen. Riesengroße braune Augen und feine Locken um die Stirn.

Sie hatte ihren langen, schmalen Körper in ein leuchtend blaues Kleid gewickelt.

Dieses Büro, das am Vortag noch vibriert hatte von der Energie des Professors, wirkte nun leer. Öde, wie irgendein Büro. Was darin mal interessant gewesen war, war weg, hatte sich in nichts aufgelöst.

Nore Brand grüßte und stellte sich vor.

Das römische Fresko reagierte verschreckt.

»Sie dürfen hier nichts berühren, hat man mir gesagt.«

»Ich weiß.«

»Sie sind also die Kommissarin?«

Nore Brand nickte. »Und Sie …?«, begann sie.

»Ich …?« Die Frau zögerte. Dann hob sie abwehrend die Hände. »Ich habe nichts getan. Er auch nicht, wir waren …«

»Entschuldigen Sie. Ich möchte nur Ihren Namen wissen.«

»Meinen Namen?« Die Frau lachte nervös.

»Natürlich. Entschuldigen Sie, bitte. Meinen Namen wollen Sie wissen. Ach, wo habe ich ihn nur hingelegt.« Sie lachte wieder. »Meinen Mantel. Wir dürfen nicht hierbleiben, wissen Sie. Ich sollte hier bloß auf Sie warten.«

Nore Brand schaute sie erwartungsvoll an.

»Ach ja, entschuldigen Sie. Meinen Namen müssen Sie wissen. Sylvia Feuerstein. Sylvia Feuerstein-Friedli.«

»Und Sie sind die Assistentin des Professors?«

»Oberassistentin«, korrigierte die Frau rasch, »wissenschaftliche Oberassistentin«, präzisierte sie etwas verlegen. »Mein Mann ist wissenschaftlicher Assistent. Er ist gleich nebenan. Er arbeitet.«

»Wissenschaftliche Oberassistentin«, wiederholte Nino Zoppa flüsternd, »aha.« Er schob seine Brille zurück und verschränkte die Arme.

Die Frau schaute verunsichert zu ihm, dann wandte sie sich wieder an Nore Brand.

»Bitte, setzen Sie sich doch. Ach nein, wir dürfen ja gar nicht. Kommen Sie. Ich habe mit meinem Mann ein Büro, gleich nebenan.«

Sie ging voraus.

Im Büro nebenan erhob sich der wissenschaftliche Assistent.

»Leo Feuerstein«, begrüßte er sie, »ich bin Leo Feuerstein«, wiederholte er mit Nachdruck. »Wissenschaftlicher Assistent von Professor Plodowski. Bitte, setzen Sie sich doch.«

»Hornbrillen-Eule Nummer zwei«, flüsterte Nino Zoppa im Hintergrund.

Leo Feuerstein winkte seine Frau zu sich und begann, Papiere auf dem Schreibtisch zu ordnen.

»Sie verstehen, dass wir nicht viel Zeit zur Verfügung haben. Morgen findet die Eröffnung statt.«

»Aber Leo, ohne Vladimir, ohne Professor Plodowski, können wir doch nicht …«, sie brach ab.

»Die Polizei hat sich vielleicht geirrt. Er kann doch nicht so einfach weg sein! Das geht nicht! Wir haben noch so viel zu tun.«

Sie wandte sich an Nore Brand.

»Die Eröffnungsrede ist noch nicht vorbereitet. Er wusste, wie wichtig diese Ausstellung für uns alle ist! Er muss das doch machen, er kann doch nicht einfach so … Und was tun wir mit dem Prinzen?«

»Küssen«, flüsterte Nino Zoppa, »Prinzen muss man küssen, du süße Brillenschlange.«

Die Assistentin schien ihn in ihrer Aufregung zu überhören. »Der kann doch nicht alles allein …«

»Sylvia«, unterbrach Leo Feuerstein seine Frau, »der Professor kann das nicht mehr tun. Er ist tot.«

»Arbeiten Sie schon lange für Professor Plodowski?«, fragte Nore Brand.

Leo Feuerstein beugte sich über den Tisch.

»Seit fünf Jahren. Er hielt einen Vortrag in Berlin und er war auf der Suche nach einer wissenschaftlichen Begleitung. Das war unsere Chance.«

Nore Brand schaute zwischen den beiden hin und her.

»Nach dem Abschluss meines Archäologie-Studiums verbrachte ich ein Semester in Berlin. Kunstgeschichte. Ich fand keine Arbeit, also beschloss ich weiterzustudieren«, ergänzte seine Frau.

»Und dann?«

Nore Brand hatte sich an Sylvia Feuerstein-Friedli gewandt, aber ihr Gatte war schneller.

»Der Professor schätzte meine wissenschaftliche Haltung sehr. Meine Akribie als Forscher hat ihn beeindruckt. Ich gehe den Dingen immer auf den Grund.«

Dann haben wir immerhin etwas gemeinsam, dachte Nore Brand.

Leo Feuerstein lehnte sich im Sessel zurück und schaute mit zusammengekniffenen Augen hinter dem Tisch hervor.

Oh ja, er würde die Zusammenarbeit mit der Polizei kaum verweigern, aber für ihn war sie nichts weiter als unvermeidliche Schnüffelei. Über seiner Forschungsarbeit jedoch wehte der erhabene Geist der Akademie. Das gab sein Gesichtsausdruck deutlich zu verstehen.

»Im Moment versuchen wir und unsere Kollegen von der Wasserpolizei, einem Mord auf den Grund zu gehen. Mit nicht geringerer Akribie.« Commissaris Couperus, der von der Türe aus die Szene beobachtet hatte, war an den Tisch des Assistenten getreten. Seine Stimme klang so scharf, dass Leo Feuerstein erschrocken zusammenzuckte. Er musste ihn bisher übersehen haben.

»Ja, natürlich, zweifellos, zweifellos«, stotterte er.

»Ist Ihnen in den letzten Tagen etwas aufgefallen? War der Professor anders als sonst? Mit wem, außer mit Ihnen beiden natürlich, hatte er Kontakt?«

»Ich weiß nicht. Es war alles wie immer. Wir waren alle sehr beschäftigt mit der Ausstellung.«

»Darf ich eine kleine Fußnote beifügen?«, fragte Sylvia Feuerstein-Friedli schüchtern. »Mir schien er in den letzten Tagen nervöser zu sein als sonst. Die Vorbereitung für diese Ausstellung hat ihn doch sehr mitgenommen. Es war viel für ihn, in seinem Alter …« Sie überlegte kurz. »Und er wurde rasch wütend. Die Arbeit schien ihm über den Kopf zu wachsen. Aber jetzt, wo er tot ist, habe ich das Gefühl, dass er …« Sie brach wieder ab. Ihr Blick blieb irgendwo im Raum hängen.

»Der Professor hatte nie Angst«, warf Leo Feuerstein ein. »Was erzählst du da?«

Couperus wandte sich sehr freundlich an Sylvia Feuerstein-Friedli. »Denken Sie, dass er Angst hatte? Ist es das, was Sie uns sagen wollten?«

Ihre Augen gingen zuerst zu ihrem Mann.

»Mir fiel vorgestern auf, dass er nach einem Telefongespräch sehr bedrückt wirkte und etwas verwirrt. Er sprach sonst über alles mit uns. Er kannte keine Barrieren. Er erzählte viel. Aber ich hatte das Gefühl, dass es nichts mit der Ausstellung zu tun hatte. Er hätte es mir gesagt.«

»Ja, was die Ausstellung betraf, so hat er immer alles haarklein mit uns besprochen«, bestätigte Leo Feuerstein.

»Gibt es irgendjemand in seinem Umfeld, der ihn …«, Couperus überlegte kurz, »der ihn, sagen wir mal, nicht mochte?«, fragte er weiter.

»Woher sollen wir das wissen? Der Professor war weltberühmt und er kannte viele Menschen«, erwiderte Leo Feuerstein desinteressiert.

Sein Unterton machte klar, dass sich die Polizei mit dieser Sache zu beschäftigen hatte. »Wir arbeiten wissenschaftlich, wir beschäftigen uns ausschließlich mit Fragen, die die Kunst betreffen.«

»Leo hat natürlich recht«, wandte Sylvia ein. »Aber ich hätte da …«

»Eine zweite Fußnote vielleicht?«, flüsterte Nino Zoppa.

Leo Feuerstein schnaubte wütend.

Es war nicht klar, über wen er sich ärgerte, über seine Frau oder über diesen jungen Polizisten mit der Fasnachtsbrille, dem er bisher keine Beachtung geschenkt hatte.

Doch die Assistentin fand die Bemerkung von Nino lustig. »Ja, sozusagen eine zweite Fußnote«, sagte sie mit einem zaghaften Lächeln in seine Richtung. »Der Professor kennt, entschuldigen Sie, kannte sehr viele Menschen. Aber er verbrachte praktisch seine ganze Zeit an der Arbeit. Ich weiß nicht, ob er eine Familie hatte. Er sprach nie von einer Frau. Sein Leben bestand aus Arbeit, Arbeit und nochmals Arbeit. Er war unermüdlich. Seine Assistenten waren seine Kinder, er hatte so viele Assistenten in seinem Leben, und Assistentinnen natürlich …«, sie brach ab.

»Mit Kindern hat man öfters mal Probleme, besonders, wenn es so viele sind«, fuhr Nore Brand weiter.

»Oh ja«, seufzte Sylvia Feuerstein-Friedli.

»Hatte der Professor einen Problemfall in seiner wissenschaftlichen Familie?«, hakte Couperus rasch nach.

»Nicht, dass ich wüsste, sicher nichts Besonderes«, warf Leo Feuerstein ein.

»Es muss nichts Besonderes sein, wir sind bescheiden. Was meinen Sie genau?«

Couperus drehte sich zu Sylvia Feuerstein-Friedli. »Wir wären Ihnen dankbar, wenn Sie die Fußnote noch etwas ausführen würden.«

Sie senkte den Kopf. »Ich weiß nicht«, sagte sie verwirrt. »Ich muss etwas darüber nachdenken.«

Fünf Minuten später saßen sie im Café des Museums.

Commissaris Couperus rührte in seiner Tasse.

»Ich war wohl etwas zu heftig für die Frau Oberassistentin. So ein zartbesaitetes Geschöpf, dass es das noch gibt! Sie hätte bestimmt weitergeredet, wenn ich etwas feinfühliger auf sie reagiert hätte.«

Nore Brand nickte. Sie dachte leider genau das gleiche.

Über Couperus' Gesicht zog sich ein breites Grinsen. »Wie sagt man bei euch? Scheiße, oder?«

Nino Zoppa grinste zurück. »Mindestens! Diese Wühlmäuse sind doch für nichts zu gebrauchen!«

»Wühlmäuse?«, lachte Couperus. »Bitte um ein bisschen Respekt vor der Intelligenzia, mein Junge, aber keine Bange, wir bekommen unsere Chance noch. Ihr fahrt heute zurück?«

»Ja. Unbedingt.«

Bastian Bärfuss hatte angerufen, und was er ihr mitzuteilen gehabt hatte, war so erstaunlich, dass sie vergaß, sofort und gründlich darüber nachzudenken, wie er in den Besitz ihrer Handynummer gekommen war.

Couperus warf einen Blick auf seine Uhr.

»Es reicht noch für eine kleine Grachten-Rundfahrt. Ihr könnt mir sicher noch ein paar Dinge erzählen.«

»Gerne«, sagte Nore Brand. »Und du uns.«

»Ganz bestimmt, und dazu spielen wir ein bisschen Brunetti. Außerdem kann ich auf dem Boot besser denken.«

Er lachte und dabei schoben sich seine runden Wangen weit nach hinten.

»Brunetti spielen«, fragte Nino, »was ist das?«

Couperus riss seine Augen auf. »Commissario Brunetti? Der venezianische Mister Perfect? Du hast noch nie von ihm gehört? Der ist doch sehr bekannt, aber du bist wohl zu jung dafür. Meine Frau schwärmt von ihm. Er ist toll, sagt sie, der perfekte Liebhaber, der perfekte Koch und natürlich der perfekte Kommissar. Da musst du dich noch ein bisschen anstrengen, mein Junge!«

Er lachte schallend und schlug Nino auf die Schulter. »Aber das Beste an diesem Kerl ist, dass er fiktiv ist. Sonst wäre mir meine Frau längst abhanden gekommen.«

Er legte ein paar Euro auf den Tisch und erhob sich.

»Lasst uns gehen. Ein paar Minuten von hier ist eine Reederei. Die haben gute Boote und machen Fahrten für ganz eilige Touristen.«

Kaum hatten sie auf dem Rundfahrtboot Platz genommen, drängte sich die Sonne zwischen den Wolken hindurch. Couperus redete auf die beiden ein und wiederholte ausschweifend, was die Stimme aus dem Lautsprecher erzählte.

»Entschuldigt, aber das Boot geht zu rasch. Was haben die denn heute für einen Skipper? Das sind die sieben Bögen, schaut! Dort oben sitzt der Heilige Georg auf dem Elefanten und dort, bei den Patrizierhäusern, unter der Treppe war der Eingang für die Bediensteten. Heute sehen auch diese Türen so gut aus, dass man gerne täglich durch sie gehen möchte. Aber wer das Geld nicht hat, schaut besser gar nicht hin. Oh, das Bauen an den Grachten war teuer, und je breiter das Haus, desto höher die Steuern. Was haltet ihr davon, 1000 Brücken, 100 Grachten, 100 km Häuser auf Pfählen!«

Er klopfte Nino auf den Rücken. »Wenn du durch Amsterdam spazierst, dann gehst du auf Holz und Wasser.«

»Das weiß ich doch«, sagte Nino Zoppa.

Nore Brand schob ihre Sonnenbrille in die Haare.

»Da ist noch etwas, was du wissen solltest.«

Er hielt inne. »Ach ja, wir haben einen Fall zu lösen. Entschuldige!«

Sie versuchte, die weibliche Stimme aus dem Lautsprecher, die die Schönheiten dieser Stadt pries, zu übertönen. »Elvira Merian, die Schwester des ermordeten Anwalts, hat die Dokumente ihres Bruders durchsucht. Dabei stieß sie auf eine Korrespondenz zwischen dem Professor und Klara Ehrsam. Plodowski hat ein Jahr, bevor Klara Ehrsam ermordet wurde, um eine beträchtliche Erhöhung seiner Unterstützung gebeten. Klara Ehrsam fand das in Ordnung. Schließlich mache dieser Mann eine Forschungsarbeit von welthistorischer Bedeutung. Das wollte und konnte sie unterstützen. Der Anwalt jedoch, Heinrich Merian, schien darüber sehr beunruhigt gewesen zu sein. Das schloss Elvira aus den Anmerkungen, die ihr Bruder unter die Briefe geschrieben hatte. Trotzdem veranlasste er die Überweisungen. Elvira, die sonst über alles Bescheid wusste, habe nichts davon erfahren. Sie hätte ihrem Bruder wohl Beine gemacht. Natürlich will sie es jetzt ganz genau wissen. Auch wenn das Geld, das Klara Ehrsam auch nach ihrem Tod für Plodowski bereithält, unerschöpflich scheint. Elvira Merian ist schon lange misstrauisch. Aus dem Grund sind wir hier. Wir sollten Plodowski auf den Zahn fühlen.«

»Jetzt bleiben uns nur diese Intelligenzbestien, die er für sich arbeiten ließ«, warf Nino Zoppa ein.

Couperus nickte ihm hocherfreut zu.

»Kurz: Die Anwältin Elvira Merian vermutet, dass der Professor erpresst wurde. Das hat mir Bastian Bärfuss eben mitgeteilt.«

»Das wäre also Fußnote zwei, die von der Oberassistentin nicht ganz zu Ende gedacht wurde«, meinte Couperus.

»Dann war auch Plodowski ein Krimineller?«, staunte Nino Zoppa.

»Höchst wahrscheinlich«, erwiderte Couperus, »wir können es leider nur noch nicht beweisen. Interpol ist auf dem Laufenden, was die seltsamen Transporte in die Berge betrifft, diese verschwundenen Schätze, Raubkunst mit größter Wahrscheinlichkeit. Es ist seit vielen Jahren große Mode, Spuren zu verwischen, wenn die rechtmäßigen Besitzer ihren Anspruch erheben. Dieses internationale Abkommen von Washington hat einige dieser Kriminellen, die sich im letzten Jahrhundert Kunst ergaunert haben, aufgeschreckt. Der Krieg hat viele Spuren verwischt, aber mit ein bisschen Glück und Verstand findet man immer noch die eine und andere Fährte. Neuerdings arbeiten die Regierungen zusammen. Nach allen diesen Finanzkrisen tut man alles dafür, den Frieden in Europa zu erhalten, indem man einander die Kriegsbeute zurückschenken will, koste es, was es wolle!«, polterte er. »Und jetzt kommen diese Kunstgauner plötzlich ins Schwitzen. Es war auch höchste Zeit!«

Der Commissaris lehnte sich im weißen Plastikstuhl zurück und faltete die Hände auf seinem Bauch. »Ich möchte zu gerne wissen, wie viel davon bereits in euren schönen Bergen untergebracht ist. Wie viel unter diesen wunderbaren Skipisten versteckt liegt. Unglaublich ist das! Ich fahre jeden Winter ins Berner Oberland. Zum Skifahren, wozu denn sonst. Manchmal denke ich, was wohl unter meinen eleganten Schwüngen alles an Kostbarkeiten versteckt liegt. Ihr habt da ganze Räuberhöhlen und wisst von nichts!«

Er lachte, als ob er eben einen Witz zum Besten gegeben hätte. »Aber ich sage euch, wenn mein Land nicht so flach wäre, dann hätten auch wir einige Ideen! Aber der Kampf gegen das Wasser hält uns seit Jahrhunderten in Atem, leider, und das wird sich nie mehr ändern.«

So sehr ihn die Geschichte um die Raubkunst zu erheitern schien, so sehr stimmte ihn der Gedanke an den ewigen Kampf seines Landes gegen das Wasser nachdenklich.

Man musste ihn bei der Stange halten, diesen Amsterdamer Kollegen, er schweifte ab, wo sich die kleinste Möglichkeit bot.

»Da, hier ist noch etwas, was dich interessieren könnte.«

Nore Brand holte ihr Notizbuch hervor und legte die Seite mit den kyrillischen Zeichen vor Couperus auf den Tisch. Er beugte sich darüber und verstummte augenblicklich.

»Was ist das?« Er nahm den Zettel und las. »Potverdorie! Donnerwetter! Ich glaube …« Er las nochmals.

»Das muss ich mir …« Er begann, seine Taschen zu durchsuchen. »Wo habe ich bloß …«

Nino Zoppa schaltete sich eifrig ein.

»Ich hab es fotografiert. Ich kann's dir schicken.«

»Ein MMS? Ja, unbedingt.«

Nore Brand holte den Edelstein hervor.

»Und das.«

»Was haben wir denn da? Darf ich?«

Couperus nahm den Edelstein vorsichtig zwischen Daumen und Zeigefinger und hielt ihn gegen die Sonne. Erschrocken schloss er seine Faust und schaute sich um, wie einer, der fürchtet, beobachtet zu werden.

»Woher habt ihr das?«

»Aus einem kleinen Tresor.«

»Und wo ist dieser Tresor?«

»Hoffentlich immer noch in der Felsenkaverne beim Flugplatz Matten bei St. Stephan.«

Commissaris Couperus schnappte nach Luft.

»Ich hoffe, dass er noch nicht eingebunkert wurde.«

»Ja, sobald dieser Klimbim eingebunkert ist, ist es aus für uns. Dann kommt keiner mehr ran«, erklärte Nino Zoppa mit wichtiger Miene.

»Wer sagt das?«

»Hene Hari.«

»Hene Hari?«, wiederholte Couperus. »Und wer, bitte, ist das?«

»Unser Tresor-Experte«, sagte Nore Brand zögernd, »sozusagen unser informeller Mitarbeiter vom Flugplatz.«

»Dieser große Kerl mit Kriegsbemalung?«

»Du kennst ihn?«

»Ich habe mich da mal umgeschaut, vor etwa zehn Monaten vielleicht. Eine Spur führte uns in diese Gegend. Wir mussten die Sache abbrechen. Wir kamen nicht weiter. Obwohl ich mir so sicher war. Und jetzt kommt ihr zwei und zeigt mir die Fährte wieder.« Er strahlte über das ganze Gesicht. »Aber dieser kriegerische Flugzeugliebhaber ist so rein wie ein Kind. Ich habe lange mit ihm geredet. Über seine Flugzeuge natürlich. Ein toller Kerl. Und er hat immer Bier im Hangar.«

Rein wie ein Kind? Abgesehen von kleineren Bastelarbeiten an Banktresoren inklusive die eine und andere Geldentwendung, dachte Nore Brand, würde sie das unterschreiben können.

»Er kennt sich etwas aus mit Schlössern«, fügte sie hinzu.

»Ach so«, Couperus strahlte immer noch. »Das wusste ich damals nicht. Leider.«

Couperus schaute den Edelstein in seiner Hand nochmals prüfend an. »Steck den rasch wieder ein. Der macht mir richtig Angst. Ich kenne mich ein bisschen aus mit Edelsteinen. Ich bin in Antwerpen geboren und habe immer in Amsterdam gelebt, wenn ihr wisst, was ich damit sagen will. Kenne mich ein bisschen aus in der Welt der Edelsteine. Wenn ich mich nicht irre, dann ist das hier ein Alexandrit, mit einer hochgefährlichen Dosis Karat. Ein Sammlerstück. Unbezahlbar. Ich nehme an …« Er brach ab.

Nore Brand steckte das Steinchen zurück. »Ja, ich weiß. Nicht die ganze Geschichte, aber genug.«

»Der bringt euch in Lebensgefahr, wisst ihr das?«

»Ja.«

Commissaris Couperus blies seine Backen auf. Er schaute sehr besorgt auf die beiden. »An eurer Stelle würde ich nicht so rasch wieder zu dieser Kaverne fahren. Lasst euch etwas Zeit. Vielleicht finden wir noch die eine und andere Spur.«

»Wir haben keine Wahl.«

Er schaute sie zweifelnd an.

»Es muss sein«, sagte Nore Brand.

Sie hatte keine Zeit zu verlieren. Ihre Ferien gingen zu Ende. In ein paar Tagen war der Chef wieder zurück aus Locarno.

Jetzt ging es direkt in die Höhle des Löwen. Oder wer immer sie im Berg erwartete.

»Junger Mann, kannst du mir möglichst rasch ein gutes Bildchen machen davon, von diesem Steinchen, meine ich, und mir dann schicken? Eines im Tageslicht und eines am Abend, am besten bei Kerzenlicht. Auch von dieser Seite im Notizbuch? Dafür lade ich euch in die beste Frittenbude von Amsterdam ein. Bevor ihr wieder auf den Zug geht.«

»Bei Tageslicht und beim Kerzenschein?«

»Ja, unbedingt. Ich werde es dir später mal erzählen. Aber ich muss noch etwas erledigen.« Er durchsuchte seine Taschen. »Ich hoffe, mein Smartphone liegt auf meinem Bürotisch. Und wenn ihr nichts dagegen habt, dann hole ich euch in einer Stunde beim Hotel ab und bringe euch zum Bahnhof. Noch etwas: Meine Kollegen müssten inzwischen wissen, wer den Professor vor seinem Tod noch angerufen hat. Dann finden wir heraus, wer mit ihm gearbeitet hat. Wir müssen seine Familienmitglieder, das heißt, seine unzähligen Assistenten, unter die Lupe nehmen. Jetzt geht's aber los. Die Spur scheint mir jetzt mindestens so breit wie eine Autobahn!«

Das Rundfahrtboot legte in der Nähe des Hotels an. Commissaris Couperus winkte ein Taxi herbei und weg war er.

Nino Zoppa schaute Couperus bewundernd nach.

»Dieser Kerl grinst sicher andauernd, auch wenn es höllisch gefährlich wird.«

Nore Brand hörte ihm nicht zu.

Woher, zum Teufel, hatte Bastian Bärfuss ihre Handynummer?

Nino schaute Nore Brand erwartungsvoll an. Sie hörte ihm nicht zu. Nein, sie war wieder anderswo. Plötzlich ging ein Leuchten über sein Gesicht.

»Nore! Seit wann hast du eine telepathische Verbindung mit Bastian Bärfuss?«

Nore Brand zögerte einen Moment.

»Da!« Sie hielt ihm ihr Handy unter die Nase.

Nino zwinkerte ihr zu. »Ich weiß es schon lange. Ich habe es gesehen, als du es im Nachtzug vor mir verstecken wolltest. Von Jacques, oder?«

Sie nickte widerwillig.

Männlicher Kontrollwahn. Und sie hatte sich ihm ergeben. Darauf konnte sie nicht stolz sein, aber es war nun mal so. Bärfuss hatte ihre Nummer; Jacques konnte was erleben.

Nino strahlte über das ganze Gesicht. »Armer Jacques«, murmelte er. »Das musst du verstehen. Er ist besorgt um dich.«

»Besorgt? Ich weiß nicht. Vermutlich hat Bärfuss ihn erpresst, mit einer tollen Flasche Wein.«

»Wenn Bärfuss deine Nummer hat, dann müsste ich die auch haben oder etwa nicht? Stell dir vor, ich bin mal in Lebensgefahr!«

»Genauso geht es los«, murmelte Nore Brand. »Genauso funktionieren diese Sachen. Als ob wir dank dieser technischen Wunderwerke mit dem Leben davonkommen würden.«

»Es ist ganz leicht. Schick mir eine SMS und dann hab ich dich.«

»Ja, eben. Sag ich ja. Dann hat man mich! Und genau das mag ich gar nicht.«

»Bei Jacques verstehe ich das, aber wenn Bärfuss dich erreichen kann, dann muss ich das erst recht können.«

Nino schmollte. Genau wie Jacques geschmollt hatte, als sie dieses Handy zum dritten Mal aus ihrer Jackentasche geholt und ihm zurückgegeben hatte. Auf dem Bahnhof, in der Kälte. Sie musste los. Und sie fühlte plötzlich dieses Ding in ihrer Tasche. Sie drehte sich um und sah Jacques noch von Weitem lachen, wie über einen gelungenen Streich. Er warf ihr eine riesengroße Kusshand nach.

Es war eine schmähliche Niederlage.

Sie legte das Handy vor Nino hin. »Wenn es denn sein muss, kannst du dir damit selber eine SMS schicken.«

Nino betrachtete es. »Damit kannst du nicht mal fotografieren«, sagte er enttäuscht. »Das ist ja ein ganz simples Ding.«

»Es telefoniert. Das genügt doch, oder?«

Um 14.30 Uhr verließ der Zug den Hauptbahnhof Amsterdam Centraal.

Nino Zoppa zog die Stöpsel aus den Ohren.

»Nore, was heißt ›fiktiv‹?«

»Fiktiv? Warum?«

»Couperus hat doch von diesem Superman von Venedig gesprochen. Warum ist der fiktiv?«

Nore Brand erinnerte sich und lächelte.

»Was gibt's da zu grinsen? ›Fiktiv‹ klingt doch irgendwie krank, oder?« Nino Zoppa war beleidigt.

Sie dachte nach. »Das heißt so etwas wie erfunden.«

»Aha. Dann ist Couperus also froh darüber, dass es diesen Kerl gar nicht gibt.«

»Ja, genau.«

Er stopfte einen Stöpsel wieder ins Ohr.

»Möchtest du fiktiv sein?«

Sie staunte über seine Frage.

Er war beharrlich. »Möchtest du das?«

»Also, vielleicht, ja, doch, manchmal schon.« Sie grübelte. »Sicher immer dann, wenn es gefährlich wird. Dann könnte man nur warten, bis jemand die Seite umschlägt, und dann aufatmen und weitermachen.«

»Sind wir in Gefahr?«

»Und wie.«

»Trotzdem, ich möchte nicht fiktiv sein.«

Sie lachte wieder und blätterte in ihrem Notizbuch.

»Denkst du etwas?«

Sie lachte immer noch.

»He, sag! Bitte, was denkst du?«

»Typisch Mann! Das denke ich.«

»Aha. Also doch nichts Schlaues.«

Plötzlich klaubte Nino eine Papiertüte aus seiner Jackentasche hervor. »Da, für dich.«

Nore Brand zog die Augenbrauen hoch.

»Danke! Und das, nachdem ich dich beleidigt habe?«

»Hast du das?«

»Ja, ein bisschen.«

»Habe fast nichts gemerkt davon.« Er verzog sein Gesicht.

Sie öffnete die Tüte und ließ einen Gegenstand in ihre Hand gleiten. »Eine Matrjoschka! Wo hast du die gefunden?«

»Nein, eine Babuschka! Im Shop des Museums. Gefällt sie dir?«

Sie drehte die bunte Figur in ihrer Hand, dann nahm sie sie auseinander und stellte alle Figürchen nebeneinander auf.

Es waren fünf. Ein Balalaika-Quintett.

Die letzte Musikerin kippte um.

»Sonderbar. Unser Fall hat mich mal an so eine Figur erinnert. Immer wieder kam eine neue Figur dazu. Jede hatte etwas zu verstecken.« Sie schaute ihn an. »Ich danke dir.«

»Gib mal her!«

Nino Zoppa packte die kleinste Figur und versuchte, sie hinzustellen. Sie fiel wieder um. Er drehte sie um und betrachtete ihre Füße. »Kein Wunder. Die sind nicht sauber geschliffen.«

»Ist doch gut so. Die letzte soll umkippen.«

»Ja, sonst sorgen wir dafür.«

Sie schob die Figuren wieder ineinander, dann nahm sie ihre Zeitung in die Hand. Um elf Uhr in der Nacht würden sie in Bern ankommen.

»Der Mörder könnte doch im gleichen Zug sitzen wie wir«, sagte Nino Zoppa unvermittelt.

Nore Brand ließ die Zeitung sinken.

»Ich glaube eher, dass er fliegt.«

»Wer ist es?«

Sie dachte nach.

»Vielleicht ist es eine *Sie*.«

»Und?«

»Er weiß jetzt, dass wir ihn suchen. Oder sie. Er kennt uns. Er weiß, was wir vorhaben. Vielleicht hat er gewusst, dass wir mit Plodowski Kontakt aufnehmen.«

»Er oder sie …«

»… weiß jetzt, dass wir nahe dran sind, auch an der Schatztruhe.«

»Hast du keine Angst?«

»Doch, natürlich.«

Er versank in Schweigen. Ein Stöpsel hing lose in seiner Hand.

»Ich habe diesen Kerl gerochen. Der muss im Museum an mir vorbeigegangen sein. Es ist nicht anders möglich. Es muss ein Kerl gewesen sein. Oder eine Frau, die sich mit einem grauenhaften Rasierwasser tarnt«, grinste er. »Das wäre doch mal etwas anderes. Tarnung mit Rasierwasser.«

Sie ließ die Zeitung wieder sinken und schaute ihn an.

»Glaubst du mir nicht?«

»Doch!«

»Es muss derselbe gewesen sein, der damals, als wir in der Kaverne im Dreck lagen, zur Tür hereinspaziert kam.«

Umgekehrt, dachte sie, er kam hereinspaziert und wir haben uns hingeworfen. Sie musste pingelig sein. Rein beruflich.

»Hene Hari muss ihn doch erkannt haben, oder nicht?«

»Ich nehme an, dass er eine Vermutung hatte.«

»Mit meiner Nase hätte Hene Hari ihn erkannt.«

Nore Brand nickte. »Ja, falls der Kerl jeden Tag dasselbe Rasierwasser braucht.«

»Männer wechseln ihr Rasierwasser nicht jeden Tag«, sagte er mit einem belehrenden Unterton.

Sie zuckte mit den Schultern. Sie hob die Zeitung wieder und versuchte, den Artikel zu Ende zu lesen.

Nino betrachtete die Rückseite.

»He! Hast du das schon gesehen? Deine Automarke wird chinesisch!«

Nore Brand drehte seufzend die Zeitung um und las ein paar Zeilen. Sie staunte.

»Also kommt zusammen, was zusammenkommen musste. Yin und Yang. Das weiblich Filigrane der asiatischen Welt mit der Kraft des europäischen Nordens.«

»Hä? Und was soll das heißen?«

»Europa kann zusammenpacken, das meine ich.«

»Ist das logisch?«

»Vielleicht nicht logisch, aber wahr. Du wirst schon sehen.«

»Bist du wirklich so cool oder tust du nur so? Begreifst du denn nicht, dass du ab sofort eine asiatische Reisschüssel fährst?«

Nore Brand schaute ihn über die Zeitung hinweg an.

»Die Zeiten der Political Correctness scheinen endgültig vorüber zu sein.«

»Political Correctness? Du sprichst schon wieder in Rätseln.«

»Politische Korrektheit heißt das übersetzt.«

»Übersetzen kann ich selber. Aber ich weiß nicht, was es bedeutet.«

»Asiatische Reisschüssel würde in eben dem Zusammenhang Fahrzeug asiatischer Herkunft bedeuten.«

»Aha. Worte in Tarnfarben meinst du. Nein, das kenne ich nicht. Müsste ich?«

Nore Brand schaute ihn nachdenklich an. War das wirklich schon so lange her?

»Weiß nicht. Irgendwie passt das schlecht zu dir.«

Er räusperte sich. Das bedeutete etwas. Also wartete sie. Sie hatte Zeit.

»Nore, machst du eine Meldung, weil ich im Dienst gekifft habe?«

Sie hob die Augenbrauen. »Im Dienst?«

Sie faltete die Zeitung zusammen.

»Nein, mir scheint, du hast ein bisschen Überstunden abgebaut. Und das ganz zufällig in einem Amsterdamer Gemüseladen. Oder etwa nicht?«

»Ja«, sagte er erleichtert. »In einem tollen Gemüseladen.«

Er grübelte. »Habe ich mich blöd benommen?«

»Und wie! Du hast nur noch gekichert und behauptet, die ganze Welt stehe schief.«

Er lachte. »Das tut sie doch, oder?«

»Ja«, gab sie zu, »irgendwie schon.«

Er atmete auf und steckte den zweiten Stöpsel ins Ohr.

Sie holte ihr Notizbuch aus der Tasche und wedelte damit vor seiner Nase herum.

»Es ist Zeit zu rekapitulieren.«

»Das haben wir doch eben!«

»Nein, haben wir nicht.«

Nino Zoppa zuckte zusammen. Rekapitulieren mit Nore Brand war fast so schlimm, wie früher unter der Anleitung der Mutter Hausaufgaben zu erledigen.

Nur lohnten sich hier keine Ablenkung und kein Aufstand der Welt.

»Bei jedem Namen sagst du mir, was dir einfällt dazu. Wir machen es zur Abwechslung mal so. Wir haben leider viel Zeit dafür.«

Sie blätterte in ihrem Büchlein.

»Wir bleiben am besten im Grandhotel Belvedere. Was meinst du zu Doktor Fischer?«, fragte sie.

»Weiß nicht. Das ist lange her.« Er dachte nach. »Ich glaube, der hasst dich, weil du ihn vor einem Jahr bloßgestellt hast.«

Sie schaute ihn erwartungsvoll an.

»Ich glaube, der passt nicht in die Geschichte. Der Mann hat immer einen knallroten Kopf. Der bekäme einen Herzinfarkt, wenn er wüsste, dass wir ihn verdächtigen. Nein, bei dem liegt nichts drin.«

»Und ein Geheimnis hat er nicht?«

»Der und Geheimnisse? So einer kann nichts zurückhalten. Der hält nichts von Geheimnissen. Der legt alles, was er weiß, auf ein großes Tablett vor sich hin und reißt seine große Klappe auf …«

»… und bittet die ganze Welt, sein wunderbares Wissen zu bewundern«, führte sie seinen Satz zu Ende.

»Ja, genau.«

»Vielleicht ist das Tarnung. Wir sollten ihn trotzdem unter die Lupe nehmen. Wer war noch da? Oh ja, Ricardo Benvenuto alias Richard Schmied.«

»Das ist ein eitler Geck«, sagte Nino Zoppa rasch.

»Eitler Geck?«, wiederholte Nore Brand überrascht. »Du kennst ja Worte.«

»Unsere Nachbarin unterrichtet an der Schauspielschule. Sie braucht manchmal solche Wörter. Vermutlich kann sie gar nicht anders.«

Nore Brand amüsierte sich.

»Also, kommt Herr Schmied infrage?«

»Genauso wenig oder genauso viel wie Doktor Fischer.«

»Das heißt?«

»Im Grunde hält er sich für einen Künstler.«

»Ein Geheimnis der kriminellen Art würde zu ihm passen.«

»Ja. Ich finde. Du?«

»Er hat keinen Tiefgang.« Außerdem schien es ihm zu genügen, Frauen eins auszuwischen. Sie erinnerte sich an das unangenehme Gespräch. Leider gab es keine Paragrafen für Fieslinge.

»Die Witwe des Direktors?«

»Die ist verliebt und kann offensichtlich nicht mehr geradeaus denken.«

»Traust du ihr das zu?«

»Dass sie richtig denken kann oder kriminelle Neigungen hat?«

»Beides.«

»Ja. Ihr traue ich viel zu. Sie ist undurchsichtig.«

»Undurchsichtig?«

»Ja, undurchsichtig.«

»Wenn sie durchsichtig wäre, würde man direkt ins Nichts schauen.«

Nore Brand lachte überrascht. »So philosophisch! Und wenn das Allerschlimmste tatsächlich aus dem Nichts auftauchen würde?«

Nino zuckte zusammen.

»Das wäre sehr unangenehm.«

»Und wie!«

Nore Brand schob das Büchlein wieder in die Jackentasche.

»Dann wäre noch der Mann vom Empfang. Ich habe mir seinen Namen nie merken können. Dummerweise habe ich ihn nicht aufgeschrieben.«

»Das Krawattenfrettchen? Der kommt nicht infrage, der ist zu hohl.«

Draußen flogen Bauernhöfe vorbei, Kanäle, die das fahle Abendlicht auffingen.

»Ich komme mir seit Tagen vor wie irgendetwas zwischen Fähnlein Fieselschweif und James Bond. Anfang der Woche lagen wir zu dritt in dieser Felsenkaverne und kamen fast um vor Angst.«

»Eher Fähnlein Fieselschweif als James Bond. Tick, Trick und Track, das passt besser.«

»Huey, Dewy und Louie«, ergänzte Nore Brand. »Wir halten uns von jetzt an besser an Originale.«

Nino lachte, doch Nore Brand blieb ernst. »Heute erklärte uns ein Mann von Interpol, dass uns dieses Steinchen tatsächlich in eine dumme Lage bringen könnte.«

»Der Alexandrit«, sagte Nino Zoppa. »Du hast ihn hoffentlich noch!«

Nore Brand nickte.

Er war immer am gleichen Platz, in der kleinen Tasche rechts, dort, wo sonst immer etwas Geld für den Kaffeeautomaten steckte.

»Wir müssen Couperus noch ein Bild schicken vom Stein.«

»Und von deinen Notizen. Aber das habe ich im Kasten.«

Nore Brand schaute sich um. Im Abteil nebenan saß

eine ältere Dame mit einer Thermosflasche in der einen und einem dampfenden Kaffeebecher in der anderen Hand. Auf dem Sitz neben ihr drohte eine karierte Plastiktasche voller Weihnachtseinkäufe, aus den Nähten zu platzen. Sie beantwortete Nores Blick mit einem freundlichen Lächeln.

Nore Brand holte den Edelstein aus der Tasche und hielt ihn ans Licht.

»Siehst du etwas Besonderes?«

Nino schüttelte den Kopf.

»Nein, ich kenne mich leider nicht aus.«

»Etwas höher, ans Tageslicht, hat er gesagt«, forderte Nino sie auf. »Couperus wird sich freuen. Gib mir mal her.«

Er nahm das Steinchen und hielt es zwischen Daumen und Zeigefinger ins Licht.

»Oh«, erklang es von nebenan, » very nice!« Die nette Dame schien beeindruckt. »For Christmas? Weihnachten?«

Nore Brand fasste sich und lächelte zurück. »Yes, Christmas!«

Sie steckte den Edelstein rasch in ihre Jeans zurück.

»Und heute Abend knipsen wir noch mal bei Kerzenlicht.«

Mal war er ein bisschen grün und mal ein bisschen rot. Die Weihnachtsfarben.

»So, in drei Sekunden hat er das Bild. Er wird sich freuen. Das andere bekommt er später.«

»Das geht bestimmt direkt an seine Kollegen und Kolleginnen von Interpol, und bald werden sie uns eine Geschichte darüber erzählen.«

Nino legte sich im Sessel zurück. »Lass mich etwas dösen. Vielleicht kommt mir auch eine Geschichte dazu in den Sinn.«

Nore Brand streckte sich und rieb sich den Rücken.

»Ich hole mir eine Tasse Kaffee. Einer von uns beiden muss wach bleiben. Es ist immerhin möglich, dass der Unbekannte, das heißt, der Mörder, in diesem Zug mitreist.«

Denn es war nicht auszuschließen, dass auch Mörder an Flugangst litten.

»Wie möglich ist das?«

»Er ist uns immer etwas voraus. Wobei …« Sie zweifelte. »Ich war schneller bei Plodowski, aber ich konnte die Chance nicht nutzen.«

»Und was tut er jetzt?«

»Er vermutet wahrscheinlich …«, sie schaute einen Moment schweigend durch das Zugfenster. »Oder sie, es könnte immer noch eine Frau sein, die Witwe des Direktors. Also er oder sie weiß, dass wir die Räuberhöhle kennen. Ich bin sicher, dass der Mörder Plodowski angerufen hat, als ich bei ihm war. Nach diesem Gespräch hat er gemeint, dass ich besser zurückfahre, wenn ich eine Antwort auf meine dringendste Frage wolle.«

»Hat Couperus herausgefunden, woher das Telefonat kam?«, fragte Nino Zoppa.

»Ja. Aus einer Telefonkabine eines Warenhauses. Im Zentrum der Stadt. Höchstwahrscheinlich hat er von Plodowski erfahren, dass wir da waren und ihm den Beweis vorgelegt haben, dass wir in der Kaverne waren.«

»Höchstwahrscheinlich?«

»Ziemlich sicher. Wir gehen besser davon aus. Und Plodowski musste auch aus dem Weg geräumt werden. So schnell wie möglich.« Sie verschränkte ihre Hände hinter dem Kopf und schaute aus dem Fenster. »Der Direktor kam auf einem Spaziergang um. Das ist unspektakulär, erregt kein Aufsehen. Und die Basler Polizei hat zufällig herausgefunden, dass Merian vergiftet wurde. Normalerweise würde man auf eine genaue Untersuchung verzichten. Bei einem Mann in seinem Alter, der Jahrzehnte lang, ohne je einmal Ferien gemacht zu haben, sein Anwaltsbüro führt, muss es irgendeinmal doch das arme Herz sein, oder?«

»Der hat nie Ferien gemacht?«

»Nie. Sein Beruf war sein Leben. Elvira hat das voller Stolz erzählt.«

»Also haben wir zwei unauffällige Morde. Auch der dritte hätte unauffällig sein können. Plodowski fiel in den Kanal und er konnte nicht schwimmen. Ein älterer Herr in seiner Mittagspause zu nahe am Wasser und … Uns sind die Todesfälle bloß aufgefallen, weil wir etwas von den Opfern wissen.«

Nino Zoppa nickte.

»Mittlerweile weiß der Kerl also, dass wir ihm auf den Fersen sind, weil wir den Grund der Morde kennen.«

»Ja, er muss Mitwisser auslöschen. Wer von der Kaverne weiß, muss weg«, sagte sie.

»Wir gehören auch dazu.«

Sie nickte.

Er schüttelte ungläubig den Kopf. »Eigentlich schade, dass aus dem Lebensplan der roten Klara eine kriminelle Katastrophe geworden ist. Gut, dass sie nichts davon erfahren hat.«

»Sie muss etwas geahnt haben damals. Leider kam diese Hochstaplerin dazwischen.«

»Und während wir beide abgelenkt waren, hat jemand in aller Ruhe Kunstschätze in den Berg geschoben.«

»Ja, keine internationale Zusammenarbeit in Sachen Kunst. Ein erpresserischer Gauner, der weiß, wer etwas verbergen muss, und ein paar leerstehende Kavernen für seine Ware benutzt.«

»Oder eine Gaunerin«, präzisierte Nino Zoppa, »die Polizei verbietet jede Geschlechterdiskriminierung in Wort und Schrift.«

»Danke, dass du mich daran erinnerst. Aber jetzt brauche ich einen Kaffee.«

Nino Zoppa zog den Reißverschluss seiner Jacke hoch. »Jetzt müssen wir die Ehre von Frau Ehrsam retten. Das gefällt mir.«

Die Ehre retten? Nore Brand schaute ihren Lehrling verblüfft an. Ja, der Kleine hatte Recht.

»Schau mich nicht so an, Nore. Komm. Wir gehen jetzt ganz unauffällig ins Zugrestaurant. Ich bin deine Eskorte. Hast du Geld dabei?«

DIE VERLORENE TOCHTER

Am Freitagmorgen, es war der 26. November, saß Nore Brand in ihrem Büro und durchsuchte ihre Schubladen nach den Notizbüchlein des vergangenen Jahres. Sie hatte nachgerechnet. Acht waren es, und auf einer der vielen vollgekritzelten Seiten musste doch noch etwas sein, ein Gedanke, vielleicht sogar ein Name, irgendetwas, was sie bisher völlig übersehen hatte. Im besten Fall ein Hinweis, der ihr auf der Stelle die Augen öffnen würde.

Ein Büchlein nach dem andern tauchte auf. Sie überprüfte die Daten und legte sie in der richtigen Chronologie vor sich auf den Tisch. Sie schob die Post, die ihr jemand hübsch gestapelt hingelegt hatte, zur Seite, um genügend Platz zu haben. Da blieb ihr Blick an einem Brief hängen, den kaum der Zufall oben auf den Stapel gelegt hatte. Unbekanntes Papier, unbekannte Handschrift. Handschrift!

Fremdartig blaue Tinte.

Sie hob ihn auf.

Heinrich Merians Adresse! Wie kam dieser Brief auf ihren Tisch? Sie schaute ihn genauer an. Südafrikanische Briefmarke. Sie wendete ihn. Rose K. Ehrsam, Johannesburg. Sie riss den Umschlag auf und fand darin einen zweiten. ›Bitte weiterschicken an Kommissarin Brand‹, stand da in hohen, deutlichen Buchstaben. Sie riss den zweiten Umschlag auf.

Ihre Augen glitten über die Zeilen. Die Handschrift verriet einen energischen Drang nach vorne. Die Worte und Sätze schienen über das dünne Papier zu hasten.

Sehr geehrte Frau Brand,

Merian hat mich benachrichtigt. Er lobte Sie in den höchsten Tönen, dieser Wüstling! – Offenbar haben Sie einiges herausgefunden. Dass meine Mutter, Klara Ehrsam, am Ende ihres Lebens auch für die Polizei ein ›Fall‹ wurde, erstaunt mich nicht. Für mich war sie es ein Leben lang! Dieser Petersburger Professor hat sehr viel Geld erhalten für seine Arbeit. Sein Vorname ist Vladimir. Das weiß ich sicher.

Meine Mutter hielt ihn für ein Genie. Ich nehme an, dass er sich von ihr sein verrücktes Hobby finanzieren ließ, diese jahrelange vergebliche Suche nach dem Bernsteinzimmer. Sie war besessen davon, und er verheimlichte ihr die Aussichtslosigkeit dieses Unternehmens vermutlich über einige Jahre hinweg. Wenigstens hat er sie auf charmante Art hinters Licht geführt. – Als die Sache mit dem Bernsteinzimmer endgültig gescheitert war, hielt sie trotzdem an ihrem Lebensplan fest, dickköpfig, wie sie war. Sie war der Ansicht, dass da noch viele Schätze waren, die man retten musste. Vor allen möglichen Katastrophen. Heinrich Merian, ihr engster Vertrauter, hatte ihr hoch und heilig geschworen, ihr Geheimnis mit ins Grab zu nehmen. Doch mich hat er ins Vertrauen gezogen.

Merian! Diese Plaudertasche! Nore Brand ließ sich auf ihren Stuhl fallen. Wie viele noch? Wie groß war der Kreis der Eingeweihten wirklich?

Sie las weiter.

Er war der Ansicht, dass die Tochter es erfahren musste. Aber ich will mich kurz halten. Meine Mutter ist tot. Die

Umstände hätte sie selbst wohl sehr aufregend gefunden!

Nun bitte ich Sie, in Klara Ehrsams Namen, Stillschweigen zu bewahren. Das ist alles, was mir für sie zu tun bleibt. Nicht etwa, weil ich eine liebende Tochter bin, sondern weil ich ihre Pläne trotz allem für großartig halte.

Mit dem größten Dank für Ihre Diskretion und der inständigsten Bitte, diesen Brief nach dem Lesen zu vernichten, grüßt Sie hochachtungsvoll

Rose K. Ehrsam

Johannesburg

Rose K. Ehrsam.

Eine doppelte und äußerst verwirrende Verneigung: vor der Kommunistin und Revolutionärin Rosa Luxemburg und vor Katharina der Großen von Russland.

Was für eine Last, so zu heißen. Wer würde da nicht fliehen? Nore Brand steckte den Brief in den Umschlag zurück.

Sie fuhr sich ratlos durch die Haare. Wie viele, verdammt noch mal, wussten von dieser Sache?

Sie zog das Telefon zu sich und war eben im Begriff, eine Nummer zu drücken, als es an der Tür klopfte.

Bastian Bärfuss streckte den Kopf herein.

»Nore, schön, dass du wieder da bist! Darf ich?«

Ohne ihre Antwort abzuwarten, zog er die Türe hinter sich zu.

Er deutete auf den Brief auf ihrem Tisch.

»Das kam heute Morgen mit der Post. Elvira Merian ist immer noch am Aufräumen. Sie trägt die Papierberge ihres Bruders ab, dabei hat sie diesen Brief gefunden. Sie hat mich gestern in aller Frühe angerufen. Dieser Brief kam dann per Express. Saumäßig teuer, fand sie. Aber in dieser Sache könne man jetzt nicht knauserig tun. Nach allem, was geschehen sei.«

»Hier, lies!« Nore Brand schob den Brief über den Tisch.

Bastian Bärfuss nahm ihn auf und las.

»Dieser Brief hätte nichts verändert. Oder doch?«

»Nein, er wäre so oder so zu spät gekommen. Aber ich wüsste gerne, wie viele Menschen Merian ins Vertrauen gezogen hat. Bisher war ich sicher, dass wir den Kreis der Eingeweihten ziemlich genau kennen.«

Bastian Bärfuss setzte sich auf die Tischkante.

»Manchmal treffen seltsame Ereignisse zusammen. Heute Morgen hat mich Klara Ehrsams Tochter angerufen. Sie macht Winterferien in der Schweiz. Und besucht natürlich ihre Familie. Seit gestern ist sie bei ihrer Tante. Erinnerst du dich an Fräulein von Wyberg?«

»Ja, natürlich!« Das Bild der alten Dame vor dem kalten Kamin, mit einem Gläschen Sherry in der Hand, tauchte sofort in ihr auf.

»Sie hat sich nach dir erkundigt. Sie wollte mit dir sprechen.«

Bastian Bärfuss warf einen Blick auf die Uhr.

»Wenn du dich beeilst, triffst du sie noch. Ich schlug ihr vor, beim Spettacolo im Bahnhof nach dir Ausschau zu halten. Sie wollte sich bedanken. Wofür, weiß ich nicht. Das musst du selber herausfinden. Sie nimmt den Zug nach Zürich. Um zehn.«

Nore Brand schoss hoch. »Warum sagst du das nicht gleich?«

Sie hatte die Türklinke schon in der Hand.

»Nore, wart! Noch etwas! Bucher hat telefoniert. Wo du eigentlich bleibst, wollte er wissen.«

»Warum?«

»Er etwas gefunden, dieser Donnerskerl. Er hat Gipsabdrücke! Und der Kerl weiß, welcher Abdruck vom Schuh des Direktors stammt. Hast du ihm den Auftrag gegeben? Ich habe ihn schon so lange nicht mehr lachen hören. Er war immer verdammt gut im Spurenlesen, dieser Bucher. Jetzt sucht er die Person, die den Direktor begleitet hat.«

»Schuhgröße?«

»41.«

»Typ?«

»Winterschuh. Allrounder.«

»Frauenschuh?«

»Könnte sein. Aber diesen Typ tragen Frauen und Männer.«

»Eher eine Frau also. Eine mittelgroße Frau.«

»Oder ein zierlicher Mann.«

»Ja, sicher.« Sie dachte kurz nach, bevor sie sich abwandte. »Danke, Bastian. Schickst du Nino zu mir, wenn er sich meldet?«

Bärfuss runzelte die Stirn.

»Nore, jetzt geht's wirklich in die Endrunde, oder? Der Countdown läuft und es handelt sich tatsächlich um eine schlimmere Sache.«

»Das werden wir bald sehen«, sagte sie. Auf der Schwelle drehte sie sich um. »Wie viel hast du Jacques für meine Handynummer gegeben?«

»Wie viel wovon?«

»Flaschen Wein, nehme ich an. Wie viel?«

»Es ist nicht die Frage der Menge, Nore. Über die Art der Bestechung sprechen wir nicht. Das ist Männersache.« Er versuchte zu grinsen. »Das musst du verstehen.«

»Muss ich das?«

Morgen würde sie Jacques wiedersehen. Zeit genug, eine angemessene Antwort auf diesen Streich zu finden.

Bastian Bärfuss schaute ihr nach. Nore Brand hatte die letzte Stufe gezündet, sie war guter Dinge. Von nun an musste es schnell gehen. Der Chef würde kurz vor Feierabend zurück sein, Bastians Büro stürmen und voller Enthusiasmus und langatmig sein neu erworbenes Wissen über die Qualität von Polizeiarbeit im Speziellen sowie im Allgemeinen ausbreiten. Bärfuss stöhnte innerlich.

Zurück in seinem Büro, zupfte er das Kuhfell zurecht. Diese Ruhe vor dem Sturm hatte er nie gemocht. Er griff nach seiner Pfeife; er merkte nicht, dass sie kalt war.

Oh ja, Nore war guter Dinge, das hatte er gespürt. Trotzdem hatte er ein ungutes Gefühl. Irgendeinmal würde auch sie zu hoch pokern.

Nore Brand eilte die Treppe in die Bahnhofshalle hinunter. Ein Stehtisch beim Café Spettacolo wurde eben frei, sie schob sich rasch hin und ließ ihren Blick über Passanten und Wartende schweifen. Ein eisiger Luftzug fegte durch die Treppen. Wie sah die Frau aus, die sie suchte? Wie alt war sie?

»Frau Brand? Kommissarin Brand?«

Nore Brand drehte sich um.

Eine Frau streckte ihr die Hand entgegen. Sie trug einen

eleganten hellen Wintermantel. Was hatte sie denn erwartet? Tweed vielleicht. Wie die Mutter.

»Ich bin Rose. Rose Ehrsam. Aber sagen Sie einfach Katharina zu mir.«

Die Frau lächelte.

Nore Brand erinnerte sich an das Bild, das sie bei Fräulein von Wyberg gesehen hatte. Die gleiche Körperhaltung, das Gesicht lachend, die Frische der Jugend war längst gewichen.

»Ich bin froh, dass es geklappt hat. Ich habe gehofft, dass Sie einen Moment Zeit hätten. Ich glaube, ich muss mich bei Ihnen entschuldigen.«

»Entschuldigen? Wofür denn?«

»Vielleicht erinnern Sie sich. Ich hatte Sie in einem Brief gebeten, das Geheimnis meiner Mutter zu wahren. Das war vor einem Jahr. Ein unnötig dramatischer Brief, vermute ich.« Die Frau lächelte entschuldigend. »Sie haben nie darauf reagiert. Begreiflich. Man darf die Polizei nicht bitten zu schweigen, oder? Dafür möchte ich mich entschuldigen.«

Nore Brand fühlte sich ertappt; sie schüttelte abwehrend den Kopf.

»Ich habe Ihren Brief erst heute Morgen erhalten. Elvira Merian hat ihn gefunden. Außerdem …« Nore Brand verstummte. Es war ihre eigene Entscheidung gewesen zu schweigen.

Oder ihr Versäumnis zu reden, aber das spielte längst keine Rolle mehr.

»Ja, der Anwalt, Merian«, sprach die Frau zögernd weiter, »ich habe gehört, er ist tot. Er war mehr als ein Anwalt für meine Mutter. Er war ein Freund.«

Sie schaute Nore Brand fragend an. »Und der Direktor ist abgestürzt? Meine Tante hat so etwas in der Zeitung gelesen. Sie war nicht mehr ganz sicher, aber hat das auch damit zu tun? Mit ihr?«

»Mir ihr nicht«, sagte Nore Brand, »es war eher das Geld. Sie hatte doch ...«, sie zögerte und suchte nach Worten, die nicht verletzten, »... eine sehr große finanzielle Reichweite.«

Katharina Ehrsam lächelte überrascht.

»Ja, so könnte man das sagen, natürlich. Ich glaube, am Schluss wusste sie nicht mehr genau, was mit ihrem Vermögen alles angestellt wurde. Sie wusste, dass Vladimir immer mehr brauchte. Nach unserem letzten Gespräch war ich sicher, dass sie dafür eine Erklärung wollte. Sie plante eine Reise nach St. Petersburg. Da war doch seine letzte Ausstellung.«

»Nein, die letzte wird in diesen Tagen eröffnet, im Museum Hermitage in Amsterdam. Aber das erlebt er nicht mehr. Man hat seine Leiche vorletzte Nacht in einer Gracht gefunden.«

Katharina Ehrsams Augen weiteten sich.

»Vladimir ist tot?«

Plötzlich trat eine Frau von hinten an sie heran und umfasste sie.

Katharina Ehrsam fuhr zusammen.

»Was? Du?«

Die Frau lachte übermütig.

»Natürlich! Wer denn sonst?«

Die Unbekannte wirkte sehr lebhaft und gut durchlüftet. Sie schaute Nore Brand fragend an.

»Vladimir ist auch tot«, sagte Katharina fassungslos.

»Und jetzt meinst du sicher, dass du die Nächste bist!«

»Lass das!«, sagte Katharina.

»Das war nur ein Witz! Entschuldige! Aber wie ist das denn passiert?«

»Man hat ihn in einer Gracht gefunden. In Amsterdam.«

»Und jetzt?«

Katharina schaute zu Nore Brand. »Das weiß nur Frau Brand.«

»Und wir können nicht helfen. Oder?«

»Nein, kaum«, sagte Katharina.

»Dann nützt es auch nichts, wenn wir jetzt Trübsal blasen! Da, schau her!«

Die Frau hielt triumphierend ein paar Tüten hoch. »Ich war auf Weihnachtssafari! Ich habe mich total ruiniert!« Sie wandte sich zu Nore Brand. »Katharina vergisst immer die naheliegendsten Dinge«, sagte sie mit einem leisen Vorwurf in der Stimme. »Also, Sie sind Frau Brand, die Kommissarin«, stellte sie fest, »freut mich sehr.« Ihr Händedruck war kräftig.

Sie wandte sich an Katharina. »Unser Zug fährt bald, meine Liebe!«

Katharina Ehrsam schien ihr nicht zuzuhören.

»Dass Vladimir jetzt auch tot ist …«, begann sie.

»… spricht nicht unbedingt für deine Familie, das willst du doch sagen, oder?«, warf die Frau an ihrer Seite spöttisch ein.

»Hatte Ihre Mutter Verdacht geschöpft?«, fragte Nore Brand.

Katharina Ehrsam dachte nach. »Sie war es gewohnt,

den Menschen in ihrer Umgebung überlegen zu sein. Irgendwann ist ihr vielleicht der Gedanke gekommen, dass auch die andern ihre Spiele spielten, mit ihr.«

Ihre Begleiterin deutete auf die Uhr.

»Ja, wir müssen los«, sagte sie, »leider, der Zug wartet nicht. Aber da ist noch etwas.« Sie presste die Lippen kurz zusammen, bevor sie weitersprach. »Vielleicht haben Sie sich gewundert, dass ich nicht herkam, letztes Jahr, auch nicht zur Beerdigung. Es war mir nicht möglich …« Sie suchte nach Worten.

»Sie war im Spital«, unterbrach sie ihre Begleiterin ein bisschen ungeduldig, »eine komplizierte Operation am Knie. So einfach ist das. Sie wäre gekommen, wenn es irgendwie möglich gewesen wäre. Man hat es etwas schwer mit diesen ernsthaften Kreaturen«, sagte sie zu Nore Brand, »aber Katharina ist kein Unmensch, das weiß ich aus langjähriger Erfahrung.

»Ich wäre gekommen, ganz bestimmt«, bestätigte Katharina Ehrsam hastig. »Trotz allem. Ich ging ja sehr früh weg von zu Hause. Europa war knapp groß genug für meine Mutter«, lachte sie wieder, »also musste ich etwas weiter. Auf die südliche Halbkugel. Afrika hat sie nie interessiert. Zu wenig Kultur, zumindest von der Art Kultur, die ihr lebenswichtig schien.« Sie wurde wieder ernst. »Als mein Vater starb, war niemand mehr da, der ihr wirklich zu Seite stand. Er hat sie immer vor Vladimir gewarnt, das habe ich schon als Kind mitbekommen. Meine Mutter hielt es für Eifersucht. Sie lachte nur darüber.«

Sie machte eine Pause.

»Geld hat mich nie interessiert.«

»Leider. Deshalb bist du auch eine ganz miserable Partie«, warf die Begleiterin ein, »wenn da nicht die eine oder andere Qualität wäre … So, aber jetzt ist fertig mit deiner Lebensbeichte. Der Zug wartet nicht!«

Sie wandte sich mitfühlend an Nore Brand. »Ich möchte Ihren Job nicht. Alle diese familiären Scheußlichkeiten.«

Nore Brand lachte widerwillig. So war es, es ging fast ausnahmslos um private Scheußlichkeiten, das hatte diese Frau ziemlich auf den Punkt gebracht.

Wie aus dem Boden gewachsen, stand Nino Zoppa plötzlich vor ihnen. Er keuchte. Er nickte den beiden Frauen zu. »Nore«, begann er, »wir müssen …«

»Nino Zoppa, mein Assistent«, stellte Nore Brand vor.

»Freut mich, aber jetzt müssen wir uns ebenfalls beeilen«, sagte die lebhafte Begleiterin und packte ihre Tüten.

Die beiden Frauen verabschiedeten sich und eilten los.

»Wer war das?«, fragte Nino.

»Katharina Ehrsam, die Tochter der roten Klara.«

»Die große Unbekannte also«, erinnerte er sich. »Und die andere?«

»Eine Löwenjägerin, vermute ich.«

»Eine Löwenjägerin?«, wiederholte Nino Zoppa verblüfft und schaute den beiden Frauen nach.

»Das würde doch passen, oder? Ganz sicher war es die Schwiegertochter.«

»Hä?«

»Die Schwiegertochter der roten Klara.«

»Die Tochter und die …?«

»Ja, Schwiegertochter.«

»Und woher weißt du das?«

»Weil ich Augen im Kopf habe.«

Nino Zoppa drehte sich um schaute den beiden nach. Doch die waren längst in der Menschenmenge verschwunden.

»Was du immer so siehst! Übrigens, hast du gehört, Bucher hat Bastian angerufen. Deshalb habe ich dich gesucht!«, sagte Nino.

»Ich weiß. Er hatte einen Auftrag.«

Er dachte angestrengt nach.

»Dienstag!«, half sie nach.

»Ja, verdammt! Das ist ja eine Ewigkeit her!«

»Genau deshalb müssen wir uns beeilen. Wir müssen dort sein, bevor Bucher pensioniert ist.«

BESUCH IM GRANDHOTEL BELVEDERE

Beim Forsthaus steuerte Nore Brand ihren orangen Volvo auf die Autobahn.

Nino saß grübelnd neben ihr.

»Ich kann deine Sprechblase nicht entziffern«, sagte sie.

»Da gibt's auch nichts zu entziffern. Im Moment spaziert nur ein Ameisenzug hindurch.«

»Ja, so ungefähr hat es sich angefühlt«, lächelte Nore Brand.

»Das Leben ist schon verdammt ineffizient«, murmelte er. »Nach einem kleinen, aber sehr anstrengenden Umweg über Amsterdam fahren wir schon wieder ins Simmental hinauf.«

Nore Brand schaute ihn kurz von der Seite an. Ein Ohr war frei. »Weil keine Bauingenieure für die Wege der polizeilichen Ermittlung zuständig sind. Deshalb.«

Er schwieg eine Weile.

»Bauingenieure? Die sollen Wege bauen. Nicht verbauen. So wie hier. Baustellen, nichts als Baustellen. Diese Welt ist wirklich eine einzige Baustelle, sogar in Amsterdam war's so«, murmelte er. »Siehst du, jetzt schneit es schon wieder.«

Nasse Schneeflocken klatschten an die Frontscheibe.

Plitsch, plitsch und platsch. Die Scheibenwischer hatten zu viel zu tun, waren immer zu spät. Ohne Unterlass klatschte neuer Schnee auf die Scheibe.

Er kurbelte das Seitenfenster herunter und versuchte,

sie aufzufangen. Frische, kalte und nasse Luft drang in den Wagen.

»Meine Großmutter sagte immer, es schneit Leintücher, wenn die Flocken so groß waren.«

Leintücher für den kleinen Däumling und für die Elfen.

Nore Brand konzentrierte sich auf die nasse Fahrbahn.

»Halt deinen Arm mal ganz ruhig in den Wind. Vertikal. Die Finger schön aneinander. Und jetzt kippst du sie um neunzig Grad nach vorn. Horizontal.«

Nino Zoppa probierte.

»Spürst du den Widerstand?«

»Und wie! Es reißt meine Hand nach oben weg!«

Er probierte wieder und wieder. Er staunte.

»Und was soll das jetzt?«

»Vielleicht hilft das gegen Flugangst. Mit ein bisschen Geschwindigkeit trägt der Wind. Das heißt, es ist nicht möglich, dass ein Flugzeug einfach so vom Himmel herunterfällt. Wie ein Apfel vom Baum.«

»Es sind also die Flügel«, sagte er. »Und woher weißt du das?«

»Ich habe mal ein Buch gelesen.«

»Über Flugangst?«

»Ja.«

»Warum denn das?«

»Herr Einstein würde dafür keine Erklärung brauchen.«

»Danke!«, sagte er nach einer Weile überrascht.

»Sobald ich mal ein Buch über Mäusepanik finde, melde ich mich, okay?«

Er grinste und stopfte die Stöpsel tiefer in die Ohren.

Die Umleitungsschilder waren verwirrend und all die frisch aufgemalten Markierungen. Alte, neue, provisorische Markierungen, alles in einem gemeinen Durcheinander.

Und welche Spur führte nach Interlaken? Dichtes Schneetreiben verwehrte die Sicht auf die großen, grünen Schilder.

»Was meinst du? Bin ich auf der richtigen Spur?«, rief sie.

»Auf der richtigen Spur? Wie meinst du das genau?«, schrie Nino Zoppa zurück und grinste frech.

Er kurbelte das Fenster wieder hoch und beugte sich nach vorn.

Er zog die Stöpsel wieder aus den Ohren. »Sieht gut aus. Bleib ganz rechts. Sonst musst du im Grauholz wieder wenden.«

Er schaute sie von der Seite an und lachte lausbübisch.

»Grins nicht so dumm!«, wies sie ihn zurecht. »Ich frage mich, was für Idioten diese roten Streifen auf die Straße malen dürfen. Die reinsten Labyrinthe!«

»Du irrst dich, das ist alles sorgfältig geplant von einer ganz besonderen Gattung von Straßenkünstlern, sozusagen eine staatlich geschützte Spezies«, erklärte Nino.

Plötzlich fuhr er zusammen. »He, pass auf! Der da vorne bremst!«, schrie er.

Nore Brand trat mit aller Macht auf die Bremse.

»Entschuldigung. Ich habe das Schild gesucht. Wir müssen nach Interlaken und nicht nach Basel.«

Nino pfiff durch die Zähne. »Das war knapp. Zum

Glück bleibt der Schnee noch nicht hängen.« Er ließ sich aufatmend wieder zurücksinken. »Ist dir bewusst, dass du diese Mühle von jetzt an zur Reparatur nach Peking schicken musst, wenn du sie zu Schrott fährst? Und deinem chinesischen Automechaniker musst du dann erklären, dass du keine Luxussanierung willst, sondern nur die übliche Ausbuchtung der Stoßstangengegend, damit das Rad sich wieder drehen kann. Ich wünsche dir viel Vergnügen dabei!« Er lachte lautlos. »Wie oft hat man den linken Kotflügel schon ausgebuchtet?«

»Willst du aussteigen?«

»Zuerst will ich dir von meinen Nachforschungen berichten.«

»Also, los. Worauf wartest du?«

»Ich habe die Bestätigung gefunden, dass es sich bei der richtigen Dosis Karat um eine kostbare Sache handelt. Unbezahlbar. Ein Sammlerstück. Die kostbarsten hat man im südlichen Ural gefunden. In Takowaja oder so. Weiß der Kuckuck, was das für ein Kaff ist. Und weil so ein Zar Alexander hieß und zufällig Geburtstag hatte, als man den ersten Stein fand, erhielt der Stein seinen Namen. Eine elegante Lösung, finde ich. Und aus Alexander wurde Alexandrit. Dieser Stein gehört zur Familie der Christoirgendetwas.«

»Chrysoberyllen«, ergänzte Nore Brand.

»Hä?«

»Der Alexandrit ist ein Chrysoberyll. Frag mich nicht, was das bedeutet.«

»Kein Problem«, meinte er großmütig. »Also, die Russen fanden das toll, weil der Stein am Tag grün leuchtet und abends, bei Kerzenlicht, rot. Deshalb wollte Couperus zwei Bilder. Eines bei Tageslicht und eines abends beim Licht der Kerze geknipst. Rot und grün. Das sind die Farben der Zarenfamilie, hast du das gewusst? Bei uns sind das ganz schlicht die Farben der Verkehrsampeln.« Er dachte nach. »Jetzt könnten wir politisch werden, wenn wir Zeit hätten«, fuhr er nach einer Weile fort. »Trotzdem, siehst du da einen geheimnisvollen Zusammenhang?«

»Nein«, sagte sie, ohne den Blick von der Straße zu wenden. »Aber, sag mal, ist der Stein bei Kerzenlicht rot und bei Tageslicht grün? Oder umgekehrt?«

»Mist! Ich kann mir das auch nicht merken.«

Er durchsuchte seine Taschen.

»Bingo! Schon gefunden.«

»Und?«

»Wart! Ich hab's gleich.«

Er betrachtete die Bilder auf seinem Handy. »Madre mia, ja! Rot am Abend und grün am Tag.« Er schob das Handy in die Tasche zurück. »Gemäß Couperus handelt es sich um einen Teil einer größeren Ladung von Kunstschätzen, die vor zwei Jahren verschwunden ist. Wie vom Erdboden verschluckt. Er meint, das Verschwinden dieser Sachen hätte mit einem internationalen Abkommen zu tun.«

Er schaute sie von der Seite an. »Weißt du etwas von einem solchen Abkommen?«

»Es geht um Raubkunst aus der Zeit des Zweiten Weltkrieges. Die sollte endlich an die rechtmäßigen Besitzer zurückgegeben werden. Es gibt tatsächlich Politiker, die in dieser Sache endlich reinen Tisch machen wollen. Man plant ein Provenienzforschungsprogramm.«

»Ein was?«

»Akademische Detektive sollen die Herkunft von Kunstobjekten überprüfen und dann so viele Schätze wie möglich den ursprünglichen Besitzern zurückgeben.«

Er staunte. »Was du alles weißt!«

»Meine Zeitung ist auch etwas umfangreicher als dein Gratis-Blatt. Dein Enten-Kurier.«

»Enten-Kurier?«, grinste Nino Zoppa. »Das gefällt mir. Muss ich mir merken.«

Nore Brand ignorierte sein Kompliment. »Das Ziel sei eine nachhaltige Entspannung in Europa, meinte Couperus. Zur Sicherung des Friedens. Erinnerst du dich nicht? Als wir mit ihm auf dem Boot waren, hat er darüber geredet.«

»Der hat so viel geredet, der Kerl. Der hat mich ganz wirr gemacht.«

Nino schaute aus dem Seitenfenster ins Schneegestöber. So schmerzte es weniger in den Augen, als wenn man durch die Frontscheibe schaute. Da flogen sie einem direkt in die Augen.

»Glaubst du an die Gerechtigkeit?«

Sie dachte nach.

»Ich glaube an ein bisschen mehr Gerechtigkeit. Ein bisschen mehr, das wäre doch schon etwas.«

»Und für dieses bisschen mehr setzen wir immer wieder das Leben aufs Spiel?«

»Oder gehen zwischendurch auf Reisen«, entgegnete sie. »Aber ja. In unserem Fall heißt ein bisschen mehr, dass nicht einfach irgendeiner eine Ladung Raubkunst in einen Berg einbunkern und dann auf irgendeine Weise davon profitieren kann. Vielleicht bunkert unser Mister Unbekannt die Schätze für jemand anderen ein. Und wenn die Weltgeschichte es eines Tages wieder zulässt, das heißt, wenn die Politiker dieser Welt von anderen Problemen absorbiert sind, dann geht er damit auf den legalen oder illegalen Kunstmarkt und poliert sein Taschengeld auf damit. Und inzwischen hat die schweizerische Eidgenossenschaft wieder mal unwissentlich etwas Unappetitliches gehortet, für irgendwelche Ganoven.«

»Unwissentlich?«, höhnte Nino Zoppa. »Das glaubst du ja selber nicht.«

»Es gibt vermutlich schon einige, die davon wissen.«

»Die Berge hüten also diesen Plunder, der gewisse Leute verrückt macht.«

Er warf einen Blick auf ihre Jeans.

»Hast du das Edelsteinchen immer noch bei dir?«

Nore Brand befühlte die kleine Tasche auf der rechten Hüfte.

»Ja, natürlich.«

»Wie teuer ist das denn?«

»Keine Ahnung. Aber es sollte nicht einfach so in meinen Jeans stecken. Das habe ich in dieser Woche gelernt.«

»Mit andern Worten, es müsste längst in einen absolut sicheren Tresor.«

»Ja, schon.«

Er grübelte eine Weile vor sich hin.

»Bist du mutig?«, wollte er dann von ihr wissen.

»Was für eine Frage! Keine Ahnung. Ich habe es einfach mitgenommen, ohne darüber nachzudenken. Es war keine Zeit zum Nachdenken. Aber es war richtig, denn es hat offenbar jemanden aufgeschreckt. Manchmal tut man etwas, ohne dass man sofort begreift, wozu.«

»Das kenne ich gut«, grinste Nino Zoppa. »Das nennt man Intuition, oder?«

Sie nickte.

Er war zufrieden. So langsam bekam er ein paar Fremdwörter auf die Reihe. Da fiel ihm etwas ein. Wie war das noch gewesen mit ›fiktiv‹? Er konnte sich nicht erinnern. Na ja, bis jetzt hatte diese Lücke in seinem Allgemeinwissen seine Karriere nicht wesentlich behindert.

Eben hatte ein Lastwagen zu einem Überholmanöver angesetzt.

»Was für ein Idiot! Hast du das gesehen?«, rief Nore Brand.

»Kein Wunder. Du fährst ja nur 80. Der hatte schon lange seine Zähne im Steuerrad. Dass du das nicht gemerkt hast!«

»Bei diesen Verhältnissen fährt kein vernünftiger Mensch schneller als 80!«

Nino Zoppa schwieg. ›Reisschüssel‹, dachte er. Und die Farbe erst! Orange!

Bisher hatte es das Schicksal gut gemeint mit ihm. Noch hatte ihn keiner seiner Kollegen in diesem Wagen gesehen. Er hatte für alle Fälle Vorkehrungen getroffen. Wann immer ihm eine Fahrt mit Nore Brand drohte, zog er ein Kapuzen-Shirt an. Im richtigen Moment zog er das Tuch hoch, und sein Ruf war noch mal knapp gerettet.

»Also hat jemand das Projekt von Klara Ehrsam unterwandert, und sie finanzierte, genau genommen, nichts als diese gigantische Gaunerei«, sagte er.

»So stelle ich mir das vor.«

»Dann war unser Vladimir mit Sicherheit auch ein Gauner?«

»Er ließ sich erpressen. Das heißt, er war erpressbar.«

»Was bedeutet, dass er wohl auch einer war. Aber der größte Gauner ist noch frei.«

»Der dreifache Mörder.«

»Könnte es eine Frau sein?«

»Ja, immer noch. Kommt drauf an, welche Schuhgröße die Witwe des Direktors hat.«

»Die Schuhgröße? Was soll jetzt die Schuhgröße für eine Rolle spielen?«

Nore berichtete, was sie von Bastian Bärfuss erfahren hatte.

»Aha. Entwicklungshilfe nennt man das. Bucher musste nur ganz alleine zu Ende denken und etwas unternehmen. Und er hat es gemacht. Kinderspiel«, sagte Nino verächtlich.

»Eben nicht«, widersprach sie, »ich kenne nicht viele, die das noch tun. Zu Ende denken, meine ich.«

Sie warf ihm einen Seitenblick zu. »Ich meine nicht dich.«

»Das sagst du so.«

»Bucher wird stolz sein, wenn er den Gauner identifizieren kann. Ich hoffe, dass es ihm gelingt.«

»Schuhgröße 41? Mona hat an ihren Winterschuhen auch 41. Dann könnte es auch die Witwe gewesen sein. Doktor Fischer hat sicher viel größere Flossen, was meinst du? Das ist ein Riesenkerl mit Paddelbooten am unteren Ende.«

Sie schwieg.

»Obwohl, ich kann mich nicht erinnern«, fuhr er weiter. »Gibt es große Männer mit kleinen Füßen?«

»Vielleicht haben wir genau so einen übersehen«, sagte sie.

»An wen denkst du?«

Nore Brand antwortete nicht.

Okay. Die Frage war blöd. Aber vielleicht weniger blöd, als sie dachte.

Er versuchte, sich zu erinnern. Wer konnte noch die Finger im Spiel haben? Oder die Füße?

»Welcher dieser Kerle hat den längsten Finger und dabei einen kleinen Fuß?« Er starrte auf den leuchtenden Stein auf dem Display. Rot war er magischer, fand er.

»Du denkst immer an einen Kerl.«

»Ich kann dieses ekelhafte Rasierwasser nicht vergessen. Es muss ein Kerl sein.«

»Oder eine Frau, die sich mit diesem Rasierwasser tarnt. Das war deine Idee«, erinnerte sie ihn.

»Eine Unbekannte? Ist das möglich?«

»Oder ein Unbekannter.« Sie lachte widerwillig. »Merian hat das große Geheimnis herumgeplaudert. Das weiß ich erst seit heute.« Sie schlug mit der Faust auf das Steuerrad. »Und ich große Idiotin glaubte, eine der ganz wenigen Eingeweihten zu sein!«

»He, pass auf! Dein Wagen fällt gleich auseinander!«

»Und wenn schon! Nino, ich weiß einfach, dass wir jemanden übersehen haben! Ich hasse diesen Gedanken!«

Ninos Gesicht wurde wieder todernst. »Shit.«

»Ja, mindestens!«

Er schaute sie von der Seite an. Sie saß vornübergebeugt am Steuer und starrte grimmig auf die Straße. Von jetzt an würden sie eine Runde schweigen. Weil sie von jetzt an nichts mehr wussten.

Er holte seinen i-Pod heraus. Der Count-down hatte

begonnen. Er begann immer mit dieser schrecklichen Ruhe vor dem Sturm.

Er schob die Stöpsel so tief wie möglich in seine Ohren, damit Nore Brands Schweigen auszuhalten war. Sie würde jetzt eine Weile grimmig dreinschauen und wenig später, ganz unvermittelt, würde sie sich entspannen und tun, als ob ihr die ganze Welt egal wäre. Sie hatte dann diesen unsäglichen Kranich-Tanz-Blick oder was das war, so, als ob sie direkt ins Jenseits schaute oder ins Nirwana. Doch egal, wohin, am allerschlimmsten war, dass sie diesen Kranich-Tanz ganz ehrlich für Sport hielt!

Normalerweise lachte er sich kaputt bei diesem Gedanken.

Aber jetzt war leider nicht der Moment für einen Lachkrampf. Da musste er schon warten, bis alles vorbei war. Hoffentlich hatte er zu diesem Zeitpunkt auch noch allen Grund dazu.

Eine Stunde später waren sie an der Lenk.

Im Dorfzentrum hielten sie an. Eine junge Frau malte einen Weihnachtsbaum auf die Vitrine der Bäckerei.

»Fröhliche Weihnachten«, murmelte Nore Brand. »Hoffen wir, dass es dann auch so ist.«

Nino Zoppa legte seine Stirn in Falten. Wenn es so weiterschneite, würden sie die Schneeketten montieren müssen. Das letzte Mal hatten sie dazu mindestens drei Stunden im Schnee gelegen, bis es schließlich geklappt hatte. Kein Wunder, bei diesem alten Fuhrwerk. Dabei hatte die Gebrauchsanweisung ein Kinderspiel versprochen. Alles fix, zehn Minuten höchstens. Auch für den Ungeübten.

Nino zog umständlich die Stöpsel aus den Ohren.

»Und? Was tun wir jetzt?«

»Du suchst Bucher und ich statte dem Grandhotel Belvedere einen Besuch ab. Der Augenblick ist gekommen, um der lustigen Witwe etwas auf den Zahn zu fühlen. Oder sonst jemandem, der mir dabei über den Weg läuft. Jetzt spielen wir ein bisschen Blindekuh.«

»Hast du dein Handy eingeschaltet?«, fragte Nino.

»Es war nie ausgeschaltet.«

»Hat es Power?«

»Solange ich selbst Power habe, ist das eine Nebensache, oder?«, gab sie zurück.

Er schmiss die Autotür zu und stapfte beleidigt weg.

Sie schaute ihm nach. Er war manchmal zu fürsorglich in technischen Dingen. Sie wollte ihm ein Sorry nachrufen, doch sie unterließ es. Sie würde es später nachholen.

Ihre Gedanken blieben seit Stunden an der Witwe kleben. War sie das Pokerface? War es menschenmöglich, dass sie auf so gefährlich hohem Niveau spielte?

Nore Brand ging die letzten paar Hundert Meter zu Fuß weiter.

»Frau Brand! Endlich!«, rief ihr der junge Mann entgegen, dessen Namen und Gesicht sie so oft vergessen hatte.

Sie ärgerte sich wieder über sich selbst. Wie hieß er doch? Krawattenfrettchen, hatte Nino gesagt.

Dann stand sie vor ihm. Sie warf wie beiläufig einen Blick auf sein Namensschildchen. Viktor Heller.

Dieser Name war ihr beim Durchblättern ihrer Notizbüchlein nicht begegnet.

Heller streckte ihr seine Hand entgegen, er schien sehr erleichtert, sie zu sehen.

»Sie haben sicher gehört, dass unser Direktor einen Unfall hatte.«

»Ja, herzliche Anteilnahme. Das tut mir sehr leid«, sagte sie.

Er schaute erwartungsvoll zur Tür. »Und wo ist Ihr Assistent?«

»Er hat einen anderen Auftrag.«

»Ah.« Er wirkte erleichtert.

Nicht alle vermissten Nino Zoppa; sie war das längst gewohnt.

Sie schaute Viktor Heller an. Diesen Kerl hatte sie tatsächlich vergessen, dabei hatte sie vor wenigen Tagen erst erfahren, dass er in die Fußstapfen des Direktors getreten war.

Sie hatte den Thronfolger vor sich.

»Ich möchte gerne mit der Frau Direktor sprechen«, sagte sie.

»Sie ist unterwegs. Sie ist erst am späten Nachmittag zurück. Geschäftsreise«, sagte er knapp.

Geschäftsreise?

»Ist sie länger weg gewesen?«

Er lächelte. »Sie müssen das unbedingt wissen? Ja, dieses Mal war es etwas länger.« Er schaute sie prüfend an.

»Wo war sie?«

Er stützte sich auf die Theke und schaute in die Runde. Es war ruhig im Haus. Nur das leise Brummen eines Staubsaugers war zu hören. Es war Mittagspause. Neue Gemälde hingen in der Hotelhalle. Ein Mensch mit Leidenschaft für Berglandschaften in der Abendsonne hatte seine Chance bekommen. Glühende Bergspitzen, graue Felsen im Abendschatten und dunkle Tannenwälder. Die roten Punkte auf den Bilderrahmen zeugten von zahlreicher Käuferschaft.

Er war ihrem Blick gefolgt. »Entsetzlich, nicht wahr?«, flüsterte er. »Dass jemand das kauft. Ich rate Ihnen, bei den Preisen nicht genau hinzuschauen. Das glaubt einfach keiner, der etwas davon versteht.« Er lächelte ihr verschwörerisch zu.

Sie war überrascht. Er hatte ihre Gedanken lesen können.

Weil sie beide das Gleiche dachten.

»Sie ist ein paar Tage weg, aber es wird Sie kaum interessieren, wo sie war. Hauptsache, sie ist heute Abend zurück.«

Doch, es interessierte sie, sehr sogar.

Er schien zu zögern.

»Sie könnten mich zu einer Aussage zwingen. Sie sitzen am längeren Hebel, was das betrifft.« Er lächelte und schaute sie aufmerksam an. »Wir haben Verbindungen mit Holland. Amsterdam, um genau zu sein.«

Amsterdam! Also doch.

Er schaute sich um und lehnte sich über die Theke.

»Frau Brand«, sagte er mit unterdrückter Stimme, »da ist eine Sache, die mich sehr beunruhigt. Beim Flugplatz. Ich nehme an, dass Sie etwas wissen.«

Noch eine Überraschung.

»Hene Hari hat mich gebeten, Sie sofort hinzuführen, sobald Sie hier sind.«

Sie staunte. Viktor Heller und Hene Hari. An eine solche Verbindung hatte sie noch keine Sekunde gedacht.

»Kommen Sie. Der Wagen steht bereit. Ich habe heute die Schneeketten montiert. Der Winter kann kommen.«

Ja, von jetzt an würde es schneien. Wie der Wetterbericht es prophezeit hatte. Sie hoffte, dass sie die Schneeketten dabeihatte.

Ein eleganter schwarzer Audi stand vor dem Hotel bereit.

Er öffnete eilig, aber galant die Tür zum Beifahrersitz.

»Entschuldigen Sie, aber ich bin etwas nervös«, erklärte er.

Also konnten Krawattenfrettchen doch Gedanken lesen.

Das musste sie Nino erzählen.

»Wir haben etwas Erstaunliches gefunden«, sprach er weiter. »Hari hat mich informiert. Kennen Sie die Geschichte von Ali Baba und seiner Räuberhöhle?«

Er lachte kurz auf.

Nore Brand schaute ihn aufmerksam an. Etwas stimmte hier nicht.

Seine Hände umklammerten das Steuerrad; die Knöchel an seinen Händen stachen weiß und spitz hervor.

Er bemerkte ihren Seitenblick. »Ich fahre nicht gerne auf schneebedeckten Straßen. Sie?«

»Auch nicht. Aber ich möchte jetzt zu gerne wissen, worum es geht.«

»Warten Sie«, sagte er mit unterdrückter Stimme. »Haben Sie noch ein paar Minuten Geduld. Sie werden staunen. Das verspreche ich Ihnen.«

»Ich hoffe, Sie halten Ihre Versprechen.«

Er wich einem entgegenkommenden Lastwagen aus.

»Darauf können Sie Gift nehmen.«

»Gift«, sagte sie mit einem gezwungenen Lächeln, »wer will das schon!«

Sie hatte die Situation nicht mehr unter Kontrolle, und Heller fuhr viel zu schnell für die schlechten Straßenverhältnisse. Sie spürte die Angst in der Kehle. Hatte das mit dem Schnee zu tun und der Tatsache, dass dieser Kerl wie ein Henker fuhr?

»Zum Glück haben Sie Schneeketten«, sagte sie.

»Ja, Schneeketten«, lachte er.

Er lachte viel zu lange und in seinem Lachen schwang ein triumphierender Unterton mit.

Der Kerl spürte ihre Angst.

Es lief alles ganz anders, als sie erwartet hatte. Aber was, zum Teufel, hatte sie denn genau erwartet? War Viktor Heller der Schlüssel zu dieser Geschichte?

»Woher kennen Sie Hene Hari?«

»Wer kennt ihn nicht?«

Wieder dieses Lachen.

Sie versuchte verzweifelt, ihre Gedanken zu ordnen. Wie kam es dazu, dass ein Krawattenfrettchen hier eine unangenehme Rolle spielte? Sie hatte sich seinen Namen nicht einmal notiert. Sie wollte lachen, aber das Lachen blieb ihr tief im Hals stecken.

Plötzlich begriff sie: Nore Brand, du sitzt im falschen Auto. So einfach ist das.

Sie hätte darauf bestehen sollen, mit dem eigenen Wagen zu fahren. Aber Heller hatte sie überrumpelt. Sie saß in seinem Auto, weil es nicht mehr aufhören wollte mit Schneien und sie keine Lust gehabt hatte, die Schneeketten aufzuziehen. Keine Lust!

In diesem Augenblick bog er von der Hauptstraße in einen Nebenweg ein, der zum Flugplatz führen musste.

Innerhalb von weniger als fünf Minuten würde man die Reifenspuren von Hellers Wagen nicht mehr sehen. Für einen Augenblick wurde ihr schwindlig.

Viktor Heller. Der perfekt getarnte Mann.

In der Nähe des Hangars hielt er an.

»Kommen Sie! Aber schnell!«, schrie er.

Er stand schon neben dem Wagen, als sie erst ihre Gurte losmachte. Den Schlüssel hatte er abgezogen.

Nore Brand blieb einen Moment sitzen. Sie hatte keine Wahl. Er musste bewaffnet sein. Gleich würde sie die Bestätigung dafür haben. Oder irrte sie sich? Sie hoffte ein letztes Mal inständig.

»Schnell, beeilen Sie sich! Zur Kaverne! Da drin wartet jemand auf Sie!«

Sie lief mit hochgeschlagenem Kragen und gesenktem Kopf über die Landebahn. Heller neben ihr. Wenn nichts wäre, würde er ein paar Schritte vorausgehen. Aber nein, er ging hinter ihr. Er musste die Situation kontrollieren.

Der Schnee war sein Komplize und verwischte alle Spuren.

Schon standen sie vor dem Tor der Kaverne.

Er packte sie am Arm, sie schaute auf, da trafen sich ihre Augen. Der Bösewicht in ihm war erwacht. Diese Kälte in seinem Blick.

Er stieß sie vor sich her.

Sie hatte ihn unterschätzt, nein, sie hatte ihn nie ernst genommen, schlimmer noch: Sie hatte ihn übersehen.

Er riss das Tor auf und schob sie hinein.

Sie spürte einen harten Gegenstand an ihrem Hinterkopf.

»Los! Nach hinten! Zu Hari!«

Nore Brand sah zuerst nichts, sie brauchte auch nichts zu sehen, um zu begreifen. Sie war in die Falle getappt, die sie selber hatte stellen wollen.

Als sich ihre Augen an die Dunkelheit gewöhnt hatten, sah sie die riesige Gestalt von Hene Hari in einer Ecke, da saß er, geknebelt und gefesselt.

Es war eiskalt und dunkel und es roch genau wie in jener Nacht. Es schien ihr eine Ewigkeit her zu sein. Dabei waren nur drei Tage vergangen seither.

Plötzlich zuckte grelles Licht auf. Er hielt eine Taschenlampe direkt auf sie gerichtet.

»Ihre Waffe!«, schrie er. »Legen Sie Ihre Waffe hin. Vorsichtig!«

Sie griff ganz langsam in ihre Tasche und legte das rote Offiziersmesser vor sich auf den Boden.

»Was? Ist das alles?« Er war verblüfft.

»Ja«, sagte sie.

»Soll ich das glauben?«

Mit einem Sprung war er hinter ihr und tastete hastig ihren Rücken ab, die Hüfte und den Bauch.

»Angst vor Schusswaffen? Das glaub ich nicht! Sie sind doch Polizistin, oder?«

Sie sagte nichts.

Er stieß sie von sich. Das grelle Licht blendete sie.

»Jetzt den Stein! Ich weiß, dass Sie ihn haben!«, zischte er. »Aber langsam!«

Oh ja. Heller wusste genau, was er hier eingebunkert hatte.

Langsam holte sie den Alexandrit hervor.

Sie hielt ihm den Edelstein entgegen. »Hier. Ich glaube, er bringt kein Glück.«

»Ihnen sicher nicht!«, lachte er spöttisch. Er nahm den Stein hastig an sich. »Weil er Ihnen nicht gehört.«

»Auch Ihnen nicht«, gab sie zurück. »Wer ist der Besitzer?«

»Schweigen Sie!«, brüllte er.

Hene Hari stöhnte leise aus dem Hintergrund.

»So, Hene, jetzt bist du dran. Du erinnerst dich, was ich dir erklärt habe.«

Er stieß sie vor sich her in die Ecke, wo Hene Hari lag.

»Auf die Knie«, herrschte er sie an, »schnell! Hände zusammen. Hari, du erinnerst dich! Vorne binden, wie bei dir! Damit ihr an die Lichtschalter kommt im Stollen!«

Nore Brand schaute Hene Hari von unten her an. Er litt wie ein Hund. Seine Augen bettelten um Verzeihung, als er ihr mit seinen gefesselten Händen den Kabelbinder um die Handgelenke band und zuzog. Hene Hari hatte Pranken, aber sie arbeiteten fein.

»Eine wunderbare Erfindung, diese Kabelbinder.« Heller kontrollierte. »Du bist ein guter Handwerker, Hene! Ich wusste das.«

Er lachte hämisch.

Er schnitt Henes Fußfesseln durch, steckte Nore Brands Messer in seine Hosentasche und trat zurück.

»Und jetzt, meine Herrschaften, machen wir einen Spaziergang, in die Mitte des Berges.«

Von dem sie im schlimmsten Fall nie wieder zurückkommen würden.

Ein steinernes Grab in der Mitte des Berges. Das war die

Strafe dafür, dass sie zu lange geschwiegen und bei ihren Ermittlungen eine kleine, graue Ratte übersehen hatte.

Warum meldete sich Nino nicht?

Hene Hari erhob sich stöhnend. Er zitterte vor Kälte und Angst. Er musste schon seit einer Weile in dieser Kaverne sein.

»Los! Hier ist der Durchgang!«

Heller schlug ein dunkles Brett an der Wand weg.

Nore Brand erinnerte sich. Hier hatte sie gelegen. Hier hatte sie diesen Luftzug gespürt, der aus dem Stollen kam.

Aus dem dunklen Berg schlug ihnen muffige Luft entgegen.

»Los jetzt«, schrie Heller, »in den Berg mit euch!«

Hene Hari bückte sich und schlug sich den Kopf an. Er gab einen dumpfen Laut von sich.

»Los, du Fettsack! Voraus, aber langsam. Rechts ist ein Schalter. Mach Licht, verflucht noch mal!«

Nore Brand versuchte, ihre Gedanken im Zaum zu halten. Heller durfte nicht noch nervöser werden.

Schweigen. Und tun, was er sagte.

Und auf *den* Moment warten.

Es musste eine Möglichkeit geben. Es gab immer eine Möglichkeit. Immer.

Sie dachte an Ninos Geschenk. An die letzte Puppe, die nicht stehen blieb, sie kippte immer um, sie konnte nicht stehen bleiben, weil ihre Füße zu klein waren, und Heller hatte kleine Füße. Die letzte Puppe in diesem Spiel war Viktor Heller.

Die kleinen Füße der letzten Puppe.

Kleine Füße stehen nicht gut.

Er würde umfallen. Viktor Hellers Füße taugten nichts.
»Mach endlich Licht!«, schrie Heller.

Nore Brand hörte kratzende Geräusche. Plötzlich schimmerte gelbes Licht auf und der Stollen öffnete sich vor ihnen.

»Los jetzt endlich, ihr beiden! Verdammt noch mal, los, habe ich gesagt!«, schrie Viktor Heller und versetzte ihr einen Tritt in die Seite.

Nore Brand setzte sich langsam in Bewegung. Sie spürte nichts.

Aus dem Trojanischen Pferd war nichts als eine graue Ratte gehüpft, aber eine gemeine, mörderische Ratte.

Sie ging langsam im Schatten von Hene Hari in den schwarzen Berg hinein.

ALI BABAS RÄUBERHÖHLE

Nino Zoppa stand vor Buchers Büro. Es war geschlossen.

Er fluchte. Wann arbeitete dieser Kerl eigentlich?

Er schaute sich um und ging auf der Straße auf und ab.

Dieser nasse Schnee!

Sein Handy vibrierte in der Tasche. Couperus!

»Wo ist Nore?«, schrie Couperus, bevor Nino sich melden konnte.

»Im Belvedere«, schrie Nino erschrocken zurück, »sie will sich endlich die lustige Witwe vorknöpfen!«

Couperus schnaufte wie ein Walross durch den Äther. Das war ja grauenhaft! Nino zog das Handy weg vom Ohr.

»Die lustige Witwe? Um Gottes willen, Nino! Sie soll sich auf der Stelle um deren neuen Liebhaber kümmern! Gib mir sofort ihre Handynummer!«

»Darf ich nicht. Sie bringt mich um dafür!«

»Gib mir ihre Nummer! Sie ist in Lebensgefahr!«

Couperus schien verzweifelt.

»Ich habe unangenehme Neuigkeiten von Sylvia Feuerstein. Hey, Nino! Hörst du mir überhaupt noch zu?«

»Ja!«, schrie Nino. In dem Augenblick fuhr ein Lastwagen vorbei und spritzte ihn von oben bis unten voll mit Schneematsch.

»Scheiße!« Nino Zoppa versuchte verzweifelt, die Hosenbeine auszuschütteln.

»Ist was passiert?«, rief Couperus.

»Da fährt so ein Vollidiot mit seinem Lastwagen über meine Zehen!«, schrie Nino Zoppa empört.

»Keine Angst, die wachsen nach! In deinem Alter sowieso!«, spottete Couperus lachend, »also, mein Junge, du gehst jetzt auf der Stelle zu ihr und dann bleibst du bei ihr! Verstehst du mich? Ich versuche seit Stunden, in die Schweiz zu fliegen. Ich muss warten, bis dieser verdammte Herbststurm vorüber ist! Er hat ganz Schiphol lahmgelegt. Alle Flugzeuge bleiben am Boden. Ich habe keine Ahnung, wie lange das noch dauert! Wiederhole jetzt bitte die Nummer von Nore! Und zwar langsam!«

Nino wiederholte gehorsam.

»Gut, und jetzt los, mein Junge! Such Nore!«

Nino ärgerte sich. »Such Nore!«, hatte Couperus gebrüllt. Verflucht! Er war doch kein Hund!

Und überhaupt, was hatte dieser dicke Holländer ihm zu befehlen?

Warum war er nicht längst hier, wenn er doch wusste, dass es um Leben und Tod ging?

»Geh sofort zu Nore!«, dröhnte es in seinem Kopf.

»Mach ich ja, mach ich ja«, murmelte Nino, schob das Handy in die Tasche zurück und stolperte los.

Er fühlte seine kalten Beine unter dem klatschnassen Stoff. Bei diesem Wetter schickte man nicht einmal einen Hund hinaus. In wenigen Minuten würde ihn dieser Schnee vollständig zugeschüttet haben.

Die Flocken wirbelten vor seinem Gesicht und kitzelten an Nase und Wangen. Er rutschte mit seinen Schuhen; seine Füße waren eiskalt auf diesen Plastiksohlen. Er fluchte, zog sich die Kapuze über den Kopf und trottete los.

Im Grandhotel schaute er sich um.

Da war keiner am Empfang. Wo hatte sich dieser komische Kerl mit dem gescheitelten Haar versteckt? Warum sollte sich Nore um den kümmern?

Diese Krawattenratte schien sich in Luft aufgelöst zu haben.

Er trat näher und beugte sich über den Tresen.

Er verzog das Gesicht.

Dieser Duft! Das war doch dieses eklige Rasierwasser!

Das kannte er vom Museum in Amsterdam, als er vor dieser Vitrine mit den Waffen von Alexander dem Großen stand!

Das war kein Zufall! Nino Zoppa schaute sich um. An der Bar stand dieselbe junge Frau, die er ein Jahr zuvor kennengelernt hatte. Er begrüßte sie wie eine alte Bekannte. Sie strahlte ihn an. Aber dieses Mal hatte er keine Zeit für sie.

»Der Kerl am Empfang, der immer so gekämmt ist, wo ist der?«, fragte er hastig.

Sie lächelte. »Herr Heller, Viktor Heller, meinen Sie?«

Hoppla, sie siezte ihn wieder. Man hatte Vorschriften.

Natürlich, Heller hieß dieser Wicht. Viktor. Wie konnte man einen solchen Namen bloß vergessen.

Plötzlich drohten seine Beine unter ihm wegzusacken. Heller war doch der neue Lover der Witwe!

»Viktor Heller«, wiederholte er tonlos, »ja, natürlich, Viktor Heller.« Er griff sich an den Kopf. Shit!

»Wo ist er?«

Sie dachte eine Weile nach. »Ich weiß nicht genau. Er war doch auf einer Geschäftsreise«, murmelte sie. »Gestern war noch, ach, wie heißt sie schon …, aber er müsste eigentlich wieder hier sein.« Sie schaute ihn entschuldigend an. »Leider kann ich Ihnen dieses Mal nicht helfen.«

»Geschäftsreise?«, wiederholte Nino Zoppa. »Ja, natürlich. Er war in Amsterdam.«

Wenn der Kerl wüsste, was er für eine Riechspur hatte.

Sie lächelte. »Da wissen Sie aber mehr als ich.«

Erschrocken registrierte er, dass sie versuchte, ihm tief in die Augen zu schauen. »Ich bin so froh, dass Sie nicht von der sizilianischen Mafia hingerichtet wurden.«

Nino Zoppa erstarrte. Auf einen Schlag erinnerte er sich an den Unsinn, den er ihr damals erzählt hatte, um an den Fingerabdruck des Direktors zu kommen. Er verließ das Grandhotel Belvedere fluchtartig.

Wo war Nore?

Und wo war dieser gut gekämmte Wicht mit den feinen Anzügen?

In der Kaverne. Natürlich, in der Felsenkaverne.

Er rannte zurück ins Dorf.

Im Schneetreiben sah er das Schild vom Gasthof Steinbock. Der rote Bus stand am Straßenrand. Künzi! Nino Zoppa atmete auf.

Künzi musste da drin sein und er würde ihn zur Kaverne fahren.

Er rannte die Treppe hoch.

In der Gaststube saß Polizist Bucher. Am gleichen Tisch Elsi Klopfenstein und neben ihr der Ornithologe von Zweisimmen.

»Bucher!«, schrie er durch den Saal. Seine Stimme überschlug sich. »Haben Sie Nore Brand gesehen?«

Polizist Bucher drehte sich langsam um. »Wo kommst du denn her? Wir warten seit zwei Tagen auf euch!«

»Frau Brand ist nicht da. Hene war gestern Abend bei mir. Es scheint ihm langsam ungemütlich zu werden«, fuhr Elsi Klopfenstein vorwurfsvoll dazwischen.

Polizist Bucher wuchtete seinen Rucksack auf den Tisch und öffnete ihn. Er holte einen Gipsabdruck hervor und legte ihn mitten auf den Tisch.

»Da!«, rief er. »Frau Brand wird sich freuen!«

»Was ist das?«, fragte Elsi Klopfenstein neugierig.

»So hört mir doch zu! Wo ist Nore?«, rief Nino Zoppa verzweifelt in den Raum.

»Moment, Moment! Bis jetzt hat es auch nicht pressiert!«, wies ihn Bucher zurecht. Er richtete sich auf seinem Stuhl auf und wies mit dem Zeigefinger triumphierend auf den Abdruck. »Das hier ist der Beweis, dass der feine Empfangsmann vom Belvedere seinen Chef, den Hoteldirektor, auf seinem letzten Spaziergang begleitet hat.« Er schaute erwartungsvoll in die Runde. »Wenn mich nicht alles täuscht, ist er der Mörder.«

Fritz Künzi kicherte. »Dieser feine Pinkel? Das glaub ich nicht.« Er schüttelte ungläubig den Kopf.

»Und warum sagst das erst jetzt?«, rief Elsi Klopfenstein.

»Ich brauche den Bus!«, schrie Nino dazwischen. »Ich muss sofort zum Flugplatz! Nore ist in Lebensgefahr!«

Elsi warf sich in die Brust. »He! Warum sagst du das nicht sofort? Kommt, wir gehen am besten alle zusammen. Der Kleine gibt sonst keine Ruhe mehr heute. So schlimm wird's kaum werden. Hene, mein Neffe, überwacht dort alles und er ist schließlich kein Zwerg!«

Draußen schaute Elsi Klopfenstein zum Himmel und äußerte Bedenken. »Ob das klug ist, bei dem Schnee!«

»Die paar Meter sollten möglich sein«, erklärte Fritz Künzi und wischte mit einem Besen den Schnee von seinem Bus.

Kurz darauf brummte der Motor auf, wie ein Bär, den man vom Winterschlaf aufgeschreckt hatte.

Künzi hatte seinen roten Bus wintertauglich gemacht. Die Schneeketten schlugen mit jeder Radumdrehung scheppernd auf die Innenseite der Kotflügel.

Die kleinen Scheibenwischer kämpften verzweifelt gegen die Schneemassen an. Künzi hing über dem Steuerrad, die Nase fast an der Frontscheibe.

»Schneller!«, rief Nino verzweifelt. »Wir müssen Nore helfen! Sie ist in Lebensgefahr!«

Fritz Künzi gab ihm keine Antwort, seine ganze Aufmerksamkeit galt der weißen Fläche, die sich vor dem Bus ausbreitete.

DER GEHEIME STOLLEN

Hene Hari trottete mit hängenden Schultern voraus. Seine Schritte waren schwer und langsam. Wie ein Ochse, der zur Schlachtbank geführt wird, dachte Nore Brand.

Sie spürte den Lauf der Pistole im Rücken. Auch ihre Schlachtbank lag im Inneren dieses Berges. Falls Hellers Pläne aufgingen. Sie versuchte verzweifelt, sich seinen Schritten anzupassen. Jeder Gegenschritt verursachte einen harten Schmerz unter dem linken Schulterblatt. Die scharfen Plastikkanten des Kabelbinders schnitten ihr bei jeder Bewegung in die Handgelenke; ihre Finger waren längst steif und gefühllos.

Aus den verstaubten Neonröhren an der Decke zitterte gelbes Licht. Sie gingen an einer Schilderwand vorbei: Rettungsstation nach rechts, Kommando auch nach rechts. Schwarz auf gelb, wie die Schilder für die Wanderwege. Das war zynisch.

Das Schild für den Notausgang wies in die Richtung, aus der sie gekommen waren.

Ja, natürlich, sie waren durch den Notausgang hereingekommen. Der geheime Teil des Stollens begann in der Felsenkaverne.

Für die Sanität musste man rechts abbiegen. Nicht nur ihre Handgelenke waren mittlerweile ein Fall für die Sanität, doch diese Station war seit sehr langer Zeit unbesetzt.

Sie gingen weiter. An einer Tür stand ›Funk‹. An der Wand daneben hing ein Telefon mit Wählscheibe, wie in einem alten Film. Die ewigen Rohre an der Decke. Endlose Belüftungsrohre. Dann wieder nackter Fels. Metalltüren links und rechts, die in weitere Stollen führten.

Und überall Feuerlöscher. Die Hölle war ganz nah, dachte Nore Brand. Man schien Angst vor Feuer gehabt zu haben in diesem Berg. Vor dem Fegefeuer natürlich. Wer sich mit so vielen Waffen umgab, hatte Grund dazu. Oder war es die geheime Angst vor dem tödlichen Feuer, das unter dem Erdmantel brannte, das irgendeinmal seinen Weg an die Oberfläche finden würde?

Wieder ein Schilderposten: Unterkunftsräume, Telefonzentrale. Darunter ein Übersichtplan der Festung hinter Glas.

»Da staunt ihr! Hier ist noch viel Platz!«, lachte Heller grob. »Dieser Berg ist riesig!«

Nore Brand und Hene Hari gingen schweigend weiter.

»Und er hat gute Mieter!«, schrie Heller hinter ihnen. »Sie zahlen gut. Dieser Berg ist der sicherste Ort für Kostbarkeiten.«

»Auch für diesen unbezahlbaren Alexandrit?«, wollte Nore Brand wissen.

Heller lachte.

»Sein Besitzer«, fuhr sie weiter, sie musste reden mit ihm, egal worüber, »ist ein Gauner, wie alle andern auch, die ihre Schätze hier verstecken, oder?«

Sie wunderte sich, wie ruhig ihre Stimme klang.

»Gauner? Nein, das sind keine Gauner. Der Besitzer des Edelsteins zum Beispiel ist ein bekannter Mann, der hin und wieder seine Schätze in Sicherheit bringen muss.«

»Schwere Zeiten also für Kunsthändler seiner Art.«

»Was heißt da ›seiner Art‹? Du hast ja keine Ahnung, Nore Brand.«

Sie schluckte leer, aber Heller schien sich zu entspannen. Er duzte sie; er musste sich sehr sicher fühlen. Und stark. Er war bewaffnet. Ihm konnte nichts passieren. Gleich würde er loslegen. Ohne das geringste Risiko. Ihm gefiel es, die beiden Gefangenen vor sich herzuhetzen. Wenigstens ihnen beiden konnte er zeigen, was er für ein Kerl war. Ein Kerl, der imstande war, die ganze Welt an der Nase herumzuführen.

Sie spürte die Pistole im Rücken. Seine Stimme war nah an ihrem Ohr.

»Du willst alles wissen, nicht wahr? Kein Problem für mich, die Sache ist geritzt! Zwei von uns dreien werden im Berg bleiben.« Er lachte laut. »Ich habe einen netten Ort gefunden für euch zwei. Einen sicheren Ort. Todsicher sogar!«

Hene Hari stöhnte leise und tappte weiter.

»Nicht schlapp machen, jetzt! Keine Angst, bald ist's vorbei mit Spazieren!«

»Wer ist der Besitzer des Edelsteins?«, fragte sie.

Heller lachte hämisch und drückte Nore Brand den Lauf der Pistole hart in den Rücken. Links, dort, wo das Herz war.

»Der Besitzer? Der war eng befreundet mit Vladimir Plodowski. Da staunst du, oder? Plodowskis Weste war nicht ganz rein. Es gibt einen dunklen Fleck in seiner Biographie. Ein Geschäft mit Raubkunst. Nichts Großes, aber es hätte seinen Ruf und seine Karriere ruinieren können. Für Akademiker ist eine weiße Weste besonders wichtig. Aber ich kam ihm auf die Schliche. Der Mann war unvorsichtig und ich war immer ein guter Forscher. Deshalb war ich sein Assistent und sein Sekretär. Da fand ich doch einiges. Ich ging davon aus, dass jeder eine Leiche im Keller hat. Eine hilfreiche und lukrative Annahme.« Heller kam in Fahrt. »Und als plötzlich von staatlicher Seite Jagd auf diese Kunstobjekte gemacht wurde, kam meine große Chance. Ich mache das Geschäft meines Lebens, weil gewisse Kunstschätze vorübergehend auf die Seite gelegt werden müssen.«

Raubkunstschätze, korrigierte ihn Nore Brand in Gedanken.

»Vladimir kannte jemanden vom Nachrichtendienst. Ich musste ihn daran erinnern und schließlich hatte er keine Wahl mehr. Deshalb hat Kommissarin Brand Talverbot erhalten.«

Er blieb kurz stehen, dann schob er sie weiter.

»Letztes Jahr bist du mir beinahe in die Quere gekommen. Beinahe. Doch jetzt bist du in die Falle gegangen, Kommissarin Brand. Du hast das Talverbot ignoriert und genau das habe ich erwartet von dir. Du siehst, ich habe dich richtig eingeschätzt.« Er lachte schnaubend.

Nore Brand hatte aufgehört, die Eisentore zu zählen.

Sie hustete. Die Luft war muffig.

»Die Luft ist frisch hier, kein Grund zu husten. Die alten Ventilationen funktionieren tadellos.«

»Wohin gehen wir?«, fragte sie hustend.

»Ein paar Schritte noch. Ich habe ein besonderes Kämmerchen eingerichtet. Ein ehemaliger Frischluftschacht wartet auf Besuch. Der ist so frisch, dass man dableiben will, für alle Ewigkeit. Eine Hochzeitssuite sozusagen«, sagte Heller laut, damit Hene Hari ihn auch verstehen konnte. »Man kann sie perfekt abschließen. Unsere Soldaten haben gute

Arbeit geleistet damals. Kein Mensch wird euch beide je wiederfinden. Der Zugang ist perfekt getarnt. Dafür habe ich selbst gesorgt. Für diese ganz besondere Gelegenheit.«

Sie gingen eine steile Treppe hinunter. Hene Hari trottete schweigend voraus.

Doch etwas in seiner Haltung hatte sich verändert. In seinen Schultern war wieder Spannung. Er schien nach hinten zu horchen. Nore Brand atmete auf.

Gelbe, runde Lampen hatten die Neonleuchten abgelöst. Das Licht war fahl.

Auf einmal spürte Nore Brand Hellers Ungeduld.

»Schneller!«, schrie er.

Sie schaute links und rechts. Maschinenraum 1, Maschinenraum 2, Maschinenraum 3.

»Was sind hier für Maschinen?«

»Maschinen? Ihr möchtet wohl gerne wissen, was da drin ist!«, rief er höhnisch. »Leider darf ich keine Auskunft geben. Meine Kunden erwarten das von mir.«

Hene Hari blieb einen Augenblick stehen und drehte sich um. Er war bleich und der Schweiß tropfte von seiner Stirn.

»Diese Luft«, keuchte er, »die Ventilation bringt's nicht mehr!«

»Halt die Klappe!«, schrie Heller.

Aber Hene Hari kümmerte sich nicht um Hellers Befehl. Er polterte einfach weiter.

»Verdammt ungemütlich hier unten. Keine Mäuse, keine Ratten, das wundert mich nicht. Hier erstickt man ja.«

Nore Brand zuckte zusammen und bekam einen Hustenanfall.

Mäuse!? Alles, nur keine Mäuse!

Da sah sie, wie Hene Hari in sich zusammensackte.

»Hene! Was ist?«, rief sie und war mit einem Sprung bei ihm. Sie drückte ihre Schulter gegen seinen massigen Körper, um ihn zu stützen.

»Verdammt, Frau Brand, lassen Sie sich endlich etwas einfallen! Ich will hier raus! Ich hasse diesen Stollen!«, zischte er in ihr Ohr. »He!«, brüllte Heller. »Jetzt wird nicht schlappgemacht!«

Nore Brand drehte sich um. Sie spürte wieder den kalten Lauf der Waffe im Rücken.

Dieser Kerl hier war doch die letzte Puppe, die immer hinfiel! Wenn das kein Omen gewesen war.

Plötzlich hörte sie sich lachen.

»Was ist?«, brüllte Heller.

»Ich habe eben an ein Balalaika-Quintett gedacht«, sagte sie und lachte erneut. Sie musste ihre Stimme hören, ihr Lachen. Das half.

»Balalaika-Quintett? Was soll dieser Unsinn! Drehst du jetzt auch noch durch?«, brüllte er.

Durchdrehen? Nein, diesen Gefallen würde sie ihm nicht tun. Sie hielt inne.

Was hatte Heller eben gesagt? Nicht durchdrehen?

Doch, genau das. Durchdrehen, das war die Lösung.

Aber wie ging das?

Sie musste probieren. Sie hatte keine Wahl.

Sie hob ihre Augen und starrte Heller an.

»Heller, ich muss hier sofort raus!«, flüsterte sie heftig keuchend. Sie griff sich an den Hals. »Ich habe Platzangst!«

»Reiß dich zusammen! Geh weiter!«, brüllte Heller sie an.

»Ich kann nicht mehr. Ich habe Platzangst!«, wiederholte sie mit erstickter Stimme. »Ich muss hier raus! Sofort! Ich bekomme keine Luft!« Sie brach vor ihm zusammen. »Meine Medikamente! Schnell! In meiner Tasche!«

Sie sah, wie Heller sich fassungslos über sie beugte.

In dem Augenblick holte Hene Hari mit seinem linken Bein zu einem mächtigen Schwung aus und traf Heller mitten im Gesicht.

Heller ging ohne Ton zu Boden und blieb bewegungslos liegen.

Nore Brand warf sich auf die Seite.

Hellers Waffe!

Sie griff mit klammen Fingern nach der Pistole. Ihre Hände zitterten. Sie würde keinen einzigen Schuss abgeben können!

Hene ächzte erleichtert. »Endlich, Frau Brand!«

»Der Kabelbinder muss weg. Heller hat mein Sackmesser! Schnell!«

Heller lag zwischen ihnen und bewegte sich nicht.

Nore Brand hielt den Lauf der Pistole auf Heller gerichtet und Hene Hari durchsuchte, so gut es mit seinen gefesselten Händen ging, Hellers Taschen.

»Verdammt, meine Handgelenke tun weh!«

»In der rechten Hosentasche! Dort, wo jeder sein Messer hat.«

Hene Hari rollte Heller auf die Seite und fuhr in seine Hosentasche.

»Ich hab's!«, frohlockte er. »Und jetzt die Klinge. Aber ohne Fingernägel …«

»Da, die Pistole! Ich habe Fingernägel!«

Er nahm die Pistole ganz vorsichtig, hielt sie weit weg von sich und wandte sein Gesicht ab.

Heller bewegte sich nicht. Es musste ein gewaltiger Schlag gewesen sein, der ihn gefällt hatte. Kein Wunder. Hene Hari hatte Baumstämme von Beinen.

»Aber erschießen Sie mich nicht!«, rief sie ihm zu.

Vorsichtig schnitt sie den Kabelbinder an seinen Handgelenken durch. Sie waren klebrig vom Blut.

»Der Sauhund hat gnadenlos angezogen bei mir«, murmelte Hene Hari. Seine Hände zitterten.

Dann war's an ihm. Er befreite ihre Handgelenke mit einem Schnitt.

In der Ferne war ein dumpfes Poltern zu hören.

Sie zuckte zusammen. Aber das Poltern entfernte sich. Hatte sie das nicht schon in jener Nacht gehört?

»Was war das?«, fragte sie.

Hene Hari zuckte seine mächtigen Schultern.

»Der Berg meldet sich manchmal mit diesem Knurren. Der ist nicht nur aus Stein. Er will einfach in Ruhe gelassen werden.«

Er klopfte an die Felswand, so als ob er eine Kuh beruhigen würde.

Dann war es wieder still.

Er schaute lächelnd auf sie nieder. »So einfach ist das. Man muss der Natur nur zeigen, dass man sie mag.«

Sie schauten auf Heller, der zwischen ihnen lag.

»War das eben Kickboxen?«

»Kickboxen? Nein, bei uns geht man schwingen. Ein bisschen Sport muss schon sein. Ab und zu.« Er wurde ernst. »Sie haben doch gar keine Platzangst, oder?«

Sie schüttelte den Kopf.

»Ich war mir nicht ganz sicher. Das war aber überzeugend gespielt.«

»Danke«, sagte sie.

Keine Klaustrophobie, nur ein bisschen Angst vor Mäusen. Sie schaute sich um. Ihr schauderte. Hier mussten Mäuse sein und Ratten, bloß sah man sie nicht bei dieser Beleuchtung.

Sie riss sich zusammen. »Vielleicht finden wir hier eine Besenkammer, wo er zur Besinnung kommen kann.«

Hene Hari stieß Heller mit der Fußspitze an. »Der ist noch eine Weile ruhig.« Er schaute den Gang hinunter. »Die beiden letzten Maschinenräume waren nicht abgeschlossen, soviel ich gesehen habe. Kennerblick! Schlösser sind meine Welt, auch wenn ich kein Prinz bin«, lachte er leise.

Sie warf ihm einen Blick zu.

»Okay, das war ein mieser Witz.«

Er versuchte es bei der ersten Tür, die gab nach. Hene Hari warf einen Blick hinein. »Tatsächlich. Zwölf neue Feuerlöscher. Und ein Plätzchen für unseren müden Freund.« Er packte Heller an der Schulter und schleifte ihn hinein. »Von innen kann er die Tür nicht öffnen. Interessante Konstruktion, das.« Hene Hari untersuchte die Türe.

»Finden wir dieses Kämmerchen je wieder in diesem Labyrinth?«

Hene Hari kratzte sich am Kopf.

»Ich sicher nicht. Wie lange sind wir hier schon drin?«

Nore Brand warf einen Blick auf ihre Uhr. »Eine Stunde vielleicht, nicht mehr.«

»Ich bin seit heute Morgen hier.«

»Komm, wir müssen hier raus.« Sie packte sein blutiges Handgelenk und zog es über die Metalltür.

Nun zog sich eine Blutspur über die graue Fläche. Er gab einen überraschten Laut von sich. »Damit wir Heller wiederfinden.«

Hene Hari prüfte, ob die Tür auch sicher geschlossen war.

»Ist gut. Wir können gehen.«

Nore Brand blieb einen Augenblick zweifelnd stehen.

»Ist etwas?«, fragte er.

Sie schaute zu ihm hoch. »Hene, man wird uns fragen, wie wir den Kerl überwältigt haben.«

»Ja, hoffentlich«, sagte er grinsend, »das haben wir ja auch gut gemacht. Oder?« »Könnten wir uns auf eine …«, sie schaute ihn zweifelnd an, »eine offizielle Version einigen?«

»Offizielle Version?« Hene Hari begriff nicht gleich. »Wofür denn?«

»Wie wir ihn überwältigt haben, das meine ich.«

Plötzlich ging ein Leuchten über sein Gesicht. »Ah, wegen deinem Weibertrick!« Er lachte. »Aber der hat uns gerettet, oder etwa nicht?«

»Ja, schon, nur …«, sie brach ab. »Ich bin Nore.«

Er lachte und gab ihr die Hand. »Freut mich, ich bin Hene. Wird aber auch Zeit.«

»Also, wie lautet die offizielle Version?«

»Das ist doch egal. Wir haben den Kerl einfach gemeinsam überwältigt.« Er grinste sie an und deutete auf seine Oberarme. »Das glaubt uns doch jeder.«

Sie nickte. »Gut.«

»Genau genommen, habe ich mich zuerst wie ein Waschlappen benommen. Das ist mir peinlich. Kannst du schweigen?«

»Ja, immer, wenn es sein muss«, lachte sie. »Du?«

»Natürlich.«

Sie stieß ihn in die Seite. »Das glaub ich dir.«

Plötzlich blieb sie stehen.

»Hene, wie war das am Dienstagabend? Hast du gewusst, wer das war? Hand aufs Herz.«

»Nein, keine Ahnung. Und wenn, an solche Kerle erinnert man sich nicht so rasch. Ich habe schon jetzt vergessen, wie seine Visage aussieht.«

»Ja, das ist leider so«, bestätigte sie.

Solche Visagen mochte man sich auch nicht merken. Das war vermutlich genau das Problem.

ELSI KLOPFENSTEINS GRÖSSTER WUNSCH

»Geschafft!«, triumphierte Künzi leise, als er nach einer abenteuerlichen Fahrt über die schneebedeckten Straßen seinen Bus vor dem Hangar zum Stehen brachte.

»Und wem gehört der?«, fragte Nino Zoppa. Er hatte den schwarzen Audi entdeckt.

»Dem feinen Pinkel natürlich«, sagte Künzi.

Nino Zoppa stieg rasch aus dem Bus, eilte zum Audi und schaute hinein. Nichts Besonderes.

Bucher war ihm gefolgt, den Blick auf den Boden gerichtet. Ganz nahe am Wagen waren Spuren. Fußspuren natürlich. Er ging auf die Fahrerseite.

Plötzlich schrie er auf. »Da! Schaut! Seine Spuren! Er kann nicht weit sein!«

Elsi Klopfenstein und Alfred Künzi eilten herbei. Polizist Bucher deutete auf die Spuren im Schnee. »Schaut selber, das ist der Schuh!«

»Der Mörder, ja«, rief Nino Zoppa, »der ist dort drin!«

Seine Augen folgten den Spuren bis zur Kaverne.

Er bückte sich. »Und die anderen Spuren gehören Nore Brand. Sie ist bei ihm.«

Er war kreidebleich.

»Und ich kann's euch endlich beweisen!«, stieß Bucher hervor. Er kniete schon im Schnee, riss seinen Militärrucksack auf und zog den Gipsabdruck hervor. Er legte ihn vor sich hin und schaute abwechselnd von der Spur im

Schnee zum Gipsabdruck. »Ja, das ist er! Ich hab ihn!«, rief er triumphierend.

Die drei anderen aber ließen ihn zurück. Sie stapften durch den Schnee in Richtung Felsenkaverne.

»Passt auf, der Kerl ist gefährlich! Er ist immerhin ein Mörder!«, schrie Bucher. »So wartet doch auf mich!« Er stopfte den Gipsabdruck in seinen Rucksack und rannte den anderen hinterher.

Nino Zoppa riss das Tor auf und war erstaunt, dass es so leicht nachgab.

Die Kaverne schien leer zu sein.

Er trat ein und schnupperte die muffige, kalte Luft in der Höhle.

»Ja, das ist er. Ich kann den Kerl riechen!«, rief er den anderen zu, »der war in Amsterdam und hat Plodowski in eine Gracht geworfen. Und vorher hat er in Basel den Anwalt vergiftet.«

»Und zum Auftakt hat er den Direktor um die Ecke gebracht«, sagte Bucher und schaute Nino an. »Ach so, jetzt begreife ich, deshalb habe ich ein paar Tage für die Katz gesucht. Der Kerl war also weg!«

Elsi Klopfenstein stand mitten in der Kaverne, die Arme eingestützt.

»Da ist ja keiner!«, rief sie enttäuscht. »Wo seht ihr, um Gottes willen, einen Mörder?«

»Die Spuren führen hierher und nur hierher und keine einzige Spur führt hinaus«, erklärte Bucher.

»Dann gibt's nur eins«, folgerte Elsi Klopfenstein. »Der muss irgendwo im Stollen sein.«

»Im Stollen?«, fragte Nino Zoppa. »Wo ist da ein Stollen?«

Da begann das Handy in seiner Hosentasche zu vibrieren.

»Bastian? Warte, ein Moment, ich habe hier ein schlechtes Netz!«

Er rannte hinaus.

»Bastian, verdammt noch mal, Nore ist mit Heller im Berg. Warum kommt ihr nicht?« Er schluchzte plötzlich auf vor Verzweiflung. »Nore ist in Lebensgefahr! Warum bist du nicht schon längst hier? Aber immer, wenn's drauf ankommt, bleibst du im warmen Büro sitzen und reißt deine Klappe auf für schlaue Vorschläge!«

Zornig stopfte er das Handy weg und rannte in die Kaverne zurück.

»Und?«, fragte Elsi Klopfenstein neugierig. »Was sagt der Chef in Bern?«

»Warten!«, schrie Nino Zoppa fassungslos. »Wir sollen einfach warten!«

»Warten?«, schrie Elsi zurück. »Das ist wieder einmal typisch!«

»Wenn wir Nore zu retten versuchen, dann wird's erst recht gefährlich, meint Bärfuss.«

»Also, dann warten wir eben«, sagte Bucher und ließ sich auf einen Stapel alter Militärwolldecken fallen. »Bärfuss ist ein alter Fuchs. Der weiß genau, was er sagt.«

»Das finde ich auch. Wir dürfen Frau Brand auf keinen Fall gefährden«, meinte Fritz Künzi. »Wir dürfen jetzt gar nichts übereilen. Das weiß ich vom Jagen. Warten und beobachten. Die Lage unter Kontrolle halten. Das ist das einzig Richtige.« Mit diesen Worten setzte er sich zu Bucher auf die Wolldecken.

Elsi Klopfenstein trat zu Nino Zoppa und schaute Bucher und Künzi verächtlich an.

»Ihr zwei seid mir schöne Feiglinge, rettet ihr nur eure Hintern!«, sagte sie mit einer abfälligen Bewegung in ihre Richtung. »Nino und ich gehen jetzt in den Berg hinein und holen Frau Brand da heraus.«

Sie packte Nino bei der Hand.

»Danke, aber da sind wir schon«, sagte Nore Brand, die in genau diesem Augenblick aus dem Stollen trat.

Polizist Bucher und Alfred Künzi sprangen auf ihre Füße und schauten verlegen zu Boden.

»Nore«, schrie Nino erleichtert, »du lebst!«

Hinter ihr tauchte Hene auf. Er leuchtete mit seiner großen Taschenlampe die Kaverne ab. »Seid ihr etwa unsere Rettungstruppe?«

»Was? Du bist auch da drin? Und was willst du mit einer Rettungstruppe?«, fragte Elsi staunend. »Die braucht so einer wie du doch nicht!«

»Wo ist Heller?«, mischte sich Bucher lauthals ein. »Ich habe den Beweis, dass er mit dem Direktor auf dem Spaziergang war, als dieser zu Tode stürzte.« Bucher holte den Gipsabdruck aus dem Rucksack. »Wir haben es eben überprüft und bewiesen.«

Nore Brand nickte ihm anerkennend zu. »Sehr gut. Der Mann ist im Stollen. Er ist leicht zu finden. Er liegt hinter einer mit Blut verschmierten Tür. Nehmen Sie Nino mit.«

»Blut?«, sagte Elsi Klopfenstein beeindruckt.

Hene Hari zeigte seine Handgelenke. »Wir hatten keinen Stift, um die richtige Tür zu markieren, aber ein bisschen Blut tat's auch.«

»Du bist doch ein Spinner!«, sagte Elsi Klopfenstein und lachte stolz.

Bucher öffnete seine Ledertasche wieder und holte ein Paar Handschellen heraus. »Die sollten passen. Komm Nino, machen wir uns an die Arbeit!«

»Wär's das jetzt endlich gewesen, Frau Brand?«, fragte Elsi Klopfenstein mit zusammengekniffenen Augen.

»Ja. Sobald im Bunker Ordnung ist, ist hier wieder Ruhe. Heller kommt mit uns. Ich möchte ihn gerne persönlich in Bern abgeben. Seine Kumpane sollten dann auch noch zu finden sein, aber das ist zum Glück nicht mehr meine Sache. Aber jetzt will ich raus aus dieser Höhle.«

Sie trat ins Freie und die andern folgten ihr.

»So, das war's dann«, wandte sie sich an Elsi Klopfenstein.

»Ich bin froh, dass mein Neffe Hene so gut zu Ihnen geschaut hat da drin«, sagte diese. »Trotzdem, danke, dass Sie gekommen sind.«

Nore Brand lachte. »Nichts zu danken. Übrigens: Toller Kerl, Ihr Neffe. Kompliment!«

»Ja, wir sind eben so in unserer Familie«, sagte Elsi Klopfenstein, »daran kann man nichts ändern.«

Sie nahm die Hand der Kommissarin und drückte sie fest.

»Ja, das war's jetzt wohl. Aber ich hab's Ihnen ja immer gesagt, diese Sachen müssen reifen. Man kann nie vor der Zeit ernten«, sagte Elsi Klopfenstein bedeutungsvoll.

Nore Brand schaute sie verblüfft an. Vor der Zeit ernten? Sie konnte sich nicht erinnern, dass Elsi jemals so etwas zu ihr gesagt hatte. Aber egal. Sie schaute Elsi nach, wie sie mit Fritz Künzi im Schlepptau zum Bus zurückstapfte. Bevor sie in den Bus kletterte, schaute sie sich nochmals zu Nore Brand um und hob drohend den Zeigefinger.

»Dass uns nie mehr eine mit so einem kriminellen Furz daherkommt!«

UND ZUM SCHLUSS EIN SPAZIERGANG AN DER AARE

»Nore! Komm herein!«

Bastian Bärfuss erhob sich von seinem Bürosessel und ging ihr entgegen. »Wir waren schon im Auto, als wir die Meldung von der Straßensperre erhielten. Der nasse Schnee hat ein paar Bäume auf die Straße gedrückt. Nino hat mir die Leviten gelesen! Aber zum Glück ist alles gut gegangen. Komm, setz dich!«

Er ging zurück zu seinem Stuhl. »Bucher hat sich also noch einen guten Abgang verschafft.«

»Ja, das hat er«, bestätigte Nore Brand mit einem Lächeln.

Er schaute sie fragend an. »Sag mir eins, wie ist es möglich, dass du diesen Heller so ohne Waffe …?«

»Ich war ja nicht allein.«

»Nein, du hattest ja diesen …«, er suchte den Namen.

»Hene Hari. Ein Bär von einem Mann. Er geht ab und zu schwingen mit seinen Kollegen.«

»Aha, ich verstehe.«

Nein, lieber Bastian, dachte sie, das verstehst du nicht. Macht aber auch nichts.

Bastian Bärfuss wirkte sehr erleichtert. »Hari ist also ein richtiger Schwinger!«

»Ein blitzschneller Schwinger!«

»Kannst du ihn nicht für die Polizei rekrutieren? Wir könnten solche Männer immer gut gebrauchen.«

»Er hat uns auch so geholfen, oder?«

Bärfuss nickte, dann beugte er sich über den Tisch.

»Couperus wollte unbedingt kommen, aber in Schiphol blieben die Flugzeuge am Boden. Wegen Herbststürmen. Ich habe ihm erklärt, dass du in diesem verdammten Berg steckst, wo kein Netz der Welt dich erreicht. Eine gewisse Sylvia Feuerstein hat ihm ein langes Mail geschrieben. Er hat es dir weitergeleitet, aber es kam zu spät. Ihr wart schon weg, Nino und du.«

Sie nickte. »Vermutlich steht da drin, dass Plodowski einen Assistenten mit Namen Viktor Heller hatte, von dem er sich erpressen ließ. Weil Heller wusste, dass Plodowski sich einmal für Raubkunst interessiert hatte. Das war ein Mal zu viel. Es hätte seinen akademischen Ruf ruiniert, wenn das bekannt geworden wäre.«

»Ja, der Kerl ließ sich erpressen«, sagte Bärfuss nachdenklich. »Tatsächlich. Auch der«, sagte er wie zu sich selbst.« Sein Blick ging über sie hinweg.

Sie schaute ihn überrascht an. »Auch der«? Was hatte er damit gemeint?

Er schaute sie wieder an. »Schweigen ist nicht immer gut, nicht wahr?«

»Nicht immer Gold, meinst du, aber wem sagst du das«, begann sie, um gleich wieder abzubrechen. Etwas in seiner Stimme machte ihr klar, dass es in diesem Augenblick nicht um sie ging.

»Wir verbergen doch alle etwas«, sagte sie. Doch sie hatte keine Lust, nochmals darüber zu reden.

»Ja, ja, eben«, sagte er fahrig.

Dann straffte er seine Schultern und schaute Nore an. »Aber zurück zu Sylvia Feuerstein. Sie war zwar ein bisschen wortreicher als du. Aber du hast gut geraten.«

»Nicht geraten!«, widersprach Nore Brand. »Heller hat's erzählt. Wir hatten auch Zeit im Stollen. Er redet erstaunlich gern!«

»Er musste ja lange genug schweigen«, schmunzelte Bastian Bärfuss. »Ist es nicht fast ein Glück für diesen Kerl, dass du ihm auf die Schliche gekommen bist? Endlich kann er erzählen, wie er die Welt an der Nase herumgeführt hat.«

Bastian Bärfuss lehnte sich in seinem Sessel zurück und kaute schweigend an seiner Pfeife. »Diese schöne Sammlung sollte im Berg versteckt werden. Unter anderem natürlich. Eine tolle Ladung Raubkunst. Das also war diese Sache mit dem Trojanischen Pferd.«

»Bis sich die hohe Politik wieder anderen Dingen zuwendet und wieder Gras über das Abkommen gewachsen ist.«

»Welches Abkommen?«, fragte Bärfuss.

»Das Abkommen von Washington.«

»Ach so, ja. Diese Rückerstattungsangelegenheiten.«

Sie lachte. »Du hast mir diese Woche selbst davon erzählt.«

»Habe ich das? Ich werde vergesslich. Aber ich bin froh, dass das nun endlich zu Ende ist. Unglaublich, da sind mittlerweile unsere Banken sauber, das behauptet man jedenfalls«, er beugte sich über den Tisch und zwinkerte ihr zu, »und dann gelingt es einem erpresserischen Gauner, Raubkunst in einem Bergbunker mitten in unserem Land unterzubringen! Er hätte sich eine goldene Nase verdient!« Er lehnte sich wieder zurück. »Und Couperus freut sich wieder auf die Winterferien.« Er machte eine kleine Pause. »Aber da ist noch etwas. Der Chef kommt erst am Montag zurück. Er will das Wochenende in Locarno genießen. Das heißt, ich kann endlich Feierabend machen.« Er schaute sie neugierig an. »Und du, was machst du jetzt?«

»Das Wochenende genießen. So wie alle«, lachte sie müde.

Bastian Bärfuss nickte. »Gut. Und am Montag wirst du ihm alles berichten.«

»Sicher.«

»Er wird dir trotzdem einen Rüffel erteilen.«

»Davon gehe ich immer aus«, sagte sie.

»Ja, auch wenn du sozusagen seinen Ruf gerettet hast«, seufzte er.

»Da gab's nicht viel zu retten, oder?«, erwiderte sie leise.

Bärfuss lächelte.

Nore Brand zuckte die Schultern und erhob sich. »So, ich muss noch etwas erledigen.«

Bärfuss hob die Augenbrauen.

»Jetzt noch? Hast du jetzt nicht Feierabend?«

»Doch«, sagte sie. »Sehr bald.«

Sie verließ sein Büro und trat hinaus an die frische Luft. Sie blieb einen Moment auf der Treppe stehen und schaute zurück. Was war soeben mit Bärfuss gewesen? Ihr schien, als ob er drauf und dran gewesen war, ihr etwas Wichtiges zu sagen. Ach was. Sie schob eine Strähne aus dem Gesicht. Jetzt war Jacques an der Reihe.

Sie ging über den Waisenhausplatz. Die bleiche Wintersonne schien durch die Wolken. Auf den Dächern ringsum lag Schnee. Jacques wartete vor dem Oppenheimbrunnen auf sie. Er freute sich, sie zu sehen. Er breitete seine Arme aus.

Als er ihr Gesicht sah, ließ er die Arme sinken.

»Was ist?«

Sie schaute an ihm vorbei.

»Komm, ich brauche dringend einen Spaziergang. An der Aare.«

Das half immer irgendwie.

»Bei dieser Kälte?«, fragte er fassungslos. »Es ist unter null Grad!«

»Ja, erstaunt dich das? Es ist doch Winter«, sagte sie, ohne ihn dabei anzuschauen.

»Nore, ich habe kalt und ich bin hungrig.«

Sie drehte sich um und ging. Er eilte ihr nach.

So gingen sie den Langmauerweg hinunter Richtung Altenbergsteg.

Sie schwieg.

»Nore, was ist los?«, rief er verzweifelt.

Auf der Brücke versuchte er, sie zurückzuhalten.

»Nore, bitte, rede mit mir!«

Er wollte sie umarmen, doch sie wehrte ihn ab.

Plötzlich blieb sie stehen und zog ihr Handy aus der Tasche und wedelte damit vor seinem Gesicht herum.

»Du hast Bärfuss meine Nummer gegeben. Ich dachte, das sei *unsere* Nummer! Deine und meine.«

»Versteh mich doch, Nore, ich habe mir große Sorgen gemacht. Du warst in Lebensgefahr und Bärfuss musste dich unbedingt erreichen!«

»Aber als die Gefahr am größten war, hatten wir kein Netz!«

Sie funkelte ihn zornig an.

»Und inzwischen hat jeder meine Nummer! Jeder, der sie wollte!«

Sie schob ihn wütend von sich. »In der größten Gefahr nützt ein Handy überhaupt nichts! Dann muss ich denken können und nicht telefonieren, kapiert?«

Jacques war fassungslos.

»Mais … Eléonore, je t'aime! Ich liebe dich doch!«

»Das verstehst du einfach nicht…«, begann sie zu protestieren.

»Spielt das eine Rolle?«, unterbrach er sie. Er zog sie an sich und küsste sie stürmisch.

Nach einer Weile schob sie ihn von sich und schaute forschend in sein Gesicht.

Ja, es gab keinen Zweifel.

»Jetzt habe ich auch Hunger«, lächelte sie dann. »Komm, in der Brasserie gibt's geschnetzelte Kalbsleber mit Rösti.«

Und bevor sie ihre Hand unter seinen Arm schob, warf sie ihr Handy mit einem großen Schwung in die Aare.

ICH DANKE

Christiane, meiner ersten Leserin, für ihre spontane Kritik und noch mehr für ihren verschwenderischen Umgang mit Einfällen aller Art und dafür, dass sie immer da ist.

Meiner Familie, Freundinnen und Freunden für die fortwährende Unterstützung und Teilnahme an meinen kriminellen Projekten.

Und ganz besonders Claudia Senghaas und dem ganzen Gmeiner-Team für die tolle Zusammenarbeit.

Weitere Krimis finden Sie auf den folgenden Seiten und im Internet: www.gmeiner-verlag.de

MARIJKE SCHNYDER
Matrjoschka-Jagd

275 Seiten, Paperback.
ISBN 978-3-8392-1092-5.

EISZEIT An einem nasskalten Herbstmorgen macht eine Millionärin an der Lenk, ein Kurort im Berner Oberland, ihren gewohnten Spaziergang zum See. Wenig später findet ein Wanderer ihre Leiche in der Nähe eines Kioskhäuschens. Kommissarin Nore Brand und Nino, der Assistent mit der elektronischen Schnüffelnase, fahren im Auftrag der Berner Polizei in das Simmental hinauf. Dort kämpfen sie gegen eine Mauer des Schweigens. Die Angst vor der Russen-Mafia, die sich im Tal eingenistet haben soll, lähmt die Talbewohner. Nach zwei weiteren Morden erahnt Nore Brand die Dimensionen dieses Falles. Sie beißt sich fest und wirft sich mit voller Kraft in die Ermittlungsarbeit.

J. MAXIAN / E. WEIDINGER (HRSG.)
Mords-Zillertal

270 Seiten, Paperback.
ISBN 978-3-8392-1249-3.

MORDE IM ZILLERTAL Das Zillertal ist wohl die bekannteste Tourismusregion in Österreich und somit Ziel zahlreicher Urlauber und Hobbywanderer. Doch diese Idylle hat auch ihre dunklen Seiten. Ob auf der Alm, beim Trachten-Volksfest, in den Skiregionen, beim Kraftwerk-Stausee, im rauschenden Wasser der Wildflüsse oder in den dunklen Schluchten des Tales …

14 Autorinnen und Autoren lassen den Leser in spannenden Kurzkrimis Teil haben an dem mörderischen Treiben der Talbewohner.

GMEINER

Wir machen's spannend

Unsere Lesermagazine

2 x jährlich das Neueste aus der Gmeiner-Bibliothek

DIN A6, 20 S., farbig

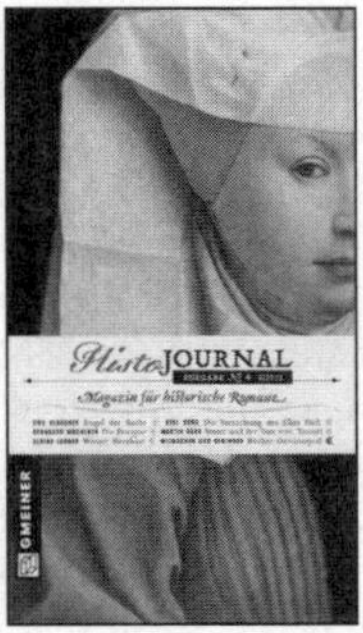

10 x 18 cm, 16 S., farbig

24 x 35 cm, 20 S., farbig

Alle Lesermagazine erhalten Sie in Ihrer Buchhandlung oder unter www.gmeiner-verlag.de.

GmeinerNewsletter

Neues aus der Welt der Gmeiner-Romane

Haben Sie schon unsere GmeinerNewsletter abonniert?

Monatlich erhalten Sie per E-Mail aktuelle Informationen aus der Welt der Krimis, der historischen Romane und der Frauenromane: Buchtipps, Berichte über Autoren und ihre Arbeit, Veranstaltungshinweise, neue Literaturseiten im Internet und interessante Neuigkeiten.

Die Anmeldung zu den GmeinerNewslettern ist ganz einfach. Direkt auf der Homepage des Gmeiner-Verlags (www.gmeiner-verlag.de) finden Sie das entsprechende Anmeldeformular.

Ihre Meinung ist gefragt!

Mitmachen und gewinnen

Wir möchten Ihnen mit unseren Romanen immer beste Unterhaltung bieten. Sie können uns dabei unterstützen, indem Sie uns Ihre Meinung zu den Gmeiner-Romanen sagen! Senden Sie eine E-Mail an gewinnspiel@gmeiner-verlag.de und teilen Sie uns mit, welches Buch Sie gelesen haben und wie es Ihnen gefallen hat. Alle Einsendungen nehmen automatisch am großen Jahresgewinnspiel mit attraktiven Buchpreisen teil.

GMEINER

Wir machen's spannend

Alle Gmeiner-Autoren und ihre Romane auf einen Blick

ANTHOLOGIEN: Mords-Sachsen 5 • Secret Service 2012 • Tod am Tegernsee • Drei Tagesritte vom Bodensee • Nichts ist so fein gesponnen • Zürich: Ausfahrt Mord • Mörderischer Erfindergeist • Secret Service 2011 • Tod am Starnberger See • Mords-Sachsen 4 • Sterbenslust • Tödliche Wasser • Gefährliche Nachbarn • Mords-Sachsen 3 • Tatort Ammersee • Campusmord • Mords-Sachsen 2 • Tod am Bodensee • Mords-Sachsen 1 • Grenzfälle • Spekulatius **ABE, REBECCA**: Im Labyrinth der Fugger **ARTMEIER, HILDEGUNDE**: Feuerross • Drachenfrau **BÄHR, MARTIN**: Moser und der Tote vom Tunnel **BAUER, HERMANN**: Philosophenpunsch • Verschwörungsmelange • Karambolage • Fernwehträume **BAUM, BEATE**: Weltverloren • Ruchlos • Häuserkampf **BAUMANN, MANFRED**: Wasserspiele • Jedermanntod **BECK, SINJE**: Totenklang • Duftspur • Einzelkämpfer **BECKER, OLIVER**: Die Sehnsucht der Krähentochter • Das Geheimnis der Krähentochter **BECKMANN, HERBERT**: Die Nacht von Berlin • Mark Twain unter den Linden • Die indiskreten Briefe des Giacomo Casanova **BEINSSEN, JAN**: Todesfrauen • Goldfrauen • Feuerfrauen **BLANKENBURG, ELKE MASCHA** Tastenfieber und Liebeslust **BLATTER, ULRIKE**: Vogelfrau **BODENMANN, MONA**: Mondmilchgubel **BÖCKER, BÄRBEL**: Mit 50 hat man noch Träume • Henkersmahl **BOENKE, MICHAEL**: Riedripp • Gott'sacker **BOMM, MANFRED**: Mundtot • Blutsauger • Kurzschluss • Glasklar • Notbremse • Schattennetz • Beweislast • Schusslinie • Mordloch • Trugschluss • Irrflug • Himmelsfelsen **BONN, SUSANNE**: Die Schule der Spielleute **BOSETZKY, HORST (-KY)**: Der Fall des Dichters • Promijagd • Unterm Kirschbaum **BRENNER, WOLFGANG**: Alleingang **BRÖMME, BETTINA**: Weißwurst für Elfen **BÜHRIG, DIETER**: Schattenmenagerie • Der Klang der Erde • Schattengold **BÜRKL, ANNI**: Narrentanz • Ausgetanzt • Schwarztee **BUTTLER, MONIKA**: Abendfrieden • Herzraub **CLAUSEN, ANKE**: Dinnerparty • Ostseegrab **CRÖNERT, CLAUDIUS**: Das Kreuz der Hugenotten **DANZ, ELLA**: Geschmacksverwirrung • Ballaststoff • Schatz, schmeckt's dir nicht? • Rosenwahn • Kochwut • Nebelschleier • Steilufer • Osterfeuer **DIECHLER, GABRIELE**: Vom Himmel das Helle • Glutnester • Glaub mir, es muss Liebe sein • Engpass **DOLL, HENRY**: Neckarhaie **DÜNSCHEDE, SANDRA**: Nordfeuer • Todeswatt • Friesenrache • Solomord • Nordmord • Deichgrab **EMME, PIERRE**: Zwanzig/11 • Diamantenschmaus • Pizza Letale • Pasta Mortale • Schneenockerleklat • Florentinerpakt • Ballsaison • Tortenkomplott • Killerspiele • Würstelmassaker • Heurigenpassion • Schnitzelfarce • Pastetenlust **ERFMEYER, KLAUS**: Drahtzieher • Irrliebe • Endstadium • Tribunal • Geldmarie • Todeserklärung • Karrieresprung **ERWIN, BIRGIT / BUCHHORN, ULRICH**: Die Reliquie von Buchhorn • Die Gauklerin von Buchhorn • Die Herren von Buchhorn **FEIFAR, OSKAR**: Dorftratsch **FINK, SABINE**: Kainszeichen **FOHL, DAGMAR**: Der Duft von Bittermandel • Die Insel der Witwen • Das Mädchen und sein Henker **FRANZINGER, BERND**: Familiengrab • Zehnkampf • Leidenstour • Kindspech • Jammerhalde • Bombenstimmung • Wolfsfalle • Dinotod • Ohnmacht • Goldrausch • Pilzsaison **GARDEIN, UWE**: Das Mysterium des Himmels • Die Stunde des Königs

Alle Gmeiner-Autoren und ihre Romane auf einen Blick

Alle Gmeiner-Autoren und ihre Romane auf einen Blick

Naschmarkt-Morde **MADER, RAIMUND A.**: Schindlerjüdin • Glasberg **MARION WEISS, ELKE**: Triangel **MAXIAN, JEFF / WEIDINGER, ERICH**: Mords-Zillertal **MISKO, MONA**: Winzertochter • Kindsblut **MORF, ISABEL**: Satzfetzen • Schrottreif **MOTHWURF, ONO**: Werbevoodoo • Taubendreck **MUCHA, MARTIN**: Seelenschacher • Papierkrieg **NAUMANN, STEPHAN**: Das Werk der Bücher **NEEB, URSULA**: Madame empfängt **NEUREITER, SIGRID**: Burgfrieden **ÖHRI, ARMIN / TSCHIRKY, VANESSA**: Sinfonie des Todes **OSWALD, SUSANNE**: Liebe wie gemalt **OTT, PAUL**: Bodensee-Blues **PARADEISER, PETER**: Himmelreich und Höllental **PARK, KAROLIN**: Stilettoholic **PELTE, REINHARD**: Abgestürzt • Inselbeichte • Kielwasser • Inselkoller **PFLUG, HARALD**: Tschoklet **PITTLER, ANDREAS**: Mischpoche **PORATH, SILKE / BRAUN, ANDREAS**: Klostergeist **PORATH, SILKE**: Nicht ohne meinen Mops **PUHLFÜRST, CLAUDIA**: Dunkelhaft • Eiseskälte • Leichenstarre **PUNDT, HARDY**: Bugschuss • Friesenwut • Deichbruch **PUSCHMANN, DOROTHEA**: Zwickmühle **RATH, CHRISTINE**: Butterblumenträume **ROSSBACHER, CLAUDIA**: Steirerherz • Steirerblut **RUSCH, HANS-JÜRGEN**: Neptunopfer • Gegenwende **SCHAEWEN, OLIVER VON**: Räuberblut • Schillerhöhe **SCHMID, CLAUDIA**: Die brennenden Lettern **SCHMÖE, FRIEDERIKE**: Rosenfolter • Lasst uns froh und grausig sein • Wasdunkelbleibt • Wernievergibt • Wieweitdugehst • Bisduvergisst • Fliehganzleis • Schweigfeinstill • Spinnefeind • Pfeilgift • Januskopf • Schockstarre • Käfersterben • Fratzenmond • Kirchweihmord • Maskenspiel **SCHNEIDER, BERNWARD**: Todeseis • Flammenteufel • Spittelmarkt **SCHNEIDER, HARALD**: Blutbahn • Räuberbier • Wassergeld • Erfindergeist • Schwarzkittel • Ernteopfer **SCHNYDER, MARIJKE**: Stollengeflüster • Matrjoschka-Jagd **SCHÖTTLE, RUPERT**: Damenschneider **SCHRÖDER, ANGELIKA**: Mordsgier • Mordswut • Mordsliebe **SCHÜTZ, ERICH**: Doktormacher-Mafia • Bombenbrut • Judengold **SCHUKER, KLAUS**: Brudernacht **SCHWAB, ELKE**: Angstfalle • Großeinsatz **SCHWARZ, MAREN**: Treibgut • Zwiespalt • Maienfrost • Dämonenspiel • Grabeskälte **SENF, JOCHEN**: Kindswut • Knochenspiel • Nichtwisser **SKALECKI, LILIANE / RIST, BIGGI**: Schwanensterben **SPATZ, WILLIBALD**: Alpenkasper • Alpenlust • Alpendöner **STAMMKÖTTER, ANDREAS**: Messewalzer **STEINHAUER, FRANZISKA**: Sturm über Branitz • Spielwiese • Gurkensaat • Wortlos • Menschenfänger • Narrenspiel • Seelenqual • Racheakt **STRENG, WILDIS**: Ohrenzeugen **SYLVESTER, CHRISTINE**: Sachsen-Sushi **SZRAMA, BETTINA**: Die Hure und der Meisterdieb • Die Konkubine des Mörders • Die Giftmischerin **THIEL, SEBASTIAN**: Wunderwaffe • Die Hexe vom Niederrhein **THADEWALDT, ASTRID / BAUER, CARSTEN**: Blutblume • Kreuzkönig **THÖMMES, GÜNTHER**: Malz und Totschlag • Der Fluch des Bierzauberers • Das Erbe des Bierzauberers • Der Bierzauberer **TRAMITZ, CHRISTIANE**: Himmelsspitz **TRINKAUS, SABINE**: Schnapsleiche **ULLRICH, SONJA**: Fummelbunker • Teppichporsche **WARK, PETER**: Epizentrum • Ballonglühen **WERNLI, TAMARA**: Blind Date mit Folgen **WICKENHÄUSER, RUBEN PHILLIP**: Die Magie des Falken • Die Seele des Wolfes **WILKENLOH, WIMMER**: Eidernebel • Poppenspäl • Feuermal • Hätschelkind **WÖLM, DIETER**: Mainfall **WOLF, OLIVER**: Netzkiller **WUCHERER, BERNHARD**: Die Pestspur **WYSS, VERENA**: Blutrunen • Todesformel